歷史不能倒退，而有時依然倒退，非人所願。

因此，歷史留下的垃圾，人人有責清理，下一代還要繼續打掃。

　　如果我能濯汙揚清，那是為人權爭得的進步。

　　如果大家都努力，那就有更多的社會成員得以享有權利。

# 九死一生

下
風雪夜歸
卷

陳星
著

1979年3月勞改釋放後與妻子、小女兒、長孫合影

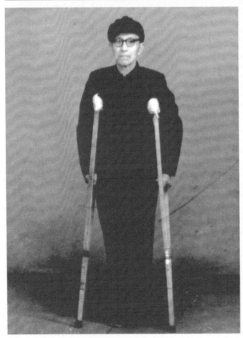

①1979年3月，作者出獄回家，與妻子和兩個女兒合影。
②1986年3月，作者左腿截肢後出院留影。
③1989年冬，作者安裝假肢後重新騎上電動車，背後是在岷縣貯木場租住的房子。
④2019年中秋，作者攝於藍田岱峪陳家大院祖屋的近照，時年94歲。

作者的山水長卷《千里洮河圖》選，上圖為卓尼，這裡是作者工作單位所在地，河對岸高坡上的禪定寺，
1959年曾是羈押「叛匪」的場所；在文革中被毀，寺址成為農田。文革後，在1980年重建。
下圖為《千里洮河圖》之臨洮，作者文革中曾在此地畫過忠字臺。

上圖為《千里洮河圖》之岷縣部分，圖右是大煉鋼鐵遺址，作者以犯人身份參與砸石入爐煉鐵。圖左是大躍進引洮工程在岷縣古城的遺址。

下圖為《千里洮河圖》之臨潭，左下角的四方土城是大躍進時的勞改場所——臨潭磚瓦廠；藏胞龍布丹珠在這裡遇難。

彭帅诗云

青峰水松铜去
收示童与姑
来年日子
怎么过
我为人民
鼓与呼

岷县
三耶波
密如
蜂窝
的炼洞
至与醒
目可见
郦下
已建
龙土台
水电站

临潭县
是以
农商
为主
回汉藏
世代
和睦
相处
堪称
和谐之
典范
但无上
高煕水
军缺水
幸去今
已抽
洮水畔
万民
之渴

清真

9

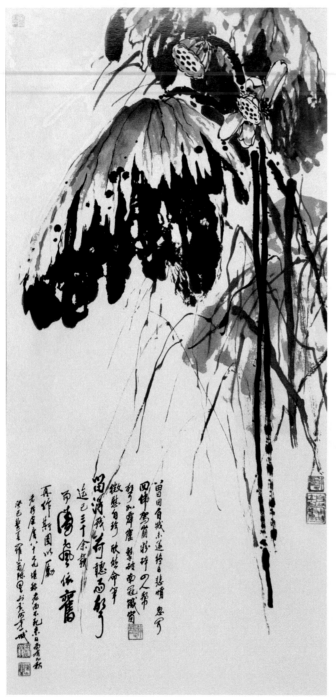

作者繪畫：《留得殘荷聽雨聲》，畫中自題：

曾因自戕未遂終日悲憤，忽聞四偉駕崩，粉碎四人幫聲如霹靂，擊破南冠鐵窗。微慰自珍，欣然命筆：留得殘荷聽雨聲。迄今已三十餘載，而濤聲依舊，再作斯圖以勵。老朽虛度八十又九，堪稱老而不死，來日尚有幾秋？癸巳盛夏　懼翁陳星於黃河第一城。

# 目錄

# 下卷 風雪夜歸

# 第九章　駑馬

駑馬，是跑不快的一種劣等馬；用來比人即是指此人駑鈍、無才而低能，駑馬的形象也就恰如這時才離開監獄的我。

第五次入獄時，我曾估計是最後一次，因為判了二十年不一定能出來；死在獄中當然不會有再次進去的可能。然而，如今我又活著出來了，那就不敢說還有沒有第六次、第七次；因為這不是我主觀願望所能決定的。

但這次出獄與前幾次有著不同的社會背景，如今的時代提倡改革開放、建設有中國特色的社會主義，而不是鼓吹越窮越革命；並且，還允許一部分人先富起來。過去人們談虎色變的這個「富」字，首次衝破了罪惡與恥辱的禁錮，堂而皇之走向被封閉了的思想領域。但允許一部分人先富起來，是指哪一部分人？肯定不是像我這樣的一部分人。無論怎樣，只要有一些富人，窮人討飯的難度就會小一些。

剛一出獄，我看到，一些「投機倒把」的老友開始向「富」字進軍，且取得初步成效。他們不忘舊誼，喚我歸隊。但我不敢冒昧從事，一是我對政治的穩定性感到沒把握，心有餘悸，二是對他們毫無約束的行為擔心。所以我寧願在液壓件廠任職「老就」（留廠就業），將此作為確保平安的上策。

安徽鳳陽縣小崗村有幾個農民共產黨員，他們冒著殺頭坐牢的危險，毅然把土地承包給農民單幹。這「單幹」二字雖與我毫不相干，也把我嚇出一身冷汗。而小平同志對這一改革舉措予以肯定並向全國推廣，需要多大的膽識和氣魄！這顆救命丸，救活了億萬農民，也救活了苦難深重的中華民族。

## 一、失業回家

有就業競爭就會有失業，按理也不足為奇。但在近三十多年來的中國，像我這樣的人要找工作，無論如何也難以突破各種政治上的條條框框。何況我已年近花甲，今後的道路該是多麼艱難！抗日結束時，我年方弱冠又有大

專文憑，找工作竟是難上難；如今從勞改場所出來，想要求職，猶如垃圾要求回收，誰還能要？

　　我總算還有個破爛不堪的家，家是人生活動的中心，抑或是歇腳的驛站。每次出獄先要回家，失業後的第一站也只能是家。我進出監獄先後五次，論時間長短，在佛山市那次僅有七個月，而最後（假定是最後）這一次是十一個年頭，計三千三百八十五天。在監獄裡，我每天過著驢推磨式的生活：起床，出工，讀毛選，挨批鬥，開大會。夜晚做的夢也是惡夢，記得小時讀的古詩：「洞中方七日，世上已千年。」我在「洞」裡幾千日，世上也才十年。

　　1979年3月1日，我離開監獄，十一年來第一次啟程回家。

　　第一天我住在甘南合作鎮，看望了董佛爺。他見到我也很高興，並說：「我知道有這麼一天。」我打趣地說：「因為你是佛爺嘛。」我向他獻上點微不足道的小禮物表示感激，他毫不嫌棄地接收了；並說禮輕仁義重嘛。他的確是位善良之人，我坐了那麼多的看守所，不打罵犯人的所長太少了。二十年後我到了蘭州，甘南來人我便打聽董佛爺；他們也知道這個雅號，說他就在離我不遠的白塔公園山坡上住。我上不去那山坡，便叫孩子們每年去給他拜個年。他也帶著老伴來看我，過去我是他的階下囚，現在他是我的座上客。這也可以說是貓鼠同籠，感情是人與人之間的紐帶。

　　第二天我住在卓尼車站，小房間兩個鋪。半夜又進來一位司機，他問我：「你家在哪裡？」我勉強應付道：「岷縣。」說完我便翻了個身面朝牆。他見我沒睡著，邊洗臉邊聊，隨後又歎道：「我有兩個朋友在岷縣，一個在文化大革命中死在洮河裡，一個死在監獄裡。」我又問：「死在監獄裡的是誰？」

　　「他叫陳星，你也許認識吧？」

　　我不由抬頭看了他一眼，他果然就是曾給我和王化祥拉過燒柴的宋師傅。我便聯想到他說的死在洮河裡的朋友，那一定是王化祥。同時我也想起1969年12月，我乘他的一輛「老解放」到郎木寺，差點被造反派把我抓走。此後我十年沒回過家，當然也沒見到過他。那年我因運馬被抓捕後，他一直關注著我的消息。一年多後在合作看守所，我絕食數日奄奄一息時，也是他

按我妻子的委託，將我的兩個小女兒捎上。他開車一百多公里，把小姐妹倆帶到合作。為了讓我打消死的念頭，董所長讓小菊秦和我見了一面。我不由自主地驀然坐起：「老宋你看我是誰？」

他正在洗腳，抬頭認出了我。顧不得穿鞋，他跳過來抓住我的手：「哎呀，這該不是作夢吧，這比夢還離奇。」他興奮極了，穿了鞋從駕駛室拿來一瓶酒和一塊熟羊肉。我們兩個圍著火爐，一直聊到凌晨三點多。次日，我又乘上他開的一輛新東風，總算還是他十年後又送我回家。這也算是一樁巧事巧遇。

家裡雖然很苦，但不似1962年我回來看到的那般光景。人們都在慢慢擺脫精神枷鎖，沉浸在粉碎「四人幫」的歡快中，也把未來的希望寄託在華、葉、鄧幾位領袖人物身上。

當晚家裡殺雞、宰羊，卻不是為了招待前來探視的老友，也不是為我壓驚接風。妻子說：「這是給神還願。」我雖不信神，但我不能責怪她的良好寄託。

家裡應到的人少了幾個，長子流落在外，寄居他鄉。次子卻在勞改中，他被作為階級敵人開除後，為了生活去倒賣藥材，牟取了所謂「暴利」四十餘元。他的案子原由政法「三長」議定，判刑三年；但在那位孫書記的朱筆下改判五年，現仍在服刑。儘管案件發生在「文革」期間，而經濟案件不在複查之列，他只有坐牢滿五年才能回來。次女初中畢業正是我入獄那年，成績優良卻未能升學。她在一個邊遠農村接受了十年再教育，迄今還在那裡當反面教員。這也是那位孫書記的主張，凡是出身不好的都不能回城；但有人事關係和財力相助者例外，否則就得一輩子接受貧下中農的再教育。

這裡平反冤假錯案也進行得十分緩慢，如泥水匠張矴娃和基督教徒常彥清夫婦的冤案，都遲遲得不到昭雪，然而孫副書記卻已升為正書記。我想起杜荀鶴的〈再經胡城縣〉：「去歲曾經此縣城，縣民無口不冤聲。今來縣宰加朱紱，便是生靈血染成。」

孫書記的「左」風是對別人的，自己當然例外。例如對計劃生育外超生的職工罰款、降薪等，他都執行得很徹底。他的第一個孫子問世，首先讓兒子帶頭領獨生子女獎金；這當然無可非議；可是當他的兒媳懷第二胎時，

他便將兒、媳一同調到外省工作，完成任務後把孫子寄養在原籍，又毫不費力地把兒媳雙雙調了回來。多年後，他再將第二個孫子領回。若不是具有老資格的書記頭銜和權力，誰能做到這一點？有人對此寫了匿名信，他大發雷霆，且要追查匿名者。到了退休年齡，他還堅持不退，為了權要為革命奮鬥終身，終於又當了一任人大常委會主任。省委書記來視察工作，群眾要去反映情況；他們派員把守要道，不讓群眾接近。我勉強擠到招待所，又是孫書記親自站崗，只好退了出來。設若你見到省委書記，他們是父子關係的上下級；只能討個無趣，甚至會被反訴。自古以來，民告官是有罪的。

這次我回到家裡，看到老伴已病得不成人樣。文革期間她也蹲牛棚，被遊街，弄得一身是病。但為了四十元的工資，不得不早去晚歸。她病情越來越重，不願影響教學而誤人子弟，便提前退休了。

惟一能安慰我的是，九旬老母還活在老家；因包產到戶，家人擺脫了饑餓。我見到她老人家，少不了抱頭痛哭一場；我能看到她雪白的頭髮又少了許多，但她看不見我滿頭青絲已成霜。她用雙手將我從頭到腳摸了一遍又一遍，卻說不出一句恰當的話，只有流不盡的眼淚。提到二哥陳煥新，她說自我入獄後十年來沒有見過一面。二哥陳煥新是我堂兄，他母親早年去世，二叔因家貧一直未續弦，所以他也是我母親拉扯大的。如今他的光陰很不錯，離母親這裡也只有步行一天的路程，何以避而不見？也是害怕受株連。母親她老人家教訓我不要好了瘡疤忘了痛，今後絕不能再搞投機倒把，不能做多嘴多舌的事。

第一次回家探親，我的身份是就業工人；否則我又得去派出所找柳指導員辦糧戶關係。這次離開出獄後就業的監獄工廠，雖則失了業，我也不敢把戶口轉回岷縣，暫時還留在臨夏。

甘肅省高院把甘南州對我判的二十年徒刑改為五年，但我服刑已十年，超期服刑五年。從積善政委提醒我，可以去甘南州中級法院討個說法。

我因此去了甘南州的合作鎮，找到中院；中院院長卻回答：「誰改判的去找誰。」曾經和我在岷縣手聯社工藝美術組做毛筆的王東保，1970年被以反革命罪判刑十年。在刑期將滿時，法院才把對他改判為五年的判決書送到。改判日期竟是1974年，判決書在辦案者抽屜裡關了五年，王東保在獄裡

也多坐了五年；他能去哪裡討個說法？只好不了了之。這不是王東保一個人的懦弱，而是毛主席「脫胎換骨」改造人的威力。

既然到了合作，我便打聽了丁尕哥的現狀。有人說丁已買了一輛汽車，在跑運輸，混得很好。李如元也在蘭州搞建築，成了萬元戶。我便給家裡留了一百元，其餘歸還拉馬時借的路費和油料款，不足部分後來也陸續還清。但丁、李數目巨大，迄今無能為力，因找不到他們。我曾多次向他們寫信請示解決辦法，均未獲回音，仍是我心中一大遺憾。

我這次回家比前次從監獄釋放回家探親更難堪，連監獄工廠也不留用——人們議論我又犯了錯誤。一個五尺漢子不能養妻兒老小，連自己也不能自立；這讓我內心難以平靜。死了吧，已經熬過了災難性的幾十年，為什麼再去尋死？活著吧，去哪裡找工作？八十年代初，在國家經濟轉型的起步階段，工廠企業都面臨轉產停業的困境。行政、事業單位在縮編，待業青年提著大包小包到處求情。獲得徹底平反的人員還在翹首等待安置，農村勞力不斷湧向城市。

在這種情況下，我這個年近花甲又拖條尾巴的人，怎能找到工作？依靠子女吧，他們自身難保，何況我這一生給他們帶來的是什麼？一直都是災難，是終生的不幸。

生命都有終點，但是，我的路還沒有走完；剩餘這段會將如何，我很難說清。懷著渺茫的希望，在人生旅途上，我強迫自己走完最後一段。

## 二、駑馬莫怨道

我把糧戶關係保留在臨夏，那裡距離我家所在地岷縣有兩百五十多公里；但我想在那裡謀生。臨夏市回族居多，他們勤勞勇敢，善於經商。而我能幹點什麼呢？寫寫畫畫現在是允許的，但眼花手顫力不從心；而且，以前人們在畫裡找政治影射，這也讓我心有餘悸。然而，幹不了智力活就得去吃苦力。

我見國營蔬菜店的菜被弄得又髒又亂，營業員和顧客毫不吝惜地在上面踏來踩去；一到下午，這些很好的菜又被送進垃圾堆。我便想找個地點，把

那種菜薹來；經過淘洗加工，擺個菜攤。可是，好地方早已被人佔據了。我又買了扁擔和竹筐，想搞送菜上門。不料，當天晚上就在新聞聯播中聽到報導：國家工商管理局負責人就北京蔬菜部門賣大戶問題回答記者：菜販子從國營菜店套購蔬菜，走街串戶加價出售，屬於投機倒把行為。我聽見「投機倒把」四個字，真是不寒而慄，立即終止了這一行動。

其實北京是北京，臨夏是臨夏；別人照樣幹，誰又干涉過？不過我是從急風驟雨中過來，早已成了驚弓之鳥。

想起第一次回岷縣時，我見到藥農車拉背馱，排著幾里路長的隊，向藥材公司交售當歸。夜裡凍急了身子，他們便點燃當歸來取暖。有人捨不得燒當歸，就只有凍死（的確凍死過人）。他們按牌價交售時，還必須持有藥材公司發行的當歸交售證（當地人稱它為藥條子）。這種「藥條子」大都是在市場上以五角錢買來的，面值一百斤的「藥條子」一張就能賣五十元（比發行貨幣還合算）。某些經辦官員當然輕而易舉地先富了起來。而藥農沒有它就得以每斤當歸三角的價格去市場出售，有了它就能以每斤一元左右的價格出售給藥材公司。因而有些神通廣大的「後門巨匠」，從市場收來當歸，再送進藥材收購站牟取暴利。吃虧的總是農民，毫不隱諱地說，這應歸咎於計劃經濟。

我想搞個藥材商行，解決藥農賣藥難的問題；便向岷縣工商行政管理局請示，當即得到了口頭讚揚與支持。搞這一行不像當菜販子那樣簡單，首先要籌集資金；而沒有抵押，銀行不貸款。有個難友唐克孝願意投資入股，我又找了幾位解放前的老藥商合作，我們寫了「申請」和組織章程，連同成員名單送交到了工商行政局。他們表示儘快研究批准，於是，我們又租了場地，並印了中英文對照的小包裝，準備通過沿海進入國際市場。在此同時，還加工了一些商品。萬事具皆備，只待營業執照。

等了近乎一年，營業執照沒有批下來。工商局說需經縣常委討論，而常委會何時開？開了是否能排上隊研究？研究了能否通過？這些問題很快有了答案。不久，甘肅省發佈通告：有三十餘種藥材不許私商運輸出境，當歸即是第一種禁運品。政策不穩定，朝令夕改；我們白花了場租、加工費和包裝印刷費，最後折本出售。我和唐克孝各折一千餘元，勃勃雄心化為烏有。

然而無營業執照者只要肯花錢，向工商局買張准運證，照樣源源不斷外運當歸，也因此發了財。但我等老朽，誰又敢「違反政策」？

1984年，我又來到臨夏；一個偶然機會認識了呼延林市長。我談了上述情況，他支持我在臨夏開辦藥材商行。我覺得找到了一棵大樹，「攀得參天樹，方抽百尺條」，我又去了甘南、蘭州等地，邀了幾位支持者。我們如前一樣寫了申請與章程，送給市政府。多日後，呼延林市長告訴我說，他已交主管工商的副市長，馬上就可以下文。又過了一段時間，我見到他，他卻說市政府不能直接下文；已轉工商行政管理局，要我去找張局長。

我去見張局長，張局長搔了搔花白頭髮說：「市政府很重視，我們當然也很支持。不過，你必須通知所有股東，攜帶當地戶口和介紹信來接受政治審查。如合格，在此學習一周政策法令；再發給『營業執照』。以後有事，得隨傳隨到。」

聽了張局長的指示，我似乎又聞到了階級鬥爭的火藥味，心裡涼了半截。我邀請的投資者不是宗教界人士就是我的難友，他們不是坐過牢就是挨過鬥，如何經得起政治審查？

我把這種情況告知工商股趙股長，趙雖願意支持我們，但又無權改變局長決定。他便說：「不要搞集體的，搞個體經營也行。船小好掉頭，行動又靈活。」我說：「沒有資金。」他說：「可以搞代購代銷嘛。」於是，我領了個「個體營業執照」，業務是代購代銷中藥材。

我一心想當個愛國的、遵紀守法的個體戶，便去市稅務局個體稅務股謝股長那裡辦了稅務登記。他很熱情地向我交代了代購代銷應收手續費，還有相關的應納稅金率。

由於藥材滯銷，我遠去福建一帶簽訂了當歸、紅芪代銷合同，又領著自產戶代表交了貨。他們十多人領了四萬元的貨款，我按謝股長的指示收了1%的手續費四百元（旅費是貨主支付的），往返也只有一個月時間。我照謝股長說的，按手續費總金額去交百分之十的稅金。謝表示歡迎，當開票時謝要按代銷總金額四萬元收百分之三的營業稅。我再三請求按他的諾言辦理，他想了想說：「不行，超過六百元的營業額還要加百分之三，必須繳百分之六，合計起來就是兩千多元。」「兩千多元」？我一聽呆了，就是宰了我也

拿不出這個數。

　　我並不是怕納稅，國家的費用開支來自納稅人的貢獻。新的建設、科研⋯⋯都與稅收分不開。我多麼希望奉公守法，成為一個的光榮納稅人，可是他們不允許一個老實人實現這一願望。

　　不久，又遇見呼延市長，我以實告之。後來據說州委單書記在會上批評了稅務局，李局長叫我去說：「你能把滯銷商品推銷出去，本身就是為搞活經濟做了貢獻。你仍按所收手續費百分之十繳納稅金，繼續幹下去。我說話是算數的。」我說：「政策是變的，領導是換的，誰說的都難算數。」我實在經不起再打擊，因此交回了營業執照和稅務登記證。這場戲又收場了。

　　在此之前，我還接受過漳州藥材站的委託，從甘肅省藥材貿易中心代購了一批高麗參送去。經鑑定是贗品，拿回來，該藥材貿易中心堅持不退貨。那位經理拍著胸脯說：「我們是國營企業，貨真價實，你是對國家的誣衊。」我便要求他們送檢，由工商部門裁決。他們作賊心虛，這才退了貨。後來，我在蘭州臨夏許多中藥鋪看到標有「真正高麗參」的樣品，都是這種贗品。我還見到，在這家中心交售麝香的幾個人，他們以低價買入正品，摻入假貨交售，得到的利潤就是成本的數倍。那些有豐富經驗的驗貨員照收不誤，其中奧秘誰能解開？我覺得這比販鴉片還惡劣，然而它卻是合法的法人幹的。當時流行一句順口溜：「要發財靠胡來，要升官靠後台。」我覺得作個誠實人太難了。

　　還有人說：如今是「撐死膽大的，餓死膽小的」。而我並非是生來膽小，而是被這種令人難解的政策擠壓得變形，無所適從。誰叫自己是一匹駑馬呢？

## 三、一條不知去向的腿

　　自謀生計的各種辦法，我差不多都試過了。在當時，如果做不到唯利是圖、爾虞我詐，顯然混不下去。解放前我也經過幾天商，我有成功的經驗，但那時我是以誠信取勝的。

　　記得是在1985年，在臨夏一帶興起用電動的簡易平鋸加工木材。這雖是

笨重的體力活，而它給群眾帶來了方便。岷縣接近林區，只有一家國營木材加工廠，一般群眾想加工木材就排不上隊。大兒子是個木工，因此我便想買一臺電動鋸；由他幹，我也好跟著混碗飯吃。

於是我貸了款，從臨夏液壓件廠買來了一臺電動平鋸。由於鋼材短缺，這臺電鋸全是利用廢品拼湊而成，且加工粗糙，尺寸誤差極大，安裝起來無法運轉。經該廠派技工前來檢查，誤差有十三處之多。我將電鋸退回去，他們重新加工了部分零件；結果誤差更多。我又不好三番五次提要求，便請了一位老車工，借私人車床返修，這才勉強將之運轉起來。可剛一帶負荷，廢料加工的曲柄斷成兩截，拉桿飛出，把我的左小腿砸成粉碎性骨折。我只得折本賣掉這台廢品，歸還了部分貸款，自此負債累累。難怪外國人不許中國的勞改產品進入國際市場。

經過多年上訪，也得到上級批示——要求我原來的工作單位洮河林業局接收我，重新安排工作；而洮河林業局只肯按退職處理。所謂退職，即每月發給我三十餘元生活費，但醫療待遇與在職員工相同，享有公費醫療。

1985年初秋，我發生骨折意外，陷入貧病交加的困境。而洮河林業局卻拒絕為我預支住院押金，我萬般無奈，只得辦個家庭病床，求大夫定期來家診治。我給主治大夫洪醫師拿不出像樣的紅包，每次他來時，我們只能弄點酒菜招待。過了一段時間，我感到被夾板固定的傷腿疼痛難忍；再次請來主治大夫洪醫師，求他打開看看。他卻說：「腓脛骨都斷了，夾上夾板，哪有不痛之理？」他緊緊夾板上的繩子，轉身就走了。如此過了兩月，他逼著我做功能鍛煉。不練吧，不遵醫囑；練吧，痛不可忍。因此，又請來另一位王大夫。他打開夾板一看，封閉型骨折，皮膚全部潰爛，膿血流淌不止，再也無法夾固。我們只好又把那位主治醫師洪大夫請來，他抬起我的腿看骨頭是否長牢了，這下竟被他折成兩截，無法還原。自此傷勢日益惡化，他卻滿不在乎地說每天換藥，等皮膚長好了再重做。我只好弄塊木板墊在傷腿下面，在斷骨的兩端繫上繩，小心翼翼地，一點都不敢動，長時間躺著。

躺在破爛不堪的家裡，我心潮起伏，難以平靜。活在人世六十載，竟活得如此艱難，如此沉重。我時常掛念在世的老母，她在生時，不能端口茶水，略盡人子之道；她去世時，又不能披麻戴孝，為她送終。我生下六個兒

女，長子流落他鄉；次子為謀家計，身陷囹圄，不能自顧。四個女兒飽經人世冷眼，身心受到不應有的摧殘。想起《竇娥冤》裡的竇娥臨刑前的一段哭訴，我更是百感交集，傷痛不已。老天若是你略有慈悲，就請更狠毒地懲罰我吧，切不要把我的罪孽強加在我的親人的頭上。

事已至此，埋怨與追悔又能解決什麼問題？

這是1985年的深秋，多雨季節。我看著土棚平房、淺門低窗和昏黯的天空，濃霧像要擠進屋內；淅淅瀝瀝的屋簷水像是在為我落淚。我栽的那顆蘋果樹尚留殘葉，雨聲滴答猶如抽泣。那位大夫給我接骨時傷了腓骨神經，整個腳掌日夜痛不可忍。伴隨著不眠不休的疼痛，一股悲情湧上心頭。

回想在第二監獄病院裡，我曾見到好幾個長期臥床的癱瘓病人。他們背上淌著膿血，被褥糊成鐵板，糞便和成泥漿。一到夏天，黑色的蒼蠅像忙碌的野蜂圍著他們嗡嗡叫，而貪婪的肌肉細胞還不斷地要吃要喝，吃罷繼續呻吟。護理他們的犯人罵不絕口，常言道「久病床前無孝子」，何況都是犯人。而癱瘓的他們只好忍辱負重，裝聾作啞，為延續生命而掙扎。那時我責怪他們為什麼不死？活著受罪，又無康復之日。然而在他們來說，死又談何容易？

在獄中我服毒未遂，對前程仍不樂觀。那時我就想到，這條路在必要時還得重蹈，但安眠藥已無來源。出獄後，謀生依然艱難，我便求購巴比妥一瓶，日夜不離身。我一貫主張，如果不能自立與自理，就應該自覺地死去；不要痛苦不堪地延長生命。可是在我們國家，「安樂死」還未能立法。所以當我進入花甲之年，就隨身帶著足以致命的安眠藥。

我的這點「秘密武器」從不離身，臥床時也一直塞在枕頭下。有人幫我整理床鋪時，我便握在手心。現在，摸到藏在枕下的那個小瓶，頓覺輕鬆。只要打開這個小瓶，一切難題都不存在了。

妻子和小女兒輪換守護，已是疲勞不堪。我不忍心看到她們流淚，更不願意繼續拖累她們。這天半夜，我一再勸她們去睡。等她們走後，我立即拿出藥片吞服下去。等一分鐘我便會不省人事，離開了這個罪惡的世界，離開了那些仇視我的特權階級；也要算心滿意足。

不知太陽落了幾次，經過了怎樣的折騰，我又覺得下肢陣痛，左腳如壓

了一座泰山。圍在身邊的兒女還有張采青大夫他們告訴我：「這支吊針扎在腳上已是五天」，終於甦醒。他們笑了，我哭了！死神不夠朋友，為什麼一次次把我從鬼門關推出？我為沒能死去而傷心，更痛恨他們的不明智。

這次自殺未遂，帶來的後果是十五天大小便不通，需要經常灌腸和導尿。而且感覺疼痛範圍在不斷擴散，已危及生命。兒子便求其在蘭州空軍醫院工作的同學擔保，不交押金先住院。

住院期間上了兩次手術台，都是挖去腐爛肌肉；醫生說等傷口癒合再接骨，兩次去腐肉皆無癒合症兆。我要求截肢，院方不同意。於是又聯繫到省中醫院，也是通過朋友不交押金先住院，但轉院必須先結清蘭州空軍醫院的住院費。在蘭州的一位難友，知我經濟拮据，幫我交了費用，這才轉到省中醫院。

中醫院依然是挖腐肉，等待肌肉生長，又是月餘不見效果。我便請求截肢，而按照院方規定章程：不到危及生命時不予截肢。醫院的方案是加強營養，恢復身體，等待傷口癒合後再接骨，夾上鋼板縫合；等待痊癒。我問，需時多久？答案是大約一年。我對醫生說：「一是身體難支，二是經濟拮据，三是患肢下已成芭蕾舞腳，踝骨僵硬，針刺無感覺，留它不如鑲假肢」。

那段時間，真是苦不堪言。而最痛苦的還是心靈上的創痛，陷入這種困境；求生不能，求死不得；連絕食也不可能。

經過醫生檢查，最後決定施行手術，為我截去了已經壞死的那半截腿，這才減輕了我肌骨上的痛苦。手術一周即可使雙拐練習行走，半月基本行動自如。只是感到患肢日夜發麻，黃醫生說以後自然會消失，實際上並未消失，且伴有週期性的巨痛。

痛定思痛，終身殘廢的內心創傷是無法形容的。一個人拔顆牙齒都難以果斷，因為它是父母所賜、不可復甦的生命活體之一部分；而腿於人的生存來說，更是何等重要！我在人權上是個殘缺不全的人，如今身體四肢又有一肢殘損。久處的朋友分別還要揮淚，何況長在自己身上的一條腿？

我撫著殘肢，看著沒有腳的半截腿，驀然覺得我已不是一個完整的人，內心百感交集，眼淚奪眶而出。手術之前，我拉著這條腿真不忍丟棄。常言

道最親切的關係莫過於「手足之情」，我的腿本是父母和上帝賜給我的終身伴侶。母親如果健在，看到這血淋淋的骨肉分離，她會捶胸大哭，昏厥於地……

鮮血滴在剛包紮的殘肢上，我的哀痛無以言表：這條腿和我的身體一起降落人間，我和大哥雙足站立，燒炭於南山；我們健步前後，揹炭於棧道。它伴我參軍遠征，流血疆場；伴我歷險岷山洮水，囹圄罹難。一直到皮開骨斷，它和我都是生死與共。

有一天，我在病床上聽廣播，電臺正在播報甘肅省委召開大會，表彰支援甘肅建設三十年以上的外地幹部。黨政軍領導在會上發表著熱情洋溢的講話時，我看著自己的半截腿，兩眼潸潸地流著淚。我也是由西安一腔熱血支援甘肅的外地幹部，如果你們這些領導能教導你們的下屬保有良心，依法辦事，當會減少多少冤案？我五十年代就獻身於斯的洮河林業局，如果不把國家公費醫療政策作為打擊報復工具，我這條腿焉能離我而去？救人一命，勝過多少「表彰」大會啊。

我實在不想多活一分鐘，可是如何能實現這種願望？由於長期臥床引發他病，一直到1987年3月，我才扶著一雙木腿，在人生道路上繼續蹀躞。

今後還有多少災難，還有多少不幸需要我去承受？我不敢想下去……

# 第十章　轍鮒

求生不得，求死不能，我想起了《莊子‧外物》裡的寓言「涸轍之鮒」；說的是乾涸的車轍裡有條小魚，見莊周走來，便懇求給它一升半斗之水以活其命。莊周慷慨應道：我今南行，待我引來西江之水救你。

絕境裡，朦朧中，我忽然覺得自己亦如涸轍之鮒，見車載畜馱之水，求其略賜小許，以救殘生。答曰：此為主人所飲之礦泉，豈可賜汝。又見一婦人菜市歸來，求其攜往烹之，以求速死。答曰：小而瘦，主人厭食也；可投於池中，腴而食之。再曰：厭等也。天雖陰而無雨，眾人見鮒痛苦之狀，拍手稱快，大笑不已。

涸轍之鮒，此為我十年上訪生活之寫照也。

## 一、吶喊就是不屈

我的骨折事故起因是臨夏液壓件廠粗製濫造的產品，而那位漫不經心的洪大夫，又誤診導致傷情加重。責怪他們於事無補，打官司吧，法律不屬於窮苦百姓。我已不願提及此事，然而問題在於，在此前幾經爭議，洮河林業局推諉不過，畢竟給我辦了退職手續。退職決定上明明寫著：「每月發給三十元生活費，享受公費醫療。」對此我已默認，決心不再抗爭。

現在難題又來了，截肢後出院必須先交清一切費用。論說也不算多，兩個月六百餘元。但在我來說，這已經不是個小數目。債臺高築，家貧如洗；又有何面目向親友求助？窮人只有窮朋友，富友已漸漸疏遠。何況向人借錢，先得考慮有無還債的財源。當初十八次向洮河林業局借五百元住院押金被推出門，我估計單位是在考慮：如若讓我還錢，得要扣除我每月三十元的生活費；如此也要扣夠十六個月，自然不借。如今我欲求助，也只能以每月三十元生活費做抵押。於是我去了洮局駐蘭州辦事處。正好碰見陳懷璞局長，他說這是書記管的事，回去告知王書記匯至中醫院。

等了十餘天，住院費又增加了，單位匯款仍無消息。繼續在醫院住下去，醫院不許。不辭而別非我所願，但也不能讓擔保人為難吧？到底還是難友伸出友誼之手，將我救出。

禍不單行，由於長期臥床，尾錐骨處已疼痛兩月餘。出院時我要求痔瘺科檢查，查後無病。回家後肛周腫脹，當地醫院確認肛周膿腫。又經月餘治療無效，仍到蘭州，住進省中醫院痔瘺科，這才確診為高部位、馬蹄形瘺管。醫生認為身休弱不宜手術，須回家恢復體質。我再三請求醫生便同意了，結果，同日手術者皆病癒出院，而我仍未見好轉。經活檢化驗並無癌病跡象，再查，係手術時漏了一處須再次施術。術中多次局部麻醉無效，我想關公能刮骨療疾我為何不能？醫生也保證兩分鐘內完成手術，我痛得大汗淋淋，也終於鬆了一口氣。

這次手術當然也是報銷不了的。

所有這一切，讓我看清了自己的困境。我被迫截肢致殘，根本原因就是洮河林業局的冷漠。他們拒絕為我解決善後問題，藉口就是高級人民法院為我遺留的那條尾巴：改判五年。在他們看來，我不是一個普通員工，而是帶有政治汙點的勞改釋放犯，當然不能和他人一樣享受同等待遇。

思來想去，我認為這個所謂改判，是政治上的大是大非，我必須推翻它，要求徹底平反。

為說明我重啟申訴的原因，先將甘肅省高級人民法院1979年對我的判決書全文附錄如下：

**甘肅省高級人民法院刑事判決書（78）刑監字第102號**

申訴人陳星，五十四歲，陝西藍田縣人，原洮河林業局幹部，1959年3月5日臨潭縣人民法院（59）法刑字第1031號判決書對陳星以反革命罪判刑十年，剝奪政治權利五年，1962年7月提前釋放，1972年7月甘南藏族自治州革命委員會保衛部和中國人民解放軍甘南藏族自治州公安機關軍事管制委員會（72）州保刑字第03號刑事判決書以投機倒把罪判處有期徒刑二十年，現在押。

申訴人陳星對以反革命判刑不是事實和對投機倒把罪與事實不符為由提出申訴，現查明：

陳星1944年10月參加偽青年軍並先後擔任過偽國民黨貴州省黨部總務科幹事，貴陽市黨部宣傳科幹事，汽車15團政工室指導員等偽職問題，在1950年西北人民革命大學五部一隊學習時已交代並作了結論，係一般政治歷史問題，1955年肅反運動中洮河林業局對陳的政治問題又重新審查，並未發現新的歷史罪惡，至於右派言論問題，經查基本上是本人向黨交心材料不應以右派言論認定，更不應據此科刑，故原判以歷史罪惡和右派言論判處陳星有期徒刑十年剝奪政治權利五年是錯誤的，應予糾正，宣告無罪。至於陳星自1963年以來先後販賣布票、當歸、茶葉、牛馬匹進行投機倒把活動已構成犯罪，經查屬實，但陳星能坦白交代，退賠了牟取的暴利款處刑二十年顯重，據此特判決如下：

一、撤銷臨潭縣人民法院（59）法刑字第1031號刑事判決書。

二、撤銷甘肅省甘南藏族自治州革命委員會保衛部和中國人民解放軍甘南藏族自治州公安機關軍事管制委員會（72）州保刑字第03號刑事判決書，以投機倒把罪判處陳星有期徒刑五年。

1979年1月19日

我是當事人，對於102號判決是有保留意見的。鑑於它對我餘生的負面影響，我不能再委屈求全，而必須大聲疾呼：

一、為什麼要把一個政治迫害問題分割處理？我的所謂「投機倒把」發生在1962年釋放之後。當時一不甄別平反，二不安置就業，三不讓申報糧戶關係；連我去討飯也是罪惡。我的行為完全是當時的政策錯誤造成的。再則，若不是文化大革命，我又怎能成為牛鬼蛇神被批鬥？若不是被強迫遣送農村落戶，我豈能被人鯨吞鉅款，又被涇陽造反派沒收馬款？處在那種政治歷史條件下，我就像水泥攪拌機裡的石子，旋轉起來身不由己。那麼，其責任在我，還是在文化大革命的極左路線？古人云：皮之不存毛將焉附？無本焉有末？判處

殺人犯也得問個殺人動機，我究竟是有「犯罪故意」還是生存所迫？更何況，甘南保衛部03號判決是在錯劃我右派、反革命這一基礎上定罪的，怎能又抽刀斷流、舍本求末地對我改判五年？

二、執法者都明白，罪與非罪的界限要根據行為人的行為給社會、國家和人民帶來的危害大小來區分。輕微的、危害不大的行為也許是過失，不能被認為是犯罪。而我的行為給誰帶來了危害？要說有危害，那不是我危害了別人，而是造反派給丁尕哥、李如元和我及全家造成了災難和危害。所謂「販馬」，於國家和社會有百利而無一害。對製造冤案者當罪不罪，而對我這個無辜者無罪定罪；這豈不是強盜邏輯？

三、所謂「進行投機倒把活動已構成犯罪經查屬實」，這肯定了原判法院認定的「罪狀」。那麼，證據何在？真實性如何？如果有調查，必然發現朱炳斗早已死去，活人怎能和死人搞交易？所謂「經查屬實」，實在哪裡？

四、我運往咸陽的七匹馬本是丁尕哥的，又是代購支農物資。我們未拿分文本利，而馬款全部被沒收，一只懷錶也作為贓物沒收。甘南保衛部03號判決書卻認定我牟利四千二百九十元，豈非信口雌黃？

五、既然肯定我「坦白交代和退賠了牟取的暴利款」，且我已坐牢十年；還要來個改判五年，是何居心？「矯枉必須過正」的最高指示，既能用於以往種種運動，為何不能用於撥亂反正？

回想1979年平反之初，我的確是心懷感激，接受了這一判決。我當時是這樣想的：

第一，我對自己的違心口供有責任。我自1972年開始提交申訴，但從未敢揭露逼供與誘供強加給我的倒賣布票問題，更不敢歸罪於極左路線，只是懇求原判法院給我同情與諒解。

第二，時值文化大革命剛結束，餘波尚未平息；寧左勿右思潮仍在左右很多決策者。我也不敢徹底否認所定的「罪行」。而複查人員能如此裁定，堪稱思想解放，豈敢求全責備？何況這在當時，也並不影響我在監獄裡的工

廠就業。

第三，在極左路線執政時，我乖得像隻羊。不要說判刑二十年，就是拉往刑場槍決，我能說不去？如今由二十年改為五年（已經服刑十年），我要再不服，豈不是會被認為得寸進尺？當時惟願擺脫災難，豈敢他想？

那麼，現在我為什麼又要申訴？這也是被逼出來的。根據有關規定，我去甘南中級法院索取超服五年刑期的冤獄補償。當時，一位庭長對我說：若不是中央對右派平反，你的問題根本不能改判。改判出獄就拾了便宜，還要冤獄費？誰改判向誰要去。還有一位我不清楚其職位的老幹部說：你和何文奎販了幾十匹馬，賺了幾萬元（*他們又在信口開河），我們沒追究就算好的。

據說，他們後來在全州法院院長會議上以我為例，說明被平反者不知足。

聽了這些官話，我能原諒這些冤案製造者的頑固不化嗎？這些官老爺們根本不在乎蒙冤者的屈辱和悲慘，我怎能繼續忍氣吞聲？

甘南州法院是如此造謠，我當即又去了洮河林業局。該局政治處鄒秉義說：你1958年是因反革命被捕，不是因右派問題判刑。何況你後來又犯了罪，這改判五年的尾巴，洮河林業局對你不負任何責任。然而當初我無右派言論，何以劃我右派？無任何違法行為又何以將我逮捕判刑？西北局決定，被捕右派回到原單位甄別安置，洮河林業局為何不執行？這個鄒秉義不承認「應予糾正，宣告無罪」，只抓住「五年刑期」而拒絕問責，哪裡還有國法和道義？

有所中學想聘我為教師，我送去履歷表後校方又說：「你的問題還可以申訴，等徹底平反了再說吧。」

四人幫被打倒了，但極左路線和思想依然如舊，某些地方甚至有過之而無不及。我能諒解極左路線給我造成的一切惡果，但那些推行錯誤路線的左派人物，卻把他們對平反冤假錯案的不滿情緒發洩於我。原來我想只要有工作做，決不斤斤計較。誰知他們出爾反爾，根本不考慮人活著要吃飯的問題。所以，在臨夏被液壓件廠遣返而失業之後，我已想到要進行申訴；而洮河林業局在我骨折後的做法實在太絕情，終於逼得我走投無路了。

我只得繼續申訴討個公道。

## 二、沒有回聲的天空

在長達十年的申訴、上訪中，我發出過數以千計的申訴書和公開信。然而任你罄南山之竹，竭東海之水，寫去的申訴都是下級往上推，上級往下轉，或者被經辦者付之一炬。向原判法院或有關單位直接申訴，等於是要求外科大夫為他自己切割腫瘤；向他們的上級申訴，等於在娘的面前告兒的狀，有理無理總是我先挨四十大板。

只有極少數新聞單位有過答覆，表示了同情。然而，同情者無權，有權者不同情。

在此期間，我也總結了幾條申訴和上訪經驗：

第一，要有錢。莎士比亞說過「金子，黃黃的、發光的、寶貴的金子！就這麼一點點就能使黑的變成白的。」在監獄裡我曾認識一位難友，他利用工作之便倒賣過戶口、票證；連那黑、黃、白物和槍枝彈藥都無一不搞。結果，被判刑二十年。三中全會後他被改判出獄，他先去搞了錢再申訴，終於被宣告無罪；黑的就變成了白的。

第二，要有人。有位常給「投機倒把」者運私貨的司機，在文革中以「投機倒把」罪處刑十年。刑滿後多次申訴無效，後來去中央找了當領導的親戚。他人還未回來，補發的工資已存入他的名下。

第三，要有海外關係。我的難友某君在肅反中被判長刑，監獄按政策釋放國民黨縣團以下在押犯，那時他獲釋。出獄後他去香港，與他在台灣的家兄會了一面。之後，他的家不但車馬盈門，自己還坐上了政協委員的寶座。

第四，要有軟纏硬磨的精神。剛開始平反，有些人天天去吵鬧，辦事人員怕糾纏，便一平了之。後來聽說對這種人要繩之以法，他們又改變策略。有個真貪汙誘姦犯，他刑滿後不吵不鬧，每天去法院辦公室門口靜坐。後來他又弄塊破氈，在那裡過夜。主辦人為了打發這條癩皮狗，也只好給他平反。

前三種，我不具備條件；第四種我沒有這種膽量和毅力。我只好採取鄉裡人進城討飯的辦法，見閻老就叩頭，見食客就伸手。有的人向我搖搖頭擺擺手，有的人投以嘲笑，有的人在自己衣袋裡摸來摸去，然後攤開雙手表

示無能為力；也有的人則如莊周安慰涸轍之鮒那樣，要我耐心等待。更有甚者，對我竟然喝斥辱罵。

我每次都是如臨深淵、如履薄冰、戰戰兢兢地靠近甘肅省高級人民法院信訪室。在那裡，門口的一草一木彷彿都在恥笑我。1987年7月23日下午4時，我又拄著兩條「木腿」來到高院信訪室，我像剛剛挨過打的貓欠身蹲下，向李際平同志懇求複查，又一次訴說冤情。

這時，在李法官旁邊，一位四十多歲的法官用普通話喝斥道：「你這是犯罪有理論，把犯罪原因歸於客觀」。我是否真的犯罪，姑且不辯，設若我是個殺人犯，總得陳述殺人的動機和周邊環境。何況我為求活命所做的一切正當行為，哪一樣不是那個惡劣的政治環境逼迫的？我剛分辯了幾句，他更加憤怒地責問：「沒有飯吃就可以投機倒把？就可以犯罪？誰叫你生在『四人幫』的時候？我也是生在那時，為什麼沒犯罪？」這似乎是一位蠻不講理的法官，你生在「四人幫」時期，是「四人幫」的掌上明珠，不僅不會犯罪而且還能立功。而我是個被專政的對象，怎能混為一談？一怒之下，我反唇相譏說：三年困難時期你正是餓死人的幫兇，之後你又是是社教運動執行者，當然不會去搞「投機倒把」。

他怒吼道：「你給我滾出去！」我沒動。他拉開抽屜，拿出一把手槍往桌上一甩，便從槍套裡拔出手槍指向我的腦門：「不出去我就槍斃了你」。

這種場面我還是第一次遇到。「死」是我一貫求之不得的，能遇到這位殺手，我賞識他的膽量，感激他的抉擇。

我並不認為他是嚇唬我，我若鞠上一躬轉身出去，他會高傲地收起槍；如果再以強詞激怒他，他一定會失控的。

說實話我很希望他能一槍打死我，我前進了一步把腦門遞給他。我指著他手裡的槍說，它是黨給的，命可是你自己的，你要不惜你那高傲的頭，換我這賤若敝履的腦袋，請開槍吧！我閉了眼，聽不見槍響，便說：「你們槍斃人都是要犯人跪倒在地，我只有一條腿可跪。」我扶著拐子半跪在地：「請開槍吧，我感激你！」

他憤怒得像頭獅子：「你以為我不敢，你以為我真的不敢？」我用手指著自己的腦門兒：「開槍方顯英雄本色，不要當狗熊。」

這時李際平跑了過來，一把推起他的胳膊，這位法官像皮球泄了氣似的坐下了。

現在我說這個事，年輕的讀者可能不相信：那時法官可以配槍嗎？《中華人民共和國槍支管理法》是1996年10月1日開始施行的，其中規定：除司法警察執行公務外，其他法院人員不能配槍。但倒回到九年前，在甘肅省高院信訪室走廊上坐著的這位接訪法官確實是如上所述。我將此情告訴省檢察院李子明處長，他也為之憤慨。然而在官員中，左的言行一貫是有功無過的。

之後我打問此人，才知道他姓屈，叫屈武城。十八年後我接到一份判決，審判員是李際平。我電話裡問他：屈武城近來可好？李際平回答說：早已死於癌症。我非常遺憾！我求死不得，他卻捷足先登了。


我也去甘肅省委上訪過無數次，那裡的幹部都是把我推出門了事。我求見省委李書記，簡直比登天還難。1987年大年三十，我預料他必無貴客，便拖著一條腿，冒著風雪來到省委。果然，省委大院門可羅雀，只有兩個門衛站崗。我擠進傳達室，看見玻璃窗裡有一位值班老人在專心看電視。我怕聲音大了引起他的反感，聲音低了他又聽不見；琢磨了一陣，才選了個適當的音調，叫了幾聲同志。他沒回頭，直到一組精彩鏡頭在電視螢幕上消失，他才問道：「什麼事？」

「我想見見書記。」

「沒那麼容易！許多高幹離休後長不了工資，天天要求見他也見不到。你還想見？」高幹長工資，這與我坐了一輩子牢、老無所養的情形能比嗎？

我再三說明殘障者的苦衷，向他懇求；他才允許我等四天，過罷年再來。我等到第五天，又去了這個傳達室。他問：「什麼事？」我說，我是如約而來的。而他一口否認了大年三十他對我的允諾，氣得我倒在水磨石地板上。我想攔轎向李書記告狀，可他坐的是小汽車，快如飛蝗。我想擊鼓喊冤，不僅衙門深似海，而且無鼓可擊。

蹣跚蘭州街頭，竟遇曾在八里窯監獄共過患難的石君。我佩服他的記憶力和眼力，更敬佩他不嫌我是個缺了一條腿的殘疾人。我們伏在石欄杆上，面向滔滔東去的黃河，追憶著八里窯的往事以及之後的不幸；同時也談到同

囚室的四個人。他說，呂三目前在省一監就業，惟有崔已是省委握有實權的人物，信訪工作和落實政策問題他理應過問；他勸我去找崔。

我以前也聽說崔榮居高位，由於自卑未敢拜謁。但此時我記起黎巴嫩詩人紀伯倫的一句話：「和你一同笑過的人，你可能把他忘掉；但是和你一同哭過的人，卻永遠不忘。」我和崔、石、呂三君，我們都是在一起哭過的人。在八里窯同室同床互表同情之誼的崔，當時他對我的案情有過四點獨到見解；他認為絕無判刑之理由，且對我的處境義憤填膺。他是新華社記者，解放初即到蘭州，當然是個知識分子。我們有共同語言，相處甚篤。時隔十八年，石君能認出我，崔君也許不會相忘。如今他又是省委二、三號人物，大權在握。若他能主持正義，說句公道話，就能解我危難於倒懸。當年，他被處刑十二年不服，上訴三年，監獄又逼他撤訴；難道他能把那時的不平忘得一乾二淨？

1987年5月間的一個星期日，我按石君說的地址，懷著一線希望走進了崔的家門。正好，此時僅他一人在家。時隔一十八年，王寶釧不認識長了鬍鬚的薛平貴，崔君怎能認識少了一條腿的我？何況我之慘狀更甚於昔日囚徒。在崔君面前，自己猶如一隻滿載細菌的蒼蠅，落在了美味佳餚上。我羞愧得說不出一句話，而崔君對我這樣一位十分冒昧的不速之客也感到愕然。我報了大名，他竟然記不起。我不得不把往事重提，想喚起他昔日的苦澀回憶。而此時的崔君立即變色道：「有事就說，不要提那些。」我便簡略地說了一下我目前的處境和要求。「好吧，我關注一下，請。」他長長的手臂伸向開著的門。

事有湊巧，我在統一辦公樓的二號樓見到了前臨夏市市長呼延先生。我立即迴避，他卻不嫌卑賤，硬是邀我去了他的辦公室。問了我的情況後，他想起我曾經談過在八里窯與崔君相識之事，便說：「你何不找崔？」他立即拿起電話和崔攀談起來，然後放下電話：「他說他不認識你」；還攤開兩手搖著頭，歎著氣。雖然沒辦成事，但我很感激呼延君。我想起鄭板橋的〈歷覽〉詩：「歷覽名臣與佞臣，讀書同慕古賢人。烏紗略戴心情變，黃閣旋登面目新。」

當初在監獄裡，我和崔、呂、石，我們四人同勺而食，同榻而臥。那

時我們沒有貧富貴賤之分，只有同病相憐的感慨。魯迅說過：「一闊臉就變」，今非昔比，這是社會的自然現象，也是「貴人多忘事」的必然之理。當然，以公職論，崔君有受理我申訴案件的責任，但這又不是絕對的。我是錯誤地以不合法的「患難之交」來苛求崔君了。千錯萬錯，錯還在我。

我上過三次北京，最高人民法院每次都勸我回甘肅解決問題。高院接待幹部說，他們一定督促甘肅省法院予以複查。1987年6月，我第三次去北京，再次要求高院直接調閱我的案卷。一位女同志要我等他們研究後決定，我就在北京等了十多天。他們又說已給甘肅省法院提出處理意見了，讓我直接去催。我便要求他們給甘肅省高級法院寫了封信，信封上寫的是「甘肅省高級人民法院收」，並加蓋了「拆開無效」的戳記。當甘肅高院的接待幹部打開時，裡面內容卻是：「陳星：你的申訴已轉甘肅省高級人民法院，希直接與他們聯繫。」像這樣的信已騙過我兩次，這就是打發我儘快離京的一種手段。甘肅省高院幹部訓了我一頓，涉及到處理意見則又無聲無息了。

在北京我曾去過國務院、中央辦公廳信訪局、最高人民檢察院。在那裡，接待人員對我都是安慰幾句了事。我向全國人民代表大會常務委員會打聽他們的信訪室，想去討教，回答竟然是「保密」。信訪室對信訪人保密，真是豈有此理。

1987年6月23日上午10時，大雨傾盆；我冒著大雨，好不容易又找到中央統戰部信訪室。那是個沒雨篷的小門，我焦急地輕輕地敲著它，裡面有人走動，卻無回音。可我來一趟不容易，我只得耐心地敲著，等著，被雨淋著。過了好一會兒，裡面終於有人不耐煩地問：「什麼事？」「我有事向您請教。」「說吧。」「一句兩句說不清。」「那你就多說幾句。」「外邊雨大讓我進去說吧。」「雨大我有什麼辦法，我又管不了天。」「我是個殘疾人，請照顧我進去吧。」「殘疾能怪我嗎？這裡又不是醫院。」

無論怎樣，說多少好話也難打動裡面這位接待者的鐵石之心，我便請他打開頂端的玻璃窗，把〈申訴〉投了進去。他一目十行地看看，又扔給我：「我不管。」

雨水和淚水都滴在申訴書上，申訴書上濕淋淋的，字跡也模糊不清了。

我等了近一個小時，遭了許多奚落，連個人影也沒看見。

實在有苦無處訴，我便去了民革中央。曹秘書長一聽我與屈武同志在于右任家見過多面，如今又是這般光景，他便引我見了九十高齡的屈老。屈老他年事已高，仍很健談；他與我回憶往事，表述政見，對我的處境也深表同情。他讓我留下〈申訴〉，由他來轉給最高人民法院。

許多人認為，中央的官不能和地方官比，他們一定是明察秋毫的包青天。其實錯了，他們和普通中國人沒有兩樣。只不過由於住在北京，「首都」二字給他們添了幾分不可一世的驕傲自滿而已。

經過近十年的上訪，我得到甘肅省高級人民法院李際平等人的口頭答覆。我把他們的觀點歸納起來，略作反駁：

一、「政治迫害不會導致投機倒把，沒有受過政治迫害的人不是也有投機倒把的嗎？無花也能結果，武都不是就有一種無花果嗎？」

——其實無花果並非無花，不過人們不易看見而已。

二、「你趕馬，就是長途販運，就是投機倒把。不能以今天的政策去翻過去的案。」

——他們閉口不提馬是支農生產資料，屬於免稅商品；而且我是因為政治迫害生存無著，不得不解決下鄉落戶的問題。如果依然以過去的政策複查過去的案子，平反冤假錯案豈不是騙局？中央許多領導人的案子，若用文化大革命時政策去複查，誰能得到昭雪？

三、「生活所迫犯了法，同樣要判罪。《流浪者》中的拉茲做了賊不是也要坐牢嗎？」

——作賊能和給生產隊買馬同日而語嗎？拉茲在觀眾心目中是個受害者還是個罪有應得者？如今的法官要不要區分善惡？

四、「你能有劉少奇、彭德懷的冤案大？為什麼不比比？何況你還活著！」

——活著就可以不申訴？不給我平反的原因，竟然是因為我還活著。劉少奇、彭德懷如果還活著，能饒了那些狗官嗎？如果沒有鄧小平、胡耀邦等老一輩革命家，你們這些極左路線擁護者肯為劉少奇、彭

德懷平反嗎？

五、「『四人幫』不被我們打倒，你不是還在監獄裡嗎？你敢放個屁？放你出來還要找麻煩。」

──「四人幫」你們不打也會有人打，這是歷史的必然，也是自然規律。

六、「逼供、誘供總還是你自己承認的，你為什麼不學《紅岩》中的成剛？」

──逼供、誘供是獨裁者的手段，是希特勒慣用的伎倆，我那時有理去向哪裡講？屈打者無罪，罪在屈招者；殺人者無罪，罪在被殺者──這是什麼邏輯？

七、「你失去有用之年，家屬子女受株連，這是那時的普遍現象。你自殺如果死了，我們還能為你抵命嗎？為什麼不向前看？黨的政策是既往不咎，難道你不懂？」

──組織整錯了人可以既往不咎，而老百姓說錯一句話無一不咎，說了老實話你們更是要揪。

八、「政治問題已宣告無罪，至於善後問題是原工作單位的事，與我們無關。」

──法院留錯了尾巴，怎能與法院無關？

九、「你已申訴到最高人民法院，若再不服請去國際法庭好了。」

──他當然知道我去不了國際法庭，但這樣說難道不覺有愧？中國人不能通過中國的法庭得到公平正義，這麼說的人還要不要民族尊嚴，要不要作為執法者的良心？

十、「像你這樣的問題何止一個？如果徹底平了，那還有個完？若再繼續糾纏，後果自負。」

──我已經被你們搞得家破人亡，身殘體衰，還要負個什麼後果？文化大革命中的冤案當然不止我一個，總不能因為多，就讓蒙冤者永世不得翻身！

六年多來，我去省高院上訪，見到次數最多的接待人員就是李際平。這些答覆也都是從他口裡出來的。有次我打電話說：屈武城要槍斃我，是你救

了我的命。他說，他不知道有這麼回事。我想如果屈武城真的槍斃了我，他也不會出庭作證的。因為他們是人不親行親。

看來，對我的冤案的複查只是解去了陳舊腐朽的枷鎖，卻又給我帶上了一付新的洋銬子。

省委政法委一位同志給刑二庭魏庭長打了電話，魏同意我去見他；出來接待我的卻是溫丙榮同志。我曾在信訪室和他多次見面，他很善良，富有同情心，是非分明。但今天他開門見山地對我說：「你到處告狀，要求徹底平反，無非是想要這要那。」

我說：「我要的是活法，要的是老有所終，還能要什麼？」

他說：「比如沒收的馬款七千多元、文革後的工資補發，你能不要？但這些都辦不到。」這段話雖然不是出自他的內心，卻道破高級法院對我不予徹底平反的關鍵：捨不得退這七千餘元，尤怕為我補發工資。

可我也要算一筆賬：我五次蒙冤入獄，兩次被處刑達三十年，哪一次不應給予物質和精神上的賠償？最高人民法院1988年關於貫徹民法通則意見中規定：「國家機關工作人員在執行職務中給公民、法人的合法權益造成損害的，國家應當承擔賠償責任。」1989年頒佈的《行政訴訟法》也規定了國家行政機關的賠償責任。然而法院為了不退賠那非法沒收的七千元，竟寧肯給我這個蒙冤受屈者留條不該留的尾巴，這豈不是褻瀆了法律的尊嚴？

上個世紀八十年代我上訪期間，吳思宏院長給我留下了難以忘懷的印象。甘肅省法院門口經常站著崗，我只好找到他家。他的子女像接待客人一樣接待了我這個兩手空空的上訪者。吳院長犧牲休息時間，耐心地聽我陳述案情，一字不漏地看申訴。他也多次表示，一定要立案複查。然而不知來自上面還是下面的阻力，我的申訴終難實現。他後來歎著氣把一封信交給我：「你去找卓尼法院，請他們出面向洮河林業局說清理由，給你落實個離休；能老有所終就行了。」這封信就像包公手上的三百兩紋銀，我這個沒出息的「秦香蓮」如奉至寶地接受了。但它並沒有起到預期的效果，卓尼法院院長為我離休事，與洮河林業局幾度交涉，都被他們一口拒絕了。

在此期間，我並不是沒有求過別人幫忙，如副省長黃正清老人多次為我打電話給有關方面。但他只是一位藏族上層民主人士，對方接過電話，放下

也就忘了。

原在省二監工作的臘景華同志，古道熱腸，有正義感。她在政法部門較熟，為我奔走也是不遺餘力。但她的努力就像在黑夜裡點燈，燈亮了又熄了，大約是沒給燈裡添油的緣故。

我就這樣在「左」的官僚主義大海裡周旋，在政法部門的各級機構折騰了幾十年。政治家決不肯收回成命，他們抓不住辮子抓頭髮，抓不住頭髮揪尾巴，對我「改判五年」的這條尾巴怎麼也割不掉。他們一口咬定我是個為了發財的「投機倒把」犯，與政治問題不相干，這使我無法理解。解放前夕在長沙，我把近萬元大洋棄之不顧而回到西北參加革命；在工作中木商多次行賄，我痛斥拒絕。完全是由於政治迫害，才使我走投無路，生活陷於絕境。而今我倒還落個牟取暴利的「投機倒把犯」，豈不可笑？

我說，兩次判刑三十年；我沒有進過一次正式的法庭，沒有見過一個真正的審判員，沒有履行過一次法庭辯護權。而現在竟有人說，不服你就去國際法庭申訴──這豈不是對他們履行職責的法律機構的自我嘲諷？

我不知神州是否還有晴天？

## 三、三上北京

從甘肅去北京，即使從蘭州出發也有一千五百多公里。從臨夏走就更遠。我三度奔波北京上訪，深深體會到了訪民的各種艱辛。

至1980年10月，我出獄後還是個留廠就業的臨時工，轉為正式工人這件事依然遙遙無期。所以出差經北京時，我第一次上訪了最高人民法院。

永定河像個長長的馬槽，盛著枯黃的落葉向西伸去。河堤邊有一道長長的磚牆，依牆支立著各種各樣的窩棚，狀似雞窩，彼此相連；連綿兩公里。每個窩棚門口都有幾塊被燒得黢黑的破磚，在磚上有人支起一口用各種罐頭盒改裝的鍋。這裡的主人就用這簡陋的器具煮飯糊口，維持生活。

住在這些窩棚裡的有老年人、殘病人，缺胳臂少腿的也不在少數。但更多的是拖家帶口的健康男女，絕大部分都是上訪人。他們三三兩兩圍在一起，有的竊竊耳語，有的高談闊論，有的哀聲歎氣，有些不知何故被打得鼻青

臉腫，還有的爭論不休。他們議論的主題就是一個：冤案為何得不到糾正？有的人在此住了三年之久，仍無結論；我急著找個說理的地方，無心多問。

沿著這種窩棚又走了半個多小時，在一片荒草灘邊，我才找到最高人民法院的信訪接待站。灰色的大鐵門緊閉著，門外空地上的石頭、破磚、碎紙、痰唾、瓜果皮鋪了一地，像散了場的鄉間廟會。這時只見一個河南口音的農村婦女站在土堆上，她漲紅著臉，伸長脖子，踮起腳尖朝院裡大罵。她罵一陣，哭一陣，驀然又揹起包裹：「我找鄧青天告你個龜孫！」她氣冲冲地走了。看到她我想，上訪的前景並不樂觀。

次日八點，我又趕到這裡。排隊的人們形成三條長龍，尾巴伸出巷口，我毫不猶豫地續在末端。從八點到十一點，長長的訪民隊伍才向前挪了兩丈遠。有經驗的人說：「走吧，今天又沒指望了。」

次日凌晨，我又起來往那裡趕。到達時天還沒亮，月光把樹影拖得長長的，黑色的樹影像條蛇，在風中蠕動。我走著想著：今天我必然能當個「龍頭大爺」。可是到了排隊的地方一看，有十多個人昨晚就沒走。不多時，上訪的人們再次聚攏。有的人揹著老人，有的人挑著小孩，大家爭相排隊。

信訪站一次發十二張登記表，我得了一張。進門先填表，然後按東北、西北、華中等窗口投入，再靜靜聽候高音喇叭的傳呼。我終於被傳進一個小門。

裡面又有若干平房小院，也是按各大區劃分，每個小院又有若干辦公室。一位能力非凡的老接待員接過我的申訴書，他一邊看，一邊聽我敘述。不到五分鐘，他就看完了，在申訴書上蓋了個什麼戳，寫了年月日，裝進信封。然後他對我說：「回去。我們轉下去，叫他們給你認真複查。」我請教他貴姓，他說：「有規定，恕不奉告。」

第二次上北京，那是在我失業之後的1984年。我第一次看到的那種窩棚幾乎沒有了，不知是被強行拆除了還是問題解決了。我依然被勸返，接待人員說：「這次一定會解決，因為1983年中央下發了文件，一定要儘快糾正冤假錯案。如果解決不了你再來信，花八分錢比買車票省錢吧。」聽了他的話，我並不抱希望。在此之前，我又何嘗不是每月寄出一封申訴？

第三次我到北京上訪，是在截肢以後。如前所述，上一次上訪，我得到一紙密封的表裡不一的〈通知〉。拿著這個〈通知〉，我在甘肅省高院挨了頓訓，這件事便無影無蹤了。

　　此次去北京是十分艱難的，第一我經濟拮据；第二是少了一條腿。經濟方面孩子們給湊了一百元，行動受限則依靠雙拐；還得背個小板凳以助如廁。當然，我也看到，出門在外少條腿的人並不是我一個；但他們多是青壯年，或者是截肢後久經磨練的。我卻年逾花甲，殘肢傷口尚在隱隱作痛，這更增加了困難程度。坐了一天一夜火車，途中下車去吸點新鮮空氣。再上車一看，我的座位已被兩個「哥兒們」佔據了。別的旅客說了幾句公道話，倆哥兒們差點動了刀子。見狀我放棄了說理，在車廂的另一頭打了「地鋪」。

　　而在北京下車後，進地鐵鑽地道，簡直比爬雪山還要艱難。車站附近旅館，家家掛了「客滿」。我擠上一輛公車，在和平里終點站下了車，此時已是夜間十點。我蹣跚街頭，無力尋找住處。一位中年工人劉師傅在路邊乘涼，他問了情況，就回去推了一輛單車，馱著我的包領我找旅館。連續找了十多家，這些旅館都因我是上訪者而不接待。當我向那些工作人員乞求時，他們昂起那高貴的頭，竟把我這個殘疾人視為世界上的異類。我不好再麻煩這位好心的劉師傅，便在街心花園石凳上過了一宿。

　　文化大革命之前，右派不許回北京。我不理解的是，如今文革結束後多年，北京市為什麼如此對待上訪者，竟不許我這樣的人住旅社。前兩次上北京，我請求在臨夏的甘肅省液壓元件廠開了「因公出差」介紹信，這次少了一條腿，我不也好去再去找液壓廠。

　　我揹著個包，上面還架個小板凳，全身依靠一對拐子支撐，衣著不雅，其貌不揚，還吊著一條空蕩蕩的褲腿。我的模樣比鐵拐李和濟公先生還要降格七分，沒介紹信誰又敢收留住下？白天我又走了幾條街，進了幾家旅社。服務員異口同聲：「去去去，別囉嗦」，但他們倒不敢直接推我。

　　夜深了，我也太疲乏了，便在一家旅店的板凳上坐下。出來一位年長的老闆，尚有惻隱之心。他收了我兩元錢的住宿費，讓我住進了地下室的通鋪。

　　在林業部的上訪接待室，我交了上訪信，接訪人看完後又看了我的一

雙拐子，似有同情地問：「你住哪裡？」「沒住處。」這樣他給了我一張便條，讓我去永定門外北京市上訪住宿接待站，並說「過幾天你再來。」我拿了這個便條，才算住上那裡應付難民似的通鋪。此地只接待上訪者，設備極其簡陋；價格也便宜，一晚上花費兩角錢。但是有嚴格的出入限制，上訪者只能在晚十點前進門，早七點後必須出門。中間這段時間，房間裡不許留人，辦完事也不許進門。好在小攤上無人把門，否則我拿了錢也吃不上飯。

我沒進過飯館，老是找個小攤吃飯，每頓飯不超過兩角錢。小攤掌櫃也嫌我背個包，多了兩條腿不雅觀。天熱渴急，我找個大碗茶一飲而盡；人見我總是皺眉頭。難怪，這是京都，天子腳下都有王氣。

如今坐公交也要一毛錢。但當我快到車門前時，售票員見我如此形狀，總是關上車門。其實每次上到車裡，我事先就把角票攥在手心了，一見售票員伸手，我趕快把車票錢遞了過去。我從未「逃票」，當然也沒有遇見任何人給我讓座。我決心給殘疾人爭光，讓也不坐。大家都是人，我不能以殘賣殘。不過我會儘快找個可以倚靠的地方，免得公交一剎車不慎踏了別人的腳。

前兩次來北京都是來去匆匆，這回等最高法答覆，住的接待站白天又不讓進門；我便一跳一晃毫無目標地躓躓到了軍事博物館。這裡對參觀者不收門票，我決定進去看看。

館內展出的多是黨的光榮史，例如把被迫逃離瑞金說成是長征。征誰？那時日寇還在東北。印象最深的是一件展品，非常醒目，那就是彭德懷元帥1959年寫給毛主席的「萬言書」；它被抄在牆上，下面玻璃櫥裡是他的手跡。我仔細讀了一遍這封長信，實在找不到任何冒犯偉大領袖的詞句。彭大將軍是那樣的謹慎小心，信的開頭的稱呼是：「主席」，連「毛」字也省略了，更未直呼「潤芝」。他把大躍進的浮誇風說成是我們下面沒有按主席的指示做，這樣的人竟然成為反黨分子，落得死無葬身之地，真是「伴君如伴虎」。

我也參觀了「毛主席紀念堂」，看到偉大領袖容光煥發，仰臥於水晶棺之中。我想，要不是「誰敢橫刀立馬，唯我彭大將軍」多次救了他，他怎能安然靜臥於此？我也聯想到張學良，張將軍仍在臺灣安度晚年，彭大將軍竟作古了。老百姓還講個知恩當報，而毛是怎麼做的？真理何在？天理何存？

從隴西到北京，一百元的路費早已花光；最後我連兩角錢一晚的難民通鋪也無法支付了。在這種情況下，我不得不編造藉口去浴池過夜。當身無分文時，火車站候車室便成了我的「家」；可是在候車室，又不時有被逐出的危險。

為等待最高法院的答覆，身無分文後，我在北京度過了二十多天的乞討生活。我在街心花園的石凳上寫申訴，我背上揹的也是呼籲書。這幾年我寫了無數申訴，結果都像精衛填海，未曾激起一滴水珠。

總之，任何部門的信訪室幹部見了訪民，第一個想法就是如何把你打發走。你下次來不一定還是他接待，如果是他，也有辦法再一次打發你走。如果沒有特殊門路，你就算住在最高法院信訪接待站門口，也是無濟於事。永定河邊的那些難民窟裡的上訪者，他們打前門進去，後門便有公安人員等著收容遣送。我見一個上訪者談過話被推搡出來，一頭撞在鋼柱上，碰得頭破血流暈了過去。就這樣，也無人過問。所以我去了三次，都是被撞了出來。如果自己不走，恐怕也少不了被收容遣送。

有個三十多歲的中年人，躺在一個擔架式的竹床上，連身也不能翻，只有他的白髮老母照顧他。聽說他們日夜守在最高法院接待站內的雨棚下，已經守了兩個春夏秋冬。我不忍心動問，因我無力幫助他，何勞他痛苦地回答。

還有一個截去雙腿者，日夜臥在永定門車站拐角處的垃圾箱旁。他把垃圾箱裡的雜物收拾在一起，整理後賣給蹬三輪收破爛的人，以此維生。他也是一個上訪者，我敬佩他如此恭候批覆已達兩年之久。我的面前還有多少艱難險阻？無論如何，我決心已定；得不到一個確切的答覆，我是不會回去的。

# 四、故友邂逅話今昔

在北京，我多次想一頭栽進北海，一了百了。但遊船如鴨群，行人如蟻隊，跳進去也會被拖出來。我也琢磨在夜裡實現想法，可是能隱蔽的地方我去不了，不到天黑就被趕了出來。

討飯，說時容易做時難，何況是鄉裡人在北京。然而要等最高法院的答覆，只有走這條路。遍觀乞討方式，我感到适用的只有擺地攤。我便在破背心

上用毛筆寫了幾句苦難經歷，祈求善者賢者賜以同情，挽我於危難於倒懸。

我想找個適當的地方抻開。然而這樣做也有許多顧慮，人多處怕羞，又怕警察驅趕；而擺在無人處豈不是白擺？思來想去，我選了地鐵入口處；儘管我每天換個站點，依然收穫甚微。

有天我到了景山公園，我向守門員鞠了一躬，便進去了。順著「崇禎自縊處」的箭牌前進，便看到一個小山包下有棵歪脖子小槐樹，但它不是1644年朱由檢上吊的古槐。那棵古槐也有它的不平和不幸，因為它吊死了明末崇禎皇帝，是「罪槐」，曾被鐵鏈鎖著，直到八國聯軍進北京時才去掉。到了「文革」期間，它則被連根拔掉了。現在這棵小槐樹是仿栽的，看著它我想：一代皇帝尚能上吊自殺，我連個「地攤」也不敢擺，太沒出息了。

沿著小道臺階上行，有一轉彎處，周圍有天然石頭堆砌的平臺，旁有青松翠柏和巨石，既可乘涼又能歇腳。我坐下歇息，這一歇，卻把其他遊客嚇跑了。這時我下定了決心，我掏出背心，鋪在地上，打開飯盒去接受施捨。一雙拐子躺在身邊陪我，一隻空蕩蕩的褲腿吊著，上下的行人都能看見。我低著頭注視飯盒，每落進幾分錢、幾張角票便有氣無力地道聲：「謝謝！」

總算是開市大吉，不到一小時，盒中就落了不少鎳幣。

許多遊人都是扔幾個分幣便匆匆離去，只有中老年或孤身者駐足詳讀，扔個分錢角票。也有上了年紀的人關心地問點什麼，我很樂意回答。這樣，一天能收入個塊兒八角。

有天快到下午，屁股在石板上坐不住，我準備收攤。一位衣著簡樸的瘦高老頭站著看完又蹲下，仔細讀著我背心上寫的求助。我覺得他有點面熟，他看看背心上的字又看看我的臉，自言自語地說：「我也是來上訪的，沒帶多少錢。這是五斤糧票兩元錢，表示個心意吧。」說著，他把錢票丟進飯盒。這可是一位大施主，我不得不抬起頭來，向他道謝。

不知是一種什麼感覺，我目不轉睛地審視著這張似乎很熟悉的面孔，他也同樣注視著我，我終於從他那濃濃的眉毛、深深的雙眸和頎長的身材中找到了昔日的影子——他是秋盡，他臉上的皺紋和頭上的白髮是四十年風雨留給他的。然而，別離十八年的夫妻，在五典坡相逢不相識；我們一別四十年，又怎能肯定是他？但我還是忍不住問道：「鄙人敢請教貴姓？」

「免貴，姓秋。」聽他口音說的是廣東普通話。他指著地上的背心又問我：「這上面是你的真名嗎？」我想點點頭打發他走，但又覺得這比夢幻還奇巧的機會怎能錯過？就不由自主地搖了搖頭。

「那麼？您是不是姓陳？」

我慚愧地點了點頭，眼中湧出一眶難以言狀的淚。

也許他的思緒中出現了抗日年代的從軍歲月和辦《時代影劇》週刊時的辛酸，所以他也在拭擦著乾癟的老眼。

他略思片刻，迅速扯起我的背心與飯盒：「走，找個合適地方。」

遠處我走不動，我們便在山腳一個水磨石座椅上歇了下來。為了不使別人加楔兒，我們都把包兒放在凳上，互相介紹著別後四十年的經歷。

那還是1949年，中共地下黨員秋盡隨汽車十五團從貴陽退到雲南。他恐車輛逃去泰國、緬甸，便在昆明策動一營向解放區開拔。不料事泄，坐了幾天牢。解放後他出獄回粵，在家鄉中山縣當了縣黨委副書記。肅反時他被開除中共黨籍，打成反革命；反右時遣送農村，監督改造。在文革中，妻子離婚，他被批鬥，打得遍體鱗傷，氣憤之下自衛還擊，傷了支書右臂。因此，他被以階級報復和故意傷害罪處刑十五年，送往新疆勞改。

粉碎「四人幫」後，秋盡被改判十年。而新疆又缺少英語教師，所以他後來就在這家農場的子弟中學當教師。他退休本應回到廣東老家，可是那邊已無家可歸。在平反冤假錯案過程中，他以政治迫害和正當防衛為理由提起申訴，至今已經申訴了整整十年。他先後四次到北京上訪。這次，最高人民法院同意對他的案子做調卷複查，讓他等待裁決。他怕這又是緩兵之計，就留在北京至今。

秋盡聽我陳述自己的經歷，落下了五尺男兒的辛酸淚。尤其看到我殘存的半條腿時，他一再撫摸，又發現腿上當年抗日時的舊傷疤，目不忍睹，他幾乎哭出聲來：「舊恨春江流不盡，新恨雲山千疊。」

秋盡長我幾歲，依然健談，我們的話題總是追溯到數十年前。回憶抗日勝利消息傳來那天，我們還被關在新兵營裡，既是興奮又是苦惱。提起後來的生活變故，他說：「我當右派是因為讚揚了兩顆原子彈的功勞，我反對中國人跟著日本人聲討那兩顆原子彈的罪惡。日寇侵略軍僅在南京一城，就

殘暴地殺死我同胞三十餘萬；死難者人數大於廣島、長崎死亡人數的兩倍。美國以先進武器懲罰侵略者，何罪之有？」日本國對自己犯下的滔天罪行，其認罪態度雖不及德國，但還是主動提出要給戰爭賠償。而我們領袖卻以大國之主風範，「予以謝絕」。中國人的血也就白流了，這點兒我至今耿耿於懷。想不通，想不通啊；對不起死難同胞啊！

我倆原先由於臭味相投，才創辦了《時代影劇》。今日相逢，對許多問題仍有同感。

他又提到曾送我《共產黨宣言》，動員我加入共產黨。對此，他深有感觸地說：「你那時沒有參加也好，不然又要多一條『假黨員』、『真叛徒』的罪名。」

我說：「剛解放時，我也悔恨自己目光短淺，過於固執，拒絕你介紹我入黨。直到肅反時才明白『福兮禍所伏，禍兮福所倚』的道理。到了文化大革命時，我更為一些老同志的入黨而感到遺憾。」

我們扯得最多的話題是對毛澤東的看法。總而言之，我們一致認為他還是一位偉大的天才人物，他最大的功績就是掃除了軍閥，空前地統一了國家，驅逐了帝國主義在華勢力，長了中國人民的志氣。在蔣介石這位「英雄」造就了一個腐敗時勢的同時，也成全了毛澤東這位千古未有的「英雄」。這位千古偉人以後又導致了前所未有的動亂時勢，對老百姓來說是過於虧欠，（至少對我倆是）苦多於甜。那時，毛澤東只要說一句實事求是的良心話，中國就能少死千千萬萬人；但他不說，也不讓別人說，誰說了就整誰。至於有人重新掛起他老人家的像章懷念他，恐怕是醉翁之意不在酒。大部分人不滿目前的貪汙腐化和貧富不均，反而懷念從前的口號「均貧富」。

當然我們也談到鄧小平，秋盡認為鄧是偉大、善良和明智的政治家。他不當名義上的領袖，才能成為真正的領袖；不直接掌權，才能做到「兼聽則明」，發揮參謀指導作用。根據近百年的歷史教訓，人民需要現實可行的民主與法制，保持安定團結。因為我們的家底薄，經不起窮折騰；只能維護改革開放了的共產黨的領導。但希望共產黨改變過去一言堂的作風。

談到這裡，我們自然想起在貴陽辦《時代影劇》週刊時的動機。那時，就我來說，並無推翻國民黨的理念，只是意欲通過輿論針砭時弊，使民族復

興，國家強盛。然而，國民黨當局採取的措施不是徹底清除汙點，而是粉飾和掩蓋。但我們深信今天的共產黨一定能從沉痛的歷史經驗中吸取教訓，鄧小平和中央領導人有能力克服腐敗。在鄧小平理論指導下，香港與澳門定能回歸祖國，統一臺灣也會為期不遠。

人微言輕的我們不配談論國家政治，然而人無不受到政治氣候的影響，何況我們是在惡劣的政治氣候中相識，我們都在盼望一個有希望的明天。「憂國憂民」、「自作多情」，是中國知識分子的通病。我們分別四十年後，又在這樣一種環境裡邂逅，不說這些又能談點什麼？說各自的家庭吧，都是不堪回首的；說各自的前途吧，中國人民的前途就是我們的前途。

一個下午的時間，全消耗在這條水磨石座椅上；直到清園工人禮貌地催促我們出園。臨別時，秋盡勸我堅強地活下去，他給我留了一首詩，以志紀念：

抗日烽煙成舊夢，天涯海角雁不聞。
幾番風雨春方曉，劫後餘生又逢君。

我不會寫詩，便抄了李商隱的〈無題〉中的幾句送他：「相見時難別亦難，東風無力百花殘。春蠶到死絲方盡，蠟炬成灰淚始乾。」我們相遇這一天，他已經買好當晚回新疆農場的火車票。我們在火車站小飯攤上會了餐，是接風還是餞行？誰也說不清。「身世浮沉雨打萍」，我們沒有久別重逢的歡樂，只有依依惜別的哀愁。

我送他到月臺上，他要把僅有的一點路費掏給我，我再次謝絕了。我指著自己的半條腿說：它就是討飯的優越條件。

我們灑淚分手，這重逢卻也是訣別。我們互相通過信，我因此知道他已住進醫院。一年後，我寄給他的信被退了回來，上面的批註是：此人已故。

## 五、轍鮒得水

洮河林業局的頂頭上司是白龍江林業管理局，這個白龍江管理局的書記辦公室，我是第三次光臨了。

這次去見張書記，我是夾著一雙拐子，吊著半截腿。在辦公桌前，我像犯人給法官陳述犯罪事實一樣難堪。張書記慷慨地說：「我一定給洮河局王書記說，要他儘快地給你解決。」我盼望張書記兌現他的那句話，就像旱苗盼甘霖一樣，但終於失望了。有天我發現書記被前呼後擁地進了招待所的高級客房，我鼓足勇氣，也跟了進去。他睜開醉眼，不等我開口便說：「你去，我明天一定給王書記說。」我挨到第二天清早去找他，但他天剛亮就坐車回去了。

在長達十多年的上訪中，我像皮球一樣，被那些無動於衷的幹部從下踢到上，又從上踢到下。萬般無奈，我只得再找省林業廳。

在林業廳，我找到蒲澤廳長；他答應讓我次日來。次日又次日，房門依然緊閉。我只好去找副廳長禹貴民，他聽了我的陳訴後斬釘截鐵地說：我叫洮河局將你收回工作。他真是個有良知的領導人，

他批示給洮河林業局：「此人應予收回工作」；也是他多次函電催促，讓單位給我報銷醫療費。


1987年初冬，我又一次來到卓尼；加上家人和我以前的上訪，這是第二十一次了。

卓尼，大西北高原上的偏僻小縣，是個很不引人注目的地方，這裡竟然聯繫了我生命中的大半歲月。五十年代洮河波浪中的我和林海雪原中的我，六十年代、七十年代監獄中的我，以及如今肢體殘缺、傷痕累累的我，竟會是同一個我，一個和時代與歲月同患難的我。

惶惑和傷感中，我環顧這座小小的縣城；它以新的面貌迎接了已經衰老的我。

城市的興衰，是政治、經濟狀況的一張宣傳畫，人們可以通過它來感受社會變化。雄偉的洮河大橋代替了古老的渡口，梢公的木槳與昔日的荒涼都已消逝；卓尼已是今非昔比。

勞改農場的白骨被新建的街道掩蓋了，一條條公路如動脈血管顯示出新的時代活力。在「文革」中被夷為平地且掘地三尺的禪定寺，如今以嶄新的容光矗立在藍天白雲下。寺內迴盪著鑼鼓和誦經聲，彷彿在超度死在寺內數

千人的靈魂，同時也開始弘揚民族自治和信仰自由。祭祀的煙火鼎盛，驅散了參拜者心上的疑團。企事業單位蓋起了一幢幢新樓，在白楊紅柳叢的掩映下，各種車輛穿梭來往，紅塵滾滾。

而當年的我和現在的我又是怎樣？

我想，當我下肢骨折時，洮河林業局的書記和勞資科科長如能有人類萬分之一的善心，只要預支我五百元的住院押金或開一紙介紹信，這條腿決不會離我而去。有人可以拿國家財產中飽私囊而面不改色，卻不願意依法依規撥款救人於水火。

我艱難地坐在當右派時挖去樹根建成的洮河長堤上，撫摸著截肢後留下的傷疤和形色不一的一對拐杖。我想到，我頭上的一根根白髮、臉上的一道道皺紋、嘴裡落盡牙齒的空洞，彷彿都在告訴著我：你老了，你就這樣地老了。

如煙往事湧上心頭，又化作兩汪苦水。

三十多年前的我，滿懷豪情來到這座山城，決心和從前投身抗戰一樣，把畢生精力奉獻給黨和人民的事業。所以，我不僅忘我勞動，還給報紙投稿，宣傳黨的方針政策更是不遺餘力。土改時期，我因陋就簡導演歌劇《赤葉河》和反抗強暴的傳統劇目。只要有空，每逢週末我也總要貢獻出自編自導的小段子。有一次觀眾發現沒有我在場，許多人遺憾地離去。當地幹部群眾給我很多愛戴和鼓勵，讓我感到青春煥發光彩。我未能參加抗美援朝，覺得問心有愧，便一次捐獻了半年工資。那時我像一隻天真的小鳥，在林海雪原翱翔；也像條歡樂的小魚，在激流波濤中暢游。

就是在監獄或者勞改農場，我也任勞任怨，毫不吝惜自己的鮮血和汗水，將之揮灑在沒有報酬的工作上。我安慰自己，這樣做也是為人民服務；「誰言寸草心，報得三春暉」。我因此也贏得了管教幹部的讚許和減刑。而洮河林業局把我送進監獄，開始了我一生的苦難，卻沒有想到為這個人承擔半點責任。

我也像很多被改正的難友一樣，一度相信所謂「娘打孩子」論；我以為黨像一個善良的母親，有時會錯怪她的兒女，只要耐心，只要諒解，她會醒悟過來的。

可是，我在痛苦中等呀等，竟等了三十個春秋。從1957年到1987年，漫

長的三十載，並非「彈指一揮間」，它是一萬零九百五十個日日夜夜。對於我，它也是個一萬零九百五十個夢，是充滿幻想的夢，也是讓我絕望和傷感的夢。

在卓尼，昔日的同事，有些見我遮顏而過，或繞道避開。不知是出於慘不忍睹，還是避瓜田李下之嫌？或者是因為，怕我向他們伸手。世態炎涼，我都能理解。當然，也有許多老同事如殷建德、喬秉聲夫婦，不時來安慰和照料。特別是春節期間，一些老難友如陸聚賢、敏生光、郝鎮、梁崇文、楊子新等，他們現在都是縣級領導人物，也無所顧忌地前來探視。我冰冷的心因此也得到了一絲溫暖。

難友對難友也並非都能互相同情憐憫。我由於少了一條腿，自慚形穢，便躲在洮河林業局招待所的大通間裡，不願見人。可是頭髮長得像個乞丐，只好鼓起勇氣出門，上街去理髮。這天在街上，正好遇見魯仲英，他曾被誤定為「國大代表」，冤判十年長刑。若是遇上別人，我一定低頭而過；但老魯是個老難友，在獄中我們關係還不錯，我便駐足。看看自己只有一條腿，實在不好意思先打招呼。而魯竟以幸災樂禍的目光向我這老殘之軀上下睥睨；良久，轉身離去。就這樣，他還不斷回過頭來，投以嘲笑目光。我感到一隻長嘴蚊子在我臉上叮了一下，我狠狠地摑了自己一個耳光；怎麼把人活到這種地步！

冷靜地想，我缺了一條腿，在難友魯仲英的眼裡，總不能成為幸災樂禍的對象吧？其中必有緣故。後來，魯的好友唐文錦告我：1963年魯仲英出獄後去岷縣，我見他迎面走來，便躲進了理髮館。而我對此卻全無此印象，也許這是一場誤會。我對任何一位難友，無論在何處，只要認出來，我一定要與他敘敘舊。也是這年，我打岷縣一家飯館經過，發現陸聚賢一人在裡面吃飯。我想：出獄第一次邂逅，你從百里以外來岷縣，竟去飯館吃飯（那時的人都是不得已才進飯館），難道我們連這點感情都沒有？我走了幾步，又想，他一定是困難，不好空手來我家。我立即返回飯館，拽了他來我家吃住，並幫他買了當歸回去。我見了魯仲英怎會躲開？不是他認錯了人，就是我沒看見他。這是一件非官方的無頭冤案。

於是我想起與魯仲英的一段交情。

那是1962年，我被釋放時，立即去獄中向魯仲英告別。魯仲英淌著淚求我，他讓我去一趟甘南，找楊復興副州長救他出獄（因為他是楊的侄女婿）。我理解獄中難友迫不及待的心情，竟沒有立即回家看望久別的妻兒老小；而是花了三天時間，也用釋放時獄方發給我的全部路費，先去甘南完成了這一託付。接著，我又回到卓尼向魯覆命。辦完這件事，我才回岷縣的家。如果不是至交，是不能做到這一點的。如今魯君竟忘了這些情節，卻對一個小小誤會耿耿於懷；他在我的這條殘肢上找到了報復。這樣看來，崔君當年對我的冷漠也就不足為怪了。

同理，我的腿下若不是少了一隻腳，而是多了四個軲轆，有人或會跪而迎之。古云：貧在大路無人問，富在深山有遠親。我說這些是指如今的世道。

自1957年以來，我喪失了三十載有用之年；如今年逾花甲，落得終身殘障，路人見之無不嘆惜。在那暗無天日的年代，厄運常以迅雷不及掩耳之勢向我襲來。而現在文革結束業已十年，新聞裡天天播報著形勢大好；我仍被限制在陰暗角落徒勞掙扎，為什麼真理之光與我無緣，厄運之鬼擺脫不掉？洮河林業局的上層官員何至於對我恨之入骨？

記得我從林業部上訪回來，在蘭州遇見當時的局黨委書記，他聲色俱厲地斥責我道：「你要告狀就告去，找我幹什麼？」我千辛萬苦去北京要來林業部信訪室的批示，他像撕手紙一樣撕了扔了。若干年來，我已記不清拜訪王書記多少次了。每次我都是戰戰兢兢地進去，他總是用報紙擋住那張從無笑容的臉；而我再含著兩汪苦鹹的淚水，悄悄地退出來。他手上的權力早已不是用來維護黨的威信，而是作他自己為所欲為的工具。我在卓尼與這位書記僵持了三個多月，他始終不願鬆鬆置我於死地的權柄。

我再也不願意卑躬屈膝，便決定按毛主席教導的「捨得一身剮」的氣勢，和他據理爭鬥。我要求局裡按照上級指示，將我收回作為正式職工安置。所以，臨近新年，我也沒有離開卓尼。

1988年元旦這天，王書記從「十里長亭」迎接幾位貴賓，將他們送到早已佈置好的招待所裡。王書記進了大客廳，我也尾隨進去。我想和他在外賓面前辯論，一位副局長把我勸出，表示我的問題由他負責解決。

王書記和我已成敵對之勢，誰的話也聽不進去，就長期拖著。一天我見勞資科的杜科長在他老婆的收發室椅子上坐著，看新來的報紙：我想起孩子求借住院押金時，他把一點小禮品從門裡扔了出來，這不是一點小禮品，而是一家人的苦心！我進去問他：「你停止我公費醫療的依據是什麼？」他二話不說放下報紙，一拳將我打倒在地，從我身上踏過去。我拖住他的另一條腿，他脫不了身。這時正是下班時間，門口站了不少人看熱鬧，杜向眾人呼籲：「你們幫我拉拉。」有些人只是笑，組織部幹事王子魁，見此情景便進來勸我丟開手。王子魁是個好人，今天他進來勸，我只好鬆了手。

1988年的春節快到了，幹部工人都放假了。局裡顯得靜悄悄的，招待所也空蕩蕩的。我一來，就被安排在工人來往歇腳的大通鋪上。現在又是除夕，只有我一個人獨守「空幃」。天黑前我到洮河橋上回憶了洮河放筏和兩次溺水情形，再看看發白、齒落、身殘的現形，很想從橋上跳下去。轉念又想，假如有人看見會對他不利；若被撈出豈不又是白受罪？還是借除夕鞭炮聲響起再跳更方便或者有意義吧。

我回到房間，發現房內有人。大年三十，小菊卿背個包包風塵僕僕地趕來了，我問她話也不回答，一邊抽泣，一邊把包裡的饃往出掏；掏完一頭撲到我的懷裡放聲大哭。我沒有什麼話安慰她，只說：別哭，別哭！都上大學了。可是我看見大通鋪上鋪的草和幾床從未洗過的灰被子，我的眼淚又落在她頭上。

「媽給我包了二斤麵和一疙瘩餃餡，我們倆包餃子過年」，她苦笑著安慰我。

這時我似乎聽見《白毛女》中楊白勞唱的：賣豆腐掙下幾個錢，街上稱來二斤麵……我又想起1971年我戴著腳鐐身處絕境，也是她闖進合作看守所抱著我的頭。時間過去了17年，今天又是她來了。

這個春節再苦，也有她代表全家人「探監」，應當高興才是。

小菊卿拿來和好的麵和拌好的餃子餡，找了個啤酒瓶當擀杖，在一片塑膠布上包起餃子；於是我也放棄了再上洮河橋的打算。

天還沒亮，街上放起鞭炮，我隨口拈來四句：

年年過年心最寒，獨居陋室漫淒然。

　　除舊滴謫父女淚，迎新聲聲哭長天！


　　鞭炮聲稀了，昨晚我們包的餃子凍得硬梆梆的。還是用昨晚借來的鋁鍋
下餃子，報紙和餃子凍在一起，提起一倒連報紙都掉進鍋裡。小菊卿急了，
我忙用筷子把報紙撈出，煮熟了餃子再把湯倒掉。我說留下餃子攙著吃，她
說一股油墨味。我說：吃吧，吃了就有文化，她笑了。

　　我到洮河林業局找的是組織部，那時王子魁還是個幹事，我每天一斤糧
票和五角錢的伙食費都由他發。他總是同情地說，不夠了再來。大年三十晚
上，他給我送來了餃子和一碗扣肉；放下就走了。我知道他怕有人看見，就
連聲謝謝也沒有說。

　　大年初一比平常更冷，火爐裡柴火不多了。我和小菊卿對坐在床上，你
一言我一語地打發著這地獄般的時光。

　　我天天催她回去，直到初五才把她送到車站，看著她上了車。她噙著淚
水嚥著苦水，車走得很遠了，那隻小手仍在寒風中搖擺。我眼裡滾著淚花送
她遠去，又責怪自己不應攆她走。


　　我每天把五角錢和一斤糧票分成三份，維持一日三餐。去食堂打飯排
隊，我和當右派時一樣，排在所有人的後面。打了飯我就去牆旮旯兒，蹲不下
就把一雙木拐子夾住，把牆靠緊，不看幹部桌上的佳餚。有次他們會餐，幹
部們滿滿地坐了幾大桌；這夥人「高升」、「五魁」地大喊起來。我狠狠甩
掉手中飯碗，他們立即鴉雀無聲。我說我從西安為了支援大西北一步踏進林
海雪原，穿著生牛皮窩子勘查森林，赤膊拚搏驚濤駭浪，踏著沒膝的冰雪戰
鬥，以天作被，以雪作毯。為建設祖國，我忘我工作而無半點過失，最後落
得如此下場。請問王書記，是誰讓我淪落到如此地步？王書記紅著臉站起來，
拔腿就走。我跟了出去，連他的影子也看不見；只有掠過森林的狂風長嘯。

　　總之，我這個「轍鮒」既未等到莊周引來西江之水，也未得到一升半斗
之水維持殘生。

　　還有一次在辦公室，我恭敬地請這位王書記解釋黨的幹部政策，他一

如繼往，看也不看我一眼。氣得我一手撕開他擋在臉上的報紙，把煙灰缸和茶杯推開，拍了一下寫字臺上的玻璃板請他答覆。他竟然舉起煙灰缸向我砸來，然後忿忿地快步出了辦公室。

就這樣，我在卓尼堅持了三個多月。適逢林業廳禹貴民廳長和陳懷璞局長從國外考察歸來。禹廳長住在招待所二樓大套間，見了我大吃一驚：「你這是怎麼了？」我把前情說了，他斬釘截鐵：「我叫他們給你按政策，該退休辦退休，該離休辦離休，誰不辦我就撤他的職！」我掉下一串串眼淚。

陳懷璞局長把我叫到他房裡說：「你安心住著，我馬上召集黨委會研究，看誰敢反對？」

他們與黨委其他成員共同說服了這位王書記，單位這才同意，給我辦了個退休手續。

說來也巧，1988年3月13日，這是我和陸聚賢、梁東升等被捕三十周年的紀念日，我的問題也在這天得到初步解決。我們不約而同地聚在一起，回憶往事既苦澀又辛酸，正是「月有陰晴圓缺，人有悲歡離合」。我這個五十年代的棄兒，總算回到了洮河林業局這個並不怎麼溫暖的家。

然而，我也很清楚；得到退休待遇，得益於林業局的上級主管部門幾位領導人關心和督促。我當時就要求按離休辦，因為按照規定，我是屬於1949年國慶節之前參加革命工作的。王書記怒氣不息地說：「你不要得寸進尺，忘記了你溝渠子還夾了一條尾巴，有本事叫省高院給你割掉，我不但給你按離休辦，還給你補發工資」。

這幾句話擊中了我的痛處，從法律上討回公道。我還必須繼續奮鬥。

# 六、告不倒一個做官的人

我有「退休幹部」的名稱後，就被安排在岷縣貯木場。在這裡，我和某些以權謀私的領導又幹了一仗──這給我後來的申訴平反埋下了新的障礙；因此也在這裡一併記錄。

這個貯木場建於1958年「大躍進」引洮工程時期，已經閒置了數十年。

那裡有一百多間房子，但只有幾戶職工在那裡住宿。我要正常生活，得有三個房間，但單位只給我一間半。那半間沒人住，我就算住了兩間房。不久，這裡發生了一件坑害職工、貪汙受賄的事情。

1958年「大躍進」號角剛剛吹響時，引洮工程在岷縣古城開始攔河。木材必須在岷縣上岸，政府就劃撥了三十多畝地來建貯木場。幾年之後的1964年，一場大水掃蕩了該場，僅存一百餘間平房閒置至今。洮河林業局根據1988年國務院文件精神——「鼓勵職工購賣公有舊住房」，因此決定把岷縣貯木場一百一十五間舊房改為「職工家屬宿舍商品房」，每間按兩千元出售。那時誰也不敢想像，政策會允許職工購買公房；可是誰不希望自己的家有個屬於自己的房？若能由一個無產者變為有產者，該是多麼自尊！於是大家奔相走告，翹首等待這一決定成為現實。

有天，房管幹部任意為突然宣佈：「我以二十萬元將貯木場全部買了（*購買價平均每間一千七百五十元）。誰要買房，每間價三千五百元，交了錢房屋就是你的，沒錢就搬家。」（他把每間房子的價格加了一倍）。怕買房人拾便宜，他又立即將院內長了幾十年的樹木砍去了大半，把空閒的土地也出售給當地群眾建房，這樣他可牟利三十多萬元。

住在這裡的幾個工人同志找我說：「我們都不識字，又在林裡苦了一輩子。雖說現在退休了，可還有兒子在局裡工作，所以怕報復。你是否能為我們求領導，不要給我們這些窮工人加價了。」

我想，按國務院規定，職工買房在標準價基礎上還應享受許多優惠。工人是國家的主人，幹部是人民的公僕，那有公僕明目張膽地剝削主人的道理？和工人們共同生活數十年，如今成為領導，就拿刀子在自己弟兄們身上刮肉？這不僅觸犯法律，更是一個良心和道德的問題。常說「路見不平，拔刀相助」，何況這是說句話的事情。於是，我拍拍胸脯答應去說理。誰知就這一句話，使我陷入泥潭四年；沒有給大家討回公道，反而使買房戶雪上加霜。

我先向局領導反映了大家的要求，他們未予糾正，卻加緊了向工人催交房款的力度。接著，他們決定將部分空地建房出售，又嫌建房麻煩，便將全部土地非法向社會出售轉讓。不得已，我逐級向有關部門寫投訴函，這些函卻又轉回到任意為手中。任意為揮動著這些投訴，得意地說：「你以後再告

狀不必花錢列印材料，來我這裡取。」他並帶領全家在稠人廣眾之下，對我惡言辱罵，甚至帶人闖入我家尋釁鬧事。

我又向白龍江林管局紀監委反映情況，終於來了兩位幹部。他們查清了問題，要求任意為將多收的職工購房款退還，其餘售房售地盈餘款一律上交。但職工等了一年，錢還是一文未退。我去查詢，工會劉主席不平地說：「紀委的決定作廢了，任意為加價售房是合法的。」管理局一把手和洮河局頭頭是鐵哥們，如此，倒買房產中飽私囊就「合法」化了。

無奈，我又代表職工向定西地區土地管理局、檢察院反映。這一次上級來人認真調查，查封了任意為的銀行存款和個人經營的商品；任意為也有可能被捕。而洮河林業局頭頭立即派人四處活動，一位副局長去定西地區檢察院求見李副檢察長，吃了閉門羹。他又去到省檢察院，向王平檢察長周旋。定西檢察院只好對任免於起訴，罰款一萬八千元，以此了結此案。

工人們對此不滿，我再向省土地管理部門反映，得到重視。他們派遣地、縣兩級工作組查處問題。洮河林業局立即派出法院副院長W院長作為組長，帶領公、檢、紀、監組成的工作組前來「公關」。該局領導和任意為拉攏岷縣的一位縣長和省、地、縣土地局工作組，擺平了這場官司。結果，在出售公房時，每間房子不但未按當初的兩千元一間定價，而且在三千五百元一間的基礎上又再加價。應退還職工的錢和再次加價的錢，他們寧肯花在送禮上（例如全羊野餐招待領導，給重要頭目每家一車一車送木材等）。結果，非法轉讓的土地「合法化」了，職工原價買房反而是「非法」的了。如果職工不交加價款，他們就得不到房子的土地使用證和房產證。有的職工四處借貸交款，有的嚎啕大哭。而岷縣法院院長卻在這裡買了五間占地約四百平方米的房子。

回想省地縣工作組初到時，幹部一身正氣，說話斬釘截鐵。但權力跌落在腐敗醬缸裡，卻成了一股危害百姓的汙水。

我覺得愧對這些可憐的職工，便請他們另選代表籌措路費，向省土地管理局申請覆議。該局派來一位李處長，在縣土地管理局一位局長陪同下，他們來到申請覆議的代表王傳先家中，其中一個幹部聲色俱厲地說：「你憑什麼告人，我要沒收你的房子！」這位代表嚇得魂不附體，只好否認寫過覆議

「申請」。

記得在1992年，我去省土地管理局反映情況；在監督檢察處見過這位李處長。他一身正氣，信誓旦旦地說：「簡直目無法紀！當前正在清查土地隱形市場，他們還敢這樣做，定要一查到底。」李處長不知吃了什麼藥，如今像申公豹的頭一樣轉了一百八十度。

而我依然有愧於心，又向《民主與法制》雜誌投訴。該刊非常重視，派主任記者馬齡國同志從上海不遠萬里而來。他們向蘭州、定西、岷縣、卓尼有關方面作了認真調查，然後向我出示了一份〈關於任意為同志經濟問題的調查報告及處理意見〉。這份文件是洮河林業局紀監委於1992年6月4日簽發的，實際是以法院W院長為首者操辦的。該報告長達十六頁，計十五條，把房管幹部任意為說成「功臣」；侮辱我是尋釁滋事者。我向省林業廳系統寫了公開信說明真相，要求他們以「尋釁滋事」向法院起訴我。

記者馬齡國同志對此一目了然，他將調查報告送至北京《民主與法制》編輯部，主編已核批見報。此時省林業廳給編輯部和記者去函聲稱：「我們一定認真查處，並保證將查處結果向貴刊通報。」函中並要求說在未查處前不能見報，報告故未刊出。

不久，洮河局和管理局、林業廳的某些領導更是聯手應對。任意為將貯木場大樹砍去大半，將我栽在房前屋後的樹也拔去。我向林業廳反映，紀檢組王組長反問我，你栽樹是否經過綠化委員會批准？我說：房前屋後栽樹是政府一直號召的，還要誰批？試問任意為砍樹經過綠化委員會批准嗎？洮河局上自書記、局長下至運材司機，誰不知道盜賣木材已是公開化，上級何不過問？

這場官司自1990年至1994年告終，此時中央也有條規定：凡貪腐問題未經法院判決不准見報；記者馬齡國也就白調查了一趟。職工選的「申請複議」代表王傳生按任意為的指示，撤銷了申請複議，我落了個多管閒事的罵名。在任意為的挑撥下，有些買房戶甚至把氣往我身上出，逼得我不得不離開岷縣，遷至臨洮縣；此案也就不了了之。我以為我問心無愧，盡了做人的本分，遺憾的是不夠徹底。

這是一個小小芝麻官的神通，他要是貪官成克傑，也就大事化小，小事

化了。

某領導是不是瘦到非要從幾個窮工人身上刮點肉來補補不可的程度呢？絕對不是；他已經肥得走不動路了。在木材走俏那陣子，隨便畫個圈就是若干萬。而在林區雪裡雨裡辛苦一輩子的窮工人，按政策規定買幾間土木結構的舊住房，他們還要和工人拼個你死我活。此案自始至終是以該縣法院某院長為首的人辦理的，他們借執法之名，行違法之實。也是他們指使他人，毫無道理地捏造事實，親書訴狀把我告上岷縣法庭。

雖然後來原告敗訴了，而某院長仍以副升正；而這個人，也正是我的案子要求重審所要面對的一個關鍵人物。

在這四年裡，我五上省城蘭州，二去地區定西，四下武都白龍江管理局，無數次上訪過洮河林業局。我列印了申訴材料千餘份，花費五千餘元。1994年我因病在蘭州住院，任意為也住了院。我的病房門可羅雀，任的病房門庭若市。不料任病癒出院不久，竟死在家裡。局領導出動數十輛公車護靈送葬，有人還說，任是被我氣死的。

然而在我看來，從住房改革開始後的這四年裡，任意為一直是心驚膽顫、晝夜不安的。在這二十五畝四十餘戶的大院中，只要進來一位戴大沿帽的人，任的巡視人員就像拉響了警報。他們立即回去緊閉大門，並從門縫裡向外窺視，直到「警報」解除。此間，任還買了一隻氣壯如牛的藏獒，拴在大門內側。可以說，任意為是自己嚇死了自己。他私自砍的那些大樹堆在院裡，給他辦喪事用作燒柴了。

# 第十一章　情義

論說，能辦「退休」也就能按規定辦離休，但領導人捨不得。現在對我是按退休對待，工資數目較之前的「退職」漲了八倍。我總算老有所養，不致凍餓而死。

自1958至1988年，我有三十年沒拿到工資。坐牢，上訪成了我的主要「營生」。這段時間也是我人生最寶貴的歲月，它被耗費在謀生和服刑的苦役中。逝水年華，一去不返。

剩下的生命時光如風中殘燭，在它未熄滅之前，我還想做點我能夠和願意做的事情；這裡就要說到我何以回歸青年時代熱愛的國畫創作了。在我的洗冤歷程中，首先是媒體界的朋友們給予了強有力的支持，他們的相關報導為我贏得了社會關注。而我也希望重拾畫筆，來響應有關希望工程的倡導，幫助那些比我更困難的孩子們。

## 一、心是熱血中的心

早在1984年，我給甘肅日報社寄去萬言申訴書，題為〈包公今何在，沉冤幾時明〉；群工部的郭靜泉同志收到後，即在《來信摘編》的第342期上刊出。他還多次向有關方面催詢處理情況，並在我的待遇由退職改為退休時，及時寫出了輿論監督之結果的報導。此後，他也一直關注我的申訴進程。時代跨進21世紀，他向《甘肅日報》社會新聞部記者張革文先生介紹了我所走過的艱難歷程。因此，張先生來採訪了我，又在《內參》第1191期刊出報導：〈我的沉冤何時明〉。《甘肅日報》內參兩次報導相隔十八年，儘管高官們閉目不視，但這家媒體的社會影響卻是有目共睹的。

使我難以忘懷的還有《民主與法制》，我先後向該刊投訴六次，每次都得到明確答覆，編者並提出意見轉給有關單位。如1987年7月20日，編者答覆說：「你坎坷的一生、不幸的遭遇使我們深表同情。是的，在我們國土上還

有許多不平的事，有歷史的因素，也有現實的因素。我們雖是社會主義，但社會主義也不是一切都作得合情合理，特別是粉碎『四人幫』後仍有許多不平，令人不安」。在1988年該刊的第八期上，編者以〈苦難人兒終於出頭〉為題，刊出了我寫的一封數千言的公開信，並加了編者按。如前所述，為我有關房改中幹部貪汙的舉報信，這家刊物又派出主任記者馬齡國，親自到甘南實地調查，為群眾呼籲。

一位報告文學作者杜先福先生由四川來到蘭州，他和正在蘭大讀研究生的新聞記者旎姍女士前來舍間採訪。他們寫了〈為希望的明天獨行萬里〉的長文，2003年2月，該文分上下兩篇在《西安晚報》上連載。編者在標題前加了引言說：他一生中經歷了太多的磨難：抗日戰爭他腿部受傷，解放後支援大西北，差點葬身驚濤駭浪；他被打成右派判刑十年，後又因「投機倒把」判刑二十年。為生計他失去了一條腿，年逾古稀，他整天惦記的卻是失學的孩子們⋯⋯

這篇文章引起諸多讀者的共鳴，西安市公交四公司黨委書記童清林先生親自去報社，他想找我的地址未獲，又向作者討來我的電話號碼，特來電表示同情和慰問。我在西北革大的同學李集鑾，他通過省慈善總會轉來信說：「西北革大學習期均計算工齡，我是離休待遇，還是『抗大』同學會銅川市分會的名譽會長。（西北人民革命大學是延安抗大遷至西安的）你為什麼是退休？」他在來信中並附有證明資料。

可見人的良知是普遍存在的。

吳剛先生在〈星光燦爛〉一文中說：「我認識陳星完全出於偶然」，事實確是如此。他是甘肅省廣播電視廳離休幹部、西北民族大學特聘教授。他兩次採訪了我，寫成六千多字的專訪文章，給我鼓勵和支持。我讀過他的文集如《隴上集》、《探索集》、《向陽集》等，更敬佩他「鐵肩擔道義、棘手著文章」的精神。我尤其贊同他給黨中央寫信所提出的觀點：批毛是全國人民的心聲，政治改革是中華民族復興的唯一選擇。

我申訴二十多年，雖未觸動有關執法部門的神經；但由於媒體報導，很多同道和朋友表達了關注和聲援。

《民主與法制》刊出〈苦難人兒終於出頭〉那篇文章後，我收到來自全國（除西藏、內蒙、寧夏）各地近二百多封信，它是二百多顆滾燙的正義之心。在這些信中，有人像驚雷般向我怒吼，批評我一生懦弱無能；有人像師長般的嚴肅，指責我碌碌無為，年華虛度。還有的人像知心朋友，教我如何自我保護，珍惜劫後餘生。有人又如親人般的體貼，祝願我老有所終，安度晚年。特別令我感動的是那些嫉惡如仇的讀者，他們如俠勇之士拔劍在手，要為正義雪辱。每天讀著這些來信，如沐春風。我感到自己還不算孤獨，社會人心也未完全冷卻。

　　細細查閱這二百多封來信，我看到讀者來自各行各業；有學生、教師、工人、農民、律師、醫生、作家、藝術家和一般幹部；有男有女、有老有少，惟獨沒有一位黨政機關科級以上幹部。1988年春天，政治空氣看起來是相對開放的，但僵化、保守和冷漠也明顯地殘存於權力機關裡。

　　對這二百多封來信，我都一一回覆致謝。我願意牢記陌生朋友的關懷和教誨，我還和一些朋友建立了通訊聯繫。

　　值得提到的還有錢大星、羅文玉夫妻倆。我們之間雖不是青梅竹馬的玩伴，卻是青年時期流落異鄉的好友。文玉是我老伴的同學，大星是我的好同事；也是我們夫妻作為紅娘把這兩個極為內向的青年男女撮合在一起。抗戰勝利後在貴州時，每逢假日，我們登高山於黔靈，划船於南明，郊遊於花溪。關於時局、政情，我們都有共同語言，可以在一起海闊天空暢談不休。無論誰到誰家走動，我們都是共同下廚，圍在一起進餐。在生活上，兩家人也是彼此幫助，共同度過了一段青春年代。分別後國內烽煙又起，魚雁不通。四十多年來，只有在文革中的1966年，我冒險販茶去貴陽，才匆匆和他們見了一面。為了不使他們傷心，擔心，我沒有把自己的不幸如實相告。當他們讀了〈苦人兒終於出頭〉那篇文字，大星揮淚賦詩、寫信表示慰問。他們並多次寄來路費，約我和老伴去貴陽舊地重遊。1994年，老伴在次子陪同下去了一趟貴陽，和他們暢敘別情。而我自己則年老體殘，實在力不從心。患難之交，白首同歸；我們彼此間美好的回憶、可貴的友誼將是永恆的。

　　從這些來信裡，我也認識了張贊寧先生。他是江西大華律師事務所主

任，學識淵博，勇敢正直。他不是勸我安度晚年，而是要我發揮餘熱，有所作為。他建議我發揮美術專長，讓人們看到一位畫家的重生；並企盼我寫出一生的坎坷，留諸後世。

贊寧先生得知我患有嚴重白內障，半身麻木，便約我去南昌治療；他表示願承擔一切費用。他為幾個素不相識的普通公民有關「安樂死」一案，由南昌多次往返西安、漢中，辯冤白謗。他來信說，若再來漢中，一定要來看我。我知道他不是客套，但我與他千里之遙，見面談何容易。果然，這位不會說謊的人竟翻山越水，來到岷山腳下兩間草舍。我們擁抱在一起，也都落了淚。

一夜長談，相見恨晚。贊寧先生表示願意為我提供法律援助，就這樣，他擔任了我的法律顧問。

1998年，藝術家石冰先生邀我去南京舉辦個展。我欣然應命，因為贊寧先生已調南京，任南京鐵道醫學院和東南大學教授。我期待重逢，立即動身。

一生在苦海中沉沉浮浮，迄今只有一半身軀上了岸。我想去佛教聖地普陀山找個歸宿，贊寧偕夫人春林陪我渡海登山。他去北京出差，還繞道蘭州來看我。之後他兩次應邀來蘭州講學，卻拋棄高級賓館不住，光顧寒舍。接著他去北京，邀請了大律師張思之先生共同代我向最高人民法院申訴。也是他從南京往返西安，兩次為我在涇陽一案起訴出庭。

我的朋友中還有敏生光先生，他也曾在臨潭磚瓦廠勞改過；我們在苦難中相識。他是一位能屈能伸、胸懷寬廣、有所作為的伊斯蘭教徒。

敏生光先生刑滿出獄時，正值驚心動魄的文革時期。他埋頭在一個小小的裁縫鋪裡，為人作衣。

文革結束後，冤案得到平反，他擔任了西道堂的第五任教主。

西道堂於清末民初始建於臨潭縣，屬於中國伊斯蘭教的一個特殊教派。它在宗教生活方面有很多改革，早在19世紀末，他們的學生就不僅讀經書，而且發展經濟，興辦教育。在本世紀初這裡破格地辦起學校，男女青少年信眾在這裡初識文字，也得到德智體諸方面發展。西道堂還給婦女創造了走向社會的條件，例如改革了婦女的服飾，使之在生活和勞動中更方便。「四人

幫」被打倒後，西道堂得以恢復；敏生光先生被推為教主。他不是高高在上接受頂禮膜拜，而是帶動教眾發展農、副、工、商業。西道堂不久便成了具有經濟實力、上下團結的實體。敏生光先生也著書立說，成為宗教界德高望重的學者。

他自己冤案平反後，也努力使西道堂本身和教下蒙冤者得到昭雪。根據黨的宗教政策，「西道堂」在全國各地的不動產絕大部分得到歸還。1981年，被拆除的西大寺得以重建，拔地而起。與此同時，西道堂面向社會辦幼稚園、小學、中學；並設立醫院，造福一方。

敏教主這時已成為新聞人物，他雖一時顯赫，卻不曾忘在一起哭過的難友。我拄著雙拐在卓尼上訪，常常暗自落淚，自卑到不敢和熟人打招呼。而在這時，敏生光先生總是驅車前來安慰，他還不時地托人送來一些生活必需品。後來我遷到岷縣，他依然繞道光臨。當我在臨洮展出我的作品長卷《千里洮河圖》時，他帶領多人專程前來助興。作品在蘭州展出時，敏生光先生又送來賀儀並題詩：「黃河之水天上來，龍騰虎嘯九霄外。朔源西傾風光媚，詩人潑墨豐史碑。」得知我要去南京辦個展，他在百忙之中前來餞行，饋贈路費。可見敏君的確是和我在一起哭過的人，這又使我感動和愧疚！

陸聚賢是我在勞改期間朝夕相處的老難友，他在農村十多年也是倍受折磨。好在十屆三中全會後得到安置，仍回到法院工作；不再擔任院長。不過縣委劉書記還是把他作為陪襯，列入院長候選人名單。不料那裡的藏民代表硬是把神聖的一票投給了一個非黨的勞改過的他。弄假成真，上級只得突擊他入黨，候補期未滿即成為法院黨支部書記，作了個名正言順的院長。這也算得塞翁失馬，得之以福。他為我的安置也曾不遺餘力地奔走，有次親自領我去見吳思宏院長，訴說我的冤情。省高院給我頒發的102號判決，是他在蘭大結為金蘭的同學李守山操作的。他便親自寫信、打電話給李守山，求他秉公處理，為我給條生活出路。儘管李守山依然頂住吳思宏院長，拒絕複查我的案子，但聚賢為我確實作到了仁至義盡。

陸志蘇先生是聚賢胞兄，也是我的老大哥。志蘇先生曾在國民黨蔣雲臺將軍麾下任團長、師參謀長，在促成隴南起義中功勳卓著。離休後他返回甘

肅省渭源縣蓮峰鎮，任該縣政協名譽主席。首陽山便在他的家鄉，所以他也有些伯夷叔齊的倔勁。台灣老友返梓都要去看他，少不了送他些美金現鈔之類。他分文不用，也不給農村的女兒，卻用它辦了所幼稚園。逢年過節，他還要用自己的退休金買些糖果玩具，與孩子們同樂。蓮峰不僅是個風景秀麗的地方，也是個文化發達的村莊。清朝時在鞏昌府考試，榜上的秀才有一半是這個村李老先生教的。後來人們稱李老先生為「李半榜」，鄉人代代為其樹碑立傳，但這碑文革期間被砸得粉碎。志蘇又用他自己的退休費將這些碣石修復，立於原處。

在我舉辦畫展期間，志蘇先生也來支持我。展覽上，他見八十八歲高齡的著名書法家顧子惠先生徒手步行，便立即放下拐杖，恭立一旁。他說：顧老長我七歲，我拄著拐杖太不禮貌了。細微之處見真情，志蘇老先生為人之謙誠使我深受教益。

## 二、住房、畫友與《千里洮河圖》

我不記得是哪位偉人說過，「真友誼像磷火——在你周圍最黑的時候顯得最亮。」這話把真正的友誼描述得如此精彩。

1988年—1989年，我一方面治病，一方面仰臥床上；在天花板上寫我的回憶。我一生沒有過自己的住房，許多事無法去做。直到1990年，在有關方面允許下，我買來幾間廢棄的公廁，把它改造成一所住宅。1991年我重新開始追習國畫，試搞創作。在追求藝術的道路上，雖是剛剛起步，但我要竭盡全力。我也為自己起了筆名——罹翁。

說到改造公廁，可能讀者會覺得奇怪，當時的情況是這樣：局裡給我分配的住房在卓尼縣，因為老伴在岷縣已經工作了四十多年，又患有肺氣腫；而卓尼縣則海拔高，對她身體不利。這樣，我便把卓尼房子的鑰匙退給了局長，希望在岷縣老伴生活的地方買房。既然管房子的幹部不肯將貯木場的平房賣給我，我就要求買貯木場裡已經廢棄的幾間公廁。

我為什麼會看上公廁？這個廁所早已無人使用，各戶均在自家小院裡搭建了私廁。在我眼裡，可以把它改造成一個獨立大院。原有的公廁有四間，

是南北房，地處洮河邊沿。它高於河床約三米，那裡是天然河堤，等於在河堤上挖出一簸箕形的深坑，在坑上搭一層樓板與地面平，在這上面鋸了十多個便孔。三米下的便池存不了糞，農民拾，野狗吃，洮河漲水淘洗乾淨。名為公廁，在二十多年裡一直是閒置著的四間空房。

我買下它之後就先拆房子，把原木、木板都放在院裡，日曬雨淋數月，洗刷乾淨。以這些材料開始建房。房子北面的舊址用了磚和石頭砌牆，再雇人拉車，運來河裡的碎石，將大院填平了。我還夢想如有發達之日，可建成五間南北大瓦房。當時經濟拮据，我和兒女們一起搬磚和泥，就這樣，基本上建成五間東西向的大房。我心裡高興，但勞累過度落下了腰病，迄今時有陣痛。

我在1990年完成這個公廁改造，中間的兩間房有四十平米，我用來做了客廳和畫室；來往的朋友漸漸多了起來。劉一浪先生就是我的常客。

劉一浪，真名劉光裕，他比我小十五歲，是個過目不忘的才子。我認識他是在第一次出獄之初，時值1962年。那時他還是個小學教師，他勤苦好學，才華出眾，但因出身於世代書香門第，被拒於高等學府大門之外。

在那之前幾年，正是餓殍阻道、饑民呼天不應之時。一次，劉一浪無意中發現一張八開紙，上有油印的《野草》二字。從這個小傳單上，他似乎看到了光明和真理；那上面的詩詞內容一針見血地指出了岷縣餓死幾萬人的根本原因。

《野草》是「曙光社」辦的，該社的成員全都是愛好文學詩詞的年輕黨團員。為了糾正某些領導人在農村的瞎指揮、蠻幹以及踐踏人權的作為，他們自發地聚集起來，通過辦刊抒發個人見解。一浪先生認為，自己作為青年知識分子，理應幫助黨糾正錯誤，便承當起刻臘板油印的任務。1965年社教運動時，曙光社內部有個別得了軟骨病的人，把這個文學團體作為反革命集團向公安部門舉報。公安部門沒有得到片紙隻字證據，僅憑刑訊逼供辦案，連見過《野草》油印品的人，也按「知情不報」的罪名懲處。劉一浪被小學開除公職，戴上「反革命」帽子，送往農村監督改造。「曙光社」的兩個頭頭各被判刑二十年，他們都和我一樣在臨夏監獄蹲過。更多的知情者，被戴

上反革命帽子，交群眾嚴管。

劉一浪到了農村，淳樸的農民對他深表同情。他看到農村缺醫少藥，便苦心鑽研中醫，當上了赤腳醫生，為群眾送醫治病。他又擠出時間研習詩、書、繪畫和篆刻，自學成才。他的作品及傳略後來被編入《當代書畫篆刻家詞典》第一卷，他也被推薦為中國指畫協會理事。

有了住房，家裡寬敞，我開始嘗試鋪紙作畫。自覺荒疏多年，作品見不得人；而一浪給我很大的鼓勵。他喜歡喝幾盅，我們也成了酒友，無話不談。他每回來聊天，也要約上幾位年輕的畫家、文人一起過來；也是他鼓動大家為我操辦第一次國畫展。我覺得自己像耍把戲的猴子一樣，有人敲鑼我就上。於是不光是學畫，也學著裝裱。好在有四十平米的大客廳，現畫現掛很方便。朋友們認為畫得好的，我便裝裱成掛軸。

那段時間也是我截肢後重新適應生活的幾年，雖然行走不便，畢竟年齡還不滿七十；又有一群年輕人的鼓勵，精神大振。幾個月後，我做出了上百幅成品畫。劉一浪先生努力與縣長溝通，給我這個右派辦了展覽。此後，我的繪畫作品開始有了影響，也越來越多地得到社會認可。

大約在1992年，局裡為化解矛盾，同意將臨洮幹休所一套房賣給我，我遷居到臨洮。我在這裡也應邀擔任了臨洮「老年書畫學會」顧問和名譽理事長。


畫《千里洮河圖》的設想，也是起於我重握畫筆的1990年。洮河是黃河的主要支流之一，四十年前我在洮河沿岸的森林牧區伐木運材，兩岸的壯美風景給我留下深刻印象。從洮河岸邊看去，山巔長年白雪皚皚，山腰青松漫漫，谷底碧波泱泱。漢、藏、回不同民族，在此繁衍生息，也共同經歷了半個世紀的風雲變幻。

我想畫自己最熟悉的洮河風光，低頭看看殘肢，不免失去信心。但隨著這條大河流淌的歲月、風光和故人，都常在記憶中縈迴。

此時，「全國十大扶貧狀元」之一、同時也是引大（*大通河）入秦工程的總指揮韓正卿先生與政府部門的有識之士正在為洮河下游九甸峽引洮工程奔走。我覺得這是個可行方案，我能做點與洮河有關的事，協助呼籲嗎？

我決定開始實踐這個風景長卷的創作計畫：畫《千里洮河圖》。

五十年代初，我也幾度和工人駕駛著木筏，自上游到達黃河的劉家峽。那時置身河中，難覽全貌。尤其是我從未去過洮河的源頭，也無緣再見已被改造得面目全非的劉家峽。幾十年過去了，現在要動筆，就不得不溯源而上，再順流而下，重新觀察洮河。

為了完成洮河長卷，我先外出寫生。那是在1992年，早春時節，我住在岷縣，就近先看了「引洮工程」遺址。1958年5月，有十個縣的民工先遣隊開拔到指定工段。6月17日，一萬二千名民工代表在岷縣古城舉行了開工典禮。如今這裡僅餘斷壩殘垣。半坡上引洮閘門的水泥脫落，鋼筋像刺蝟般地拆著。土牆上有幾行字：欲引洮河彩雲間，數萬饑民葬千山，若問洮河今何去，古城空留壩殘垣。

我也勾勒了三那山的風景，山上大煉鋼鐵時如蜂窩般的土爐口、民工住的窰洞、河邊的煉鋼爐。

繼而我從岷縣到了甘南卓尼境內的九甸峽，這段路我在放筏時多次走過。這次是沿公路走，要去某一重點路段，只有乘當地人的手扶拖拉機。

那年夏季，我借了曾在岷縣看守所伙房任過組長的馬銘孝難友的吉普車；與甘肅日報一位退休記者郭靜泉先生同行，我們去了甘南，尋找洮河源頭。車到了碌曲再沿洮河上行，前方已無車路。如此，我們便去了則岔石林。這兒是海拔三千多米高度的地帶，位於縣城南五十多公里外，奇峰異石，風景絕美。我們拍了一些照片才離開。

接著我們倆雇了兩匹馬，繼續向洮河上游進發。這一帶無橋，無船，沒有其他交通工具。我們要從河北去到河南，只有騎馬渡河。這裡要去的地方是李恰如山的天池，馬也無法登頂。我憑一對拐子夾著一條腿，步行至半山，山勢越來越陡。我停下來，郭靜泉先生一人上去拍了照，我畫了些遠山輪廓。

在色赤草原下了雨，我們也未帶雨具；只好在牧場躲雨。牧場主人很好客，請我們吃飯。鐵火爐裡燒著牛糞，擦碗也是牛糞；四周圍牆都是牛糞砌的。主人給碗裡倒了奶茶，還放了酥油要我們拌糌粑吃。靜泉一口未動，待雨停後，我們倆把帶來的乾糧都留給了他們。

回到甘南首府合作縣，靜泉從照相館回來，垂頭喪氣地說，他沒在相機裡掛上膠捲，結果，一張照片也沒有。那時沒有數碼相機，照相機都是照完一卷取出來再裝上一卷。沒辦法補救了，我只好翻看寫生本，又憑回憶勾勒出印象中的洮河上游輪廓。

　　秋季，我在洮河沿岸繼續走。我去了洮河中游的車巴溝，那裡有歷史的傷口，「叛亂」之初，楊景華副縣長在那裡遇難。在臨潭，我參觀了新建的西道堂。後來繪製臨潭全景時，我在左下方留出一個角落，添上了五十年代我們在此挑水倒磚的勞改磚瓦廠，那是難以磨滅的歷史記憶。

　　一路寫生，從春到秋三個季節，我幾乎用過各種交通工具。記得到了臨洮，我想去到城北的秦長城西起點，卻無法上去，便向老鄉求雇毛驢，這才上到山頭，看到秦長城的兩首。立於山頭最高點，可見洮河北面一城堡遺跡，當地人稱「三十墩」。據說蒙恬曾駐兵於此，與長城相望。這裡的景觀我後來都表現在「千里洮河圖」中了。

　　正如我在「千里洮河圖」卷末題字時寫道的：洮河是跨兩省過三區串四縣城流經十一縣境的大河。回想那一路登高鳥瞰風景，最艱難的是走車、馬、驢全都上不去的路。那時我只能拄拐步行，有時還得爬行在崎嶇的羊腸小徑或懸崖峭壁之上。

　　經過三季寫生，終於完成了草稿。在觀察和寫生的基礎上，我畫出了四十餘米長的第一稿。我以洮河發源地西傾山南麓景觀開篇，續之天池融水；再畫沼澤、濕地、牧場上野鹿棲息，藏胞遊牧，佛塔漸顯；我也將尕海風光、則岔石林、阿采牧區、疊岷山脈、卓尼禪定寺、大峪溝森林保護區、引洮工程遺址、冶木河、牛鼻峽……直至最後洮河匯入黃河奔流向海的風景，都勾勒渲染，匯入這幅山水長卷了。

　　著名書法家顧子惠老先生在卷首題寫了卷名。經省美協副主席、畫家莫建成先生鼎力籌畫，由隴中書院主辦，我在定西、臨洮、蘭州等地展出了這一作品。

　　一年後，我又把這幅作品增長到一百二十米。臨洮縣委宣傳部等十個單位為鼓勵我，在1997年1月14日聯合主辦了我的《千里洮河圖》展。

　　在省城蘭州，我也舉辦了第二次個人畫展。這次畫展由吳剛、郭靜泉二

位先生策劃，由省美協、省殘聯、省林業廳三個單位聯合主辦。展出作品有一百二十米長卷《千里洮河圖》，還有我的七十餘幅花鳥畫。主辦單位也邀請了省有關領導題詞，或親臨鼓勵。

這裡值得一記的是我四十年前的老相識楊復興先生，他原是卓尼土司，後任甘南藏族自治州副州長、甘肅省人大常委會副主任。他與夫人達芰芬女士也給我題寫了八個大字：「行曲折路，養浩然氣」。他的題詞喚起了我對我們昔日友誼的美好回憶。

我曾以「野火燒不盡，春風吹又生」為題，畫出一棵被野火燒空了的老柳樹；老柳樹在春風中甦醒，樹上棲身的麻雀小心地哺育下一代，我在畫面上題有小詩一首：

> 莫道麻雀小，千軍曾圍剿。
> 胡公口若慳，誰敢說益鳥。

麻雀被圍剿，源自1958年毛澤東發起的「除四害」運動，麻雀就是四害之一。連小小的麻雀都被集體捕殺，更不必說此後數千萬同胞淪為餓殍。幾十年的政治運動中，又有多少小人物慘遭劫難。感謝胡公耀邦先生，他主持了平反冤假錯案的工作，為無數冤魂昭雪。劫後餘生，這是「野火燒不盡，春風吹又生」的含義。我是這一歷史階段的見證者，重拾畫筆，我亦希望以此表達一個倖存者的心聲。

## 三、謁師中原

列車載著我沿著渭水峽谷前行，內心的激動難以遏制。穿越隧道時，車窗內忽明忽暗。而進入八百里秦川後，但見晴空萬里，秋高氣爽，秦嶺像條巨龍橫臥在藍天碧水間。

秦嶺北麓有我幼時的家，它的腳下就是歷經了十三個王朝的都城長安。青少年時代的我，曾在西安學美術，入讀座落在西安城南的中華藝專。這次東行南去，也是與此有關。

李丁隴老先生是我的恩師，他的藝術成就蜚聲海內外。有關他生平創作的奇聞軼事也廣為流傳，但他在西安辦學的情況，人們還知之不多。

抗日時期國民政府遷都重慶，整個中國只剩下西北、西南搖搖欲墜的半壁河山。投機家們趁機發國難財，一些著名畫家為了充實生活，都在西京飯店等處辦過畫展。而這時的李丁隴則是遠到敦煌，他在那裡臨摹壁畫，並向政府呼籲保護藝術寶窟。他還去了黃河決口處跟隨難民寫實，喚起民眾賑災抗戰。

李丁隴先生看到，在西部大後方還沒有一所藝術學校，他擔心民族的文化藝術無人繼承。為此他決定，把展覽賣畫得來的錢拿來辦學。他先在西安八家巷租了所四合院，和夫人鄭墨軍一起辦起了藝術學校，而他們自己卻過著極其簡樸而艱辛的生活。為了改善教學條件，他還得四面奔走八方求助。果然，精誠所至，金石為開。馮玉祥將軍擔任了中華藝專名譽理事長，李烈鈞、張伯英、梁梅九等人任理事，李丁隴任校長兼西北美協籌委，在城南建立了中華藝術專科學校。

這時的西北可以說是哀鴻遍野，民不聊生，能上得起高校的學生寥若晨星。所以李丁隴先生對在校的學生不收學費，對特貧優秀生，校方還每月發給伙食費，我就是受此殊遇者之一。

我當時在學生中年齡最小，成績也較好，又愛說愛鬧，李校長對我特別垂青。家裡有點小事要做，或有好吃的時，他總是叫我去。他的夫人鄭墨軍鼻樑上一副深度近視鏡，眉宇間透出一股書卷氣。她像慈母般地對待每個學生，既有幾分嚴屬也依然不失和藹。我若做錯了什麼事，她便微笑地拍著我的禿腦殼帶著上海口音說：「你這個小山蠻子，小心點嘛。」她喜歡畫秋季的雁來紅和春風中的蘭草，作品清秀淡雅，畫如其人。

李校長是個不知疲勞的人，他四處籌集辦學經費，學校大部事務都由夫人代勞。那時他們都不到四十歲，辦事認真，精力充沛。

我看著車窗外的掠過的秦嶺山頭崖壁，也彷彿看見了他們的音容笑貌。

1943年距今，已整整五十三年。我在車窗玻璃上也看到自己，昔年禿頭的小山蠻子，如今是鬢髮霜白，額頰上也刻上了皺紋。如今恩師是什麼樣子？我應當送點什麼作見面禮？我清貧一世，只是內心飽含對老師的深深懷念。

我記起了，李老在1988年給我的信中說，鄭墨軍老師於文革中喪生；他自己獨居上海平涼路寓所，每日揮汗畫他的《百駿圖》。

李校長整整長我二十歲，今年該是九十二歲高齡的老人，他在這個世界上已生活了近一個世紀。他的故鄉為他興建了「李丁隴公園」，成立了「李丁隴書畫研究院」。我這次就是應邀出席成立慶典的，同時被邀請的還有「隴西李氏祖籍臨洮聯誼研究會」李尚德會長。

人們都知道世界上有一億二千萬李姓人，他們的祖籍在隴西；但一般人不知道，如今的臨洮即是古隴西郡的首府。所以，隴西李氏祖籍即今之臨洮。李老的老家堂名為「隴西堂」，他的名字「丁隴」意即隴上一丁。

我到達河南南部重鎮駐馬店，李老即請駐馬店一位幹部親自來接。一別五十三年，我在心裡先描繪出了一位長者形象，我想肯定是兩鬢如霜，甚至也可能老態龍鍾，步履蹣跚了。然而我見到的老人家顯得比我還年輕，頭髮只有少許花白。他壽眉倒垂，雙目炯炯，不帶眼鏡還能寫蠅頭小楷。

我恭恭敬敬地向他行了三鞠躬禮，才和他握手擁抱，激動得熱淚盈眶。而李老對我更是親切備至，在數千人大會上他拉著我的手向大家介紹說：「這是我五十年前的學生，他畫得比我好。」我知道這是李老的鼓勵，內心又高興又慚愧。

李老夫婦不顧道路艱難，又風塵僕僕去故居，看望鄉親父老。他談笑風生地握握這個的手，抱抱那個的孩子；把鄉親們送來的大紅薯只往口袋裡裝，忙得夫人又從他口袋裡掏了出來。

老先生的繼室夫人郭聚蘭女士是位醫生，健美賢良而細心。她還沒有來過「婆家」，所以很多人都要來看「新娘子」。

丁隴先生把國內外送來的貴重禮品以及賣畫得來的錢，都捐給了國家或慈善機構。在1989年九十高齡時，他還應邀赴日本講學。他參觀了「廣島市和平紀念館」，歸國後畫出了他的《和平世界圖》。當我得知這幅兩千米的「世界之最」長卷畫完成時，也為恩師賦詩一首，以示祝賀：

胸懷宇宙涵千象，巨筆如椽曠世無。
妙縮環球九萬里，寫成世界和平圖。

# 四、會友京華

1987年我上訪在北京，路過王府井的「北京畫店」，出進的大亨絡繹不絕，沒見守門人。我便咳了幾聲，壯了壯膽走了進去。上到二樓，我被一幅栩栩如生的奔馬圖所吸引。那馬似乎迎面向我撲來，令人避之不及。我以為是悲鴻大師的遺作，又覺得鬃尾的誇張和線條的流暢有別於悲鴻大師的嚴謹風格。近前一看，作者竟是徐悲鴻大師的高足韋江凡。這幅畫堪稱驚世之作，標價一萬元。由此，我首先肯定韋江凡還在北京。

我想向畫店老闆打聽他的寓所，但一看自己，兩肋下夾著一雙拐子，空蕩蕩的一條褲腿前後搖擺，這形象似乎告訴我說不能去，不能去。儘管如此，我還是想到，人生難得幾相逢，昔日與悲鴻大師失之交臂於貴陽，今日又豈能將與老同學相會之機失之於北京？我便再次走近櫃檯，求問韋的住址。畫店老闆問我何意，我說在中華藝專和黃胄、韋江凡乃同窗，幾十年未通信息，願得地址通訊敘舊；老闆才告知建國門觀象臺詳址。

我心懷不安，還是率性去找了，終於在古觀象台下找到了他家。可是那幢四合院的房門上，迎接我的是一把大鐵鎖。我遺憾的是訪友未遇，卻也略感幸運，免得他看見我這幅狼狽像而傷感，或者我自己被奚落。

既然見不到人，便想再去看看那幅奔馬；可是它已從牆上飛了。我問畫店老闆，他抱歉地說：這事很對不起韋老，韋老曾說：「那幅畫還有不足之處，要取回。我第二天下樓一問，已被人以萬元高價買去了。」我後來知道，韋江凡大有老陝的忠厚耿直之氣，他去朋友家，見有以前的贈畫，便說：「這畫不行了。」取下拿著就走，過兩天又給朋友送去一幅。所以他說：「作畫是一種遺憾的藝術，但作人一定要不虧待人。」

我因此想到自己，不管畫的好壞，有人要我就奉送；也不管留不留遺憾。當然，我和韋江凡命運不同，我的大半輩子歲月都在挨整和坐牢，早已與藝術界隔絕；不能和他這樣的書畫名家相比。

回到蘭州，在假肢廠裡，我還是抑制不住百感交集的思情，便提筆給韋老寫了封信。他收到信，不但沒有歧視，反而給我回信了。他同情我二十年

囹圄之災、十年上訪之難、失去一足之苦、浪費四十載有用歲月之悲。在信中，他附了一幅如飛將軍自天而下的飛馬圖。題詞是「勢與日月爭分馳」，有方壓角印是「與人一心」。這些都告訴了我什麼？

我在想，這幅畫是說我們餘年無多，莫付水流。在人生路上，我活得心灰意冷，厭世輕生。他的來信對我是一粒起死回生的救心丸。自那時起，我才決心重操畫筆，不辜負老學兄期待，並常常寫信向他求教。他在回信中不止一次向我指出，不要什麼都畫，應當專攻一門。他還說：我已經選錯了，馬是最難畫的，如今騎馬難下呀。他每天手不離筆，忙得食不甘味，寢不安席。然而，只要是家鄉熟人、同學，總是有求必應，有信必覆。

1996年我因馬家窯文化研究會一事，在北京專程拜訪了韋老。他已由四合院搬上了高層建築。他長我三歲，頭髮烏黑，我卻是一頭「白霜」。相比之下，真是光陰不催人自老啊。

回想我們同在西安上學時的情形，不論是在室內畫素描還是在野外寫生，他都是全神貫注。尤其是我們在鬧市速寫，圍觀者擠得水泄不通，有人甚至擠靠在他的背上，他也旁若無人。還記得1944年，韋江凡已在西安某校任教，我卻穿上戎裝準備遠征。臨別時他送我兩本速寫本，上面寫著「願你畫上千萬本」。而我們的生活方向就此分岔，我也無緣再回到美術家的專業圈子。

1950年代，我第一次看到他的長篇組畫《時傳祥傳》，他畫的這位掏糞工形象，線條流暢、準確和細膩，令我讚嘆不已。據報導，韋江凡當時親自到崇文清潔隊，白天同工人一起掏糞，晚間一起住宿達半年之久。畫《送貨上門》時，他同勞動模範劉春年推車在北京走了一個多月。韋江凡人很內向，少言寡語，做起事來一絲不苟。

我們都經過了戰爭時代的洗禮，又遭遇了幾十年來的各種運動，在歷史長河裡嘗夠了辛酸苦辣。我為他依然有一個完整而幸福的家庭感到安慰。韋夫人時雨梅女士雖有銀絲點綴，看去卻是人到中年。她畫的蟹、蝦之類也令人饞涎欲滴；我禁不住求了一幅。

韋江凡的畫馬不同於悲鴻大師的造型，但他們都是「師真馬」。他曾很長時間在內蒙、新疆寫生，他的足跡也遍佈京郊騎兵營。他說：若不是膝關

節疼痛難行，一定要去甘南草原和山丹軍馬場寫生。

有些並不相識的西北人，到了北京總要慕名拜訪韋老，說確切點就是求畫。韋老雖年事已高，仍會兼顧鄉誼。甘肅省委有位幹部多次前去拜訪，他一再叮嚀，並贈畫給此人，請他對我這個老而身殘的同學給予照顧。聽說我在為失學兒童募捐，他也寄來畫作表示鼓勵。得知我生活有困難時，他總是慷慨解囊。

1995年老伴去世後，我遷居到省城蘭州。開始是租房，後來賣了岷縣的五間房，在蘭州買房。但蘭州房價高，只買到無電梯的11層樓居所。韋老知我獨身一人，不時打電話關照，勸我找個老伴或請個保姆。遠在京都的他，一直惦記著我這個小他三歲的少年同學。

我每次離開時，他們夫婦都殷切地送我，從16層高樓住所下來，一直把我送到街邊；而且雇了出租並付了車費才依依告別。

我從北京回來後，也治了一方「誠心待人」的閒章，作為自己的處世準則。

# 五、千里跋涉，為了希望

我自三十歲時就像一片嫩葉被捲入滾滾黃沙，在狂風中身不由己地被折騰。風停了，我仍被黃沙埋了十年之久。退休後基本生活有了保障，我想服務公益事業，用以彌補一生不自由和無法控制生命的遺憾。

也許有人會說我多愁善感、杞人憂天；但是本性難移，要不我怎會投筆從戎？怎會離開西安鑽進森林？怎會成為「右派」？

上世紀九十年代，中國青少年發展基金會發起救助貧困地區失學兒童活動，這就是「希望工程」項目。

甘肅是我國貧困省之一，定西又是甘肅最貧困的地區。這裡缺水，一旦下雨，人們就趕緊儲存雨水，用水如用油，水比油還金貴。生活環境艱苦，很多孩子上不起學。

我希望參與救助失學兒童，使他們返回校園。但我沒有權，也沒有錢；年老傷殘，能做點什麼呢？

1993年12月，我年滿六十八歲；由聚文社在蘭州工人文化宮主辦了我的畫展。隨後，我將展出的一百幅作品全部捐給了甘肅省的「希望工程」。感謝聚文社社長薛清仁先生和郭靜泉先生的幫助，使我得以實現了這一心願。那次畫展很熱鬧，有十多家報刊發表了對此畫展的評論文章，甘肅省、市廣播臺、電視臺也作了新聞報導。甘肅省廣播電臺「文化苑野」主持人素琴女士邀我去直播室，作了現場採訪；蘭州電視臺以〈大樸不雕畫人生〉為題，製作了專題片。

　　「子規夜半猶啼血，不信東風喚不回。」我知道自己地位卑賤，人微言輕，但我的心是強健的，精力也還夠用；我也有充分的時間。我想學習武訓，向社會呼籲：救救孩子。我設計了一個出行計畫：行萬里路，簽萬人名，募萬元錢。

　　作壞事易，作好事難。這種事，如果沒有黨政機關的點頭支持，也是寸步難行。如今大小騙子堂而皇之，魚目混珠；以至於人們對捐款救助之事，難免缺乏信任，甚至真假不辨，草木皆兵。

　　無論如何，我決定試一試。

　　出發之前，我找來百米長的廢曬圖紙，從中截了三十公分寬的一段，將之折疊成無縫簽名薄，並請定西團地委在兩頭加蓋了公章。我又去請省政協副主席韓正卿先生題字，表達我此行的心意。韓先生提筆寫道：「希望工程人人有責，『三萬』精神，冬去春來。」著名書法家、定西地委書記劉生榮也題了字：「希望工程大有希望，老人萬里行精神，鼓舞後代娃娃茁壯成長。」為回應我的計畫，他們每人率先捐了一百元。甘肅省政府原副省長黃正清、辦公廳何光第先生和省畫院院長黎泉、李寶峰等著名書畫家也都為我題詞，以示支持。

　　我也將此行告訴了家人和親朋好友，孩子們都知道我的個性剛硬，決定了的事不會改主意。他們也是在底層社會的艱苦環境中長大的，為了幫助更困難的孩子們，子女為我湊了兩千元的路費，連最小的外孫女尹思卓也捐出了自己的壓歲錢。

　　1995年的5月，大西北的春天剛剛到來，定西由於乾旱少雨，「草色遙看近卻無。」

這年我將滿七十，已屬古稀老人。我的幾個兒女十分擔心，他們把我送到定西火車站，看著我用一支拐子支撐著傾斜而又乾瘦的身軀，登上東去的列車。他們怕我回不來，坦率地說，我也沒有把握能再和他們見面。小菊秦六歲時曾去甘南合作監獄探望過我，現在她要請假陪我去。我想兩個人的吃住車費要花多少錢？那還不如把要花的錢捐了。我一人獨行，走到哪兒算哪兒，辦到什麼程度算什麼程度。為妥善起見，我也準備有遺囑，中途若發生意外如疾病猝死或事故致死，相關列車長、公安方面先送去火葬場，再通知家人。俗話把死叫「回老家」，我視死如歸，我已歸過多次。

我原來想，請每個人為失學的孩子捐上一兩元或十來八塊錢，這件事並不難。因為捐幾塊錢，影響不了任何一個人的生活。在車廂裡，我像乞丐般乞討懇求著，像傳教士般解釋宣傳著。少不了還有人向我提出質疑，我只得耐心地解答。有些人感到好奇，要問我一生的經歷，我也只能有禮貌地敘述給他們。當我說得周圍幾個人動了真情，已是口乾舌燥。人家能簽個名，拿出一元錢，我也應當替失學兒童道聲謝謝。就這樣，我一個車廂一個車廂地走著，越走越熱，幾次暈倒在車廂。多虧列車長的幫助，我才「死」而復生。車到鄭州，我也不過募得兩百多元。車長告訴我，越向東去，天氣越熱，恐您精力不支，生命有危險。他不由分說地為我退了去上海的車票，把我交給車站，並囑咐工作人員照顧我，讓我踏上西行歸途。

古都西安是我自小讀書的地方，雖則「訪舊半為鬼」，總還有個別健在者和新朋友。我想請他們給以幫助，所以從鄭州到了西安我便下了車。但我又想，不遠千里而來，何以利友人乎？怎好冒昧打攪？而不去朋友家，總不能在街上過夜。大賓館我不敢問津，因此想到先找個小旅社，休息一下，驅散疲勞，再作道理。

在西安火車站西面，我找到一家名曰「青年旅社」的客店。這裡住宿費依然不便宜，哪怕是一個又髒又窄的小床，一宿床位費就要二十元。我無力再奔波了，決定先住一夜再說。剛躺在床上，進來一位塗脂抹粉的「女士」。她直接過來揭我的被子，看出我是個古稀老殘人；她似乎萬念俱灰，便向我要小費。這話從何說起？經過一陣唇槍舌劍，她終於走了。不久又是一位，如前行動，又向我討好吃的。我指著桌上一包速食麵，兩個小麵包，

她毫不嫌棄地拿走了。

轉瞬之間我似乎穿越時光，進入了另一個社會和時代。我茫然不知所措，閉眼想了一陣，果斷決定離開。我知道要求退床位費是白生氣，便搭了個「的士」。

坐在車上我想，去那兒呢？大賓館貴是貴點，但有好處：一是安全，二是可以做些募捐的說服工作；三是有衛生間，上廁所不用我揹的這條凳子。我走了幾家，都失望了，連省委招待所的房間都是一百多元。要住就要收整間房間的費用而不能租其床位。於是我想起，西安作家陳忠實和我有過通信來往，他曾約我說，若去西安就住在作家招待所。雖則陳忠實出國訪問了，我還是去了那裡。果然，作家招待所裡有床位出租給旅客，租金二十七元，房間乾淨衛生；服務員也很有禮貌。

西安城內街道變化不大，但市容煥然一新。這個招待所是我上學時常去的地方，不過那時不讓人隨便進去，因為它就是西安事變時囚禁過蔣介石的高桂茲公館。當時我覺得它簡直闊得不得了，如今則顯得窮酸毫無氣魄。它一切如舊，只是由文物保護單位立了個碑而已。這些都喚醒了我少年時代的回憶。

招待所不許我開展募捐活動，但第一個晚上還算不錯。我和柳州市文聯主席陳濤、副主席黃燦兮、秘書長韋俊海等先生交談了一些文藝見解，他們也都各捐了十元錢，並表示旅途拮据聊表心意。我想，窮文人，十元錢也是來之不易。

住宿費每天二十七元，我仍力不能及，便打個電話給省藝校高級教師段鶴齡。他接聽後喜出望外，立即過來接我去他家暫住。他並去北郊接其父段士穎，只是他母親因骨折未能同來。

我和士穎是老朋友，我們曾一同在西北人民革命大學學習，並一同翻越六盤山來到甘肅。我們也在林海雪原共事。他因曾在國軍閻錫山部任過團長，被誣沾有共產黨的血，於1954年被捕。1957年查明並無問題，洮河林業局本應對他復職道歉，結果卻相反，他被局裡開除，不得已回到西安，在某中學教英語。今年是1995年，我們不見面整整三十八年了。這次西安重逢，我們通宵達旦地長談。士穎如今已八十有三，尚能健步行走。臨行時，他一

家人都殷切地送我到火車站。

在西安時，為了給希望工程募捐，我曾在一些旅遊區和公園奔走。聽我宣講的人不少，同情者也大有人在。他們大都是捐少了拿不出手，捐多了力不能及。現在連在家裡捐的，我手中還不到兩千元。若就此罷兵，怎見江東父老？我感覺不好對子女交代，更對不起親朋好友。躑躅街頭，我在想，下一步去何方？

我想到了敦煌。

敦煌是甘肅對外的一個窗口，也是旅遊勝地。那裡的人們應該比較富點兒。如此，我決定動身去敦煌。

在西行列車上，我沒有漫車廂奔走，因我只有一條腿站立，列車晃動時往往會摔倒。但在自己身處的那節車廂，我還是作了點遊說。有人問：中國這麼大，失學兒童那麼多，你能救助幾個？我說：這好比一群孩子跌進水裡，我拉出一個算一個。如果大家都動手去拉，這群孩子就得救了。如今我只是想積沙成塔，匯聚愛心，幫助他們。

列車西行一千六百多公里，終於到達靠近敦煌的柳園車站。我下車時，遇到十二個隴南落榜的高中生。他們和我一同等候去敦煌的汽車，我們聊了起來。這些青年中，有的人連考兩次都落榜了，有的人不好意思待在家裡；還有的是受不了同學和家裡的歧視，更有幾位被父母和家裡人經常諷刺挖苦。如此，他們結伴離開家鄉，想到外面闖闖。他們聽說敦煌在旅遊季節，心想蹬三輪也能賺錢，賺不了錢也能自給自足吧。聽了他們這番話，我很欣賞青年人這種志氣。

得知我此行的目的後，領頭的一位青年何維人，拿起筆在簽名簿上寫了十二個人的名字。最後他寫道：「我們十二人都是落榜生，外出打工，自謀生活。被陳爺爺精神所感動，我們拿出十元錢表示對貧困地區失學小朋友的同情、對陳爺爺行為的支持。我們沒有念好書，今後一定要作個自食其力的好青年。」

這十元錢代表了十二顆善良而明亮的心，也給我新的鼓舞。我在敦煌有時也遇到他們，他們真的在蹬三輪，並且一定要我坐上，還不肯要錢。我總是在未下車時，先把車費壓在座位上。我也鼓勵他們：「勞動光榮，這也是

為人民服務嘛。有時間還要讀點書，學點技術。不患無位，患所以立。以後有機遇還可以改行。」他們邊蹬車邊擦汗，再送下一位旅客。我望著他們奮鬥的背影，好像自己也年輕了一點。

這年大旱，從我「五・一」出門，到這年7月，甘肅西部沒有下過一滴雨。敦煌是個沙山沙海的地方，白楊樹上的葉子都耷拉著頭。樹影像剪紙般的貼在藍灰色的天上，天氣酷熱，連一絲微風也沒有。

我不敢有絲毫怠慢，早早起來，出去吃點油條豆漿。仍是那隻伴隨我近十年的拐子幫助支撐我的另一隻假腿，就這樣，我穿馬路，過長街，走短巷，進大院，出小門。這一路上，我找領導，求同志，問女士，喊先生。我說得口乾舌燥，走得精疲力竭。殘肢的皮膚磨破一塊又一塊，募款依然收效甚微。

每天我的住宿費不下二十元，所帶路費已近竭罄，募到的款數還不到萬元。成果雖不理想，我都及時如數匯往定西的希望工程帳戶內。我也帶了自己的幾十幅畫作，但作品不可能立刻變成現金。我有些氣餒，打算回到蘭州再說。

這個熱鬧而荒涼的沙漠城市，對我來說，十分陌生；在這裡，我連黃沙也不識一粒。由於天旱，今年外賓極少，一些旅遊單位也叫苦不迭。

山窮水盡疑無路，柳暗花明又一村。

敦煌有個畫廊叫「敦煌藝苑」，我不止一次進去過。由於自慚形穢，我進去也只是走馬觀花地看看。人家不相信我是個畫畫的，更看不出我是個賣畫的。因此，我慢慢地進去，又悄悄地出來。我見這個畫廊裡的作品水準不低，今天又要離去，便和經理李成東先生攀談了幾句。李先生很友善，他提出要看看拙作。他又勸我不要急於回去，說他可以幫我租間房子作畫，由他代銷；先住幾個月再說。我便把幾十幅作品留了給他，同時，李先生組織他的家屬同事捐了二百多元，連他的小外孫也捐了一元。

既然先不回蘭州，我又一次走訪了敦煌市團委。這裡的同志們很熱情，他們把我介紹到市政府接待局。在這裡，劉國信局長幫了大忙，他為我解決了住宿問題。伙食則好辦，每天早晨我買幾根油條或大餅充饑，下午或者是吃速食麵，或者買一碗漿水麵。有吃有住，我便安心在敦煌留了下來。

甘肅省廣播電視廳離休幹部吳剛先生原來採訪過我，得知我到了敦煌，他寄來《星光燦爛》專訪稿，讓我核對有無事實差錯。考慮到我人地生疏，他特意給敦煌廣播電視局的胡局長寫了封信。我又跑了市委宣傳部，劉國信和財政局劉興虎局長便主動邀請了敦煌報、廣播電臺、電視臺舉行新聞座談會。新聞媒體對我這次募款行動給予了大力協助，在劉興虎局長的支持下，敦煌財政局、人民銀行、農業銀行、工商銀行和敦煌賓館，尤其是建設銀行的職工，都慷慨地伸出了救助之手，我達到了募萬元錢的目的。那時的一萬元在我的眼裡是一座山，我高興極了！

　　在敦煌期間，我每天上午出去跑，下午便在接待室作畫。捐款在二十元以上的單位和個人，我都送出拙作。我不是回報他們的二十元，而是愛心交換。連放在李成東先生處準備代銷的作品，也都贈送出去了。有天我在接待大廳和一位女士聊天，她身旁六歲的女孩硬要把手上的一元錢捐給貧困地區的小朋友；我說不收時，她差點哭了。她的母親也捐了十元，於是我給她們各送了一幅畫，題款時才知道小女孩叫彭夢捷，她母親叫王文英。

　　我先後總計送出了一百四十多幅作品。

　　說到贈畫，也有另一種人。我送了多幅畫過去，人家一文也不捐。在談捐色變的現時，難免有人以真當假，以假擋真。市團委為我寫了介紹信，讓我去拜見當地富起來的一位書畫家大款。我三次叩拜不得一晤，咫尺之距難見其人。第四次按其約定的時間，我不差分秒地趕到。懷著崇敬的心情拜上，不知是我的拐子驚嚇了他，還是怕我賴在經理室不走，他竟失約拒不接見，看來求也無用。我走進新世界的營業廳，一位操河南口音的中年人看了一下我的拐子，伸手擋住我說：免進，請出。

　　如果我是個為自己討錢的乞丐，這隻拐子會起到廣告作用；若用在為寺廟化緣上，也能有所效果。而為希望工程募捐，它竟然使人生疑，適得其反。

　　我恨自己這條拐子和假肢，但我無法拋棄它。我想起某報報導的故事：成都一家房地產公司老闆給一位女影星買了造價六十萬的住房，而不肯為附近的小學捐一文錢。於是我理解了君子所好不同的心理狀態。

　　敦煌地處青海、新疆、甘肅三省交界，「胡天八月即飛雪」，但如今在敦煌的遊覽區已是綠蔭一片，堪稱沙漠綠洲。這裡有舉世聞名的佛教藝術寶

庫莫高窟，有名震漢唐的陽關、玉門關。而這裡的鳴沙山、月牙泉、渥洼池的風景更是被描寫得如詩如畫。

在敦煌，我也想起我的老師李丁隴教授。他是赴敦煌臨摹壁畫第一人；張大千在他影響下才去了敦煌。李丁隴先生一再呼籲國民黨政府保護敦煌文化，那時他夜晚可以睡在洞窟裡，白日自由出進臨摹。如今的遊人則難見洞窟真面目。導遊帶遊客登上山崖，進入洞窟；裡面伸手不見巴掌，大家全憑租來的手電筒，各自尋找目標。我行走不便，跟隨他們已感吃力，還沒走到洞口，導遊已領出旅遊者。只見他鎖上洞門，又帶隊奔向下個洞窟。我跟了一陣，望塵莫及，可以說什麼也沒看見。

在外奔波整整兩個月後，在「七‧一」那天，我離開了敦煌。

敦煌之外是一望無垠的沙漠，戈壁灘上生長著生命力極強的駱駝草。汽車在公路上奔馳，它們好似一群群野馬在道路兩旁起伏追逐。汽車晝夜不息地穿過河西走廊，把山頂還有皚皚白雪的祁連山拋向身後。經過二十五個小時的顛簸，我終於到達蘭州。為了卻支持希望工程這樁心事，我立即又上了去定西的長途汽車。

車行一百多公里，到達目的地。我和定西共青團地委負責同志把銀行收到的匯款和簽名冊上的捐款一一對照，分文不差地交清了此行的收穫。我並請求團委給捐款五十元以上者發去了感謝信。

定西團地委書記趙希榮在簽名簿上最後總結道：

> 古稀老人陳星，以殘疾之軀自願自費，奔波萬里，求助八方，為定西地區希望工程事業募捐資金10949.60元，體現了一個退休職工對貧困地區失學兒童摯著的愛心，體現了老人無私高尚的情懷，和對未來事業孜孜追求的奉獻精神。目前，該款已全部交定西地區希望工程辦公室，以救助一批失學兒童重返校園。對老人的義舉，我們表示無限的敬意和衷心的感謝。

我也感謝定西團地委給我這一機遇和評價。

我熱衷於希望工程，還不只是渴望幫助失學的孩子們。由於以往政治運動煽動仇恨，中國人的素質江河日下。文化大革命造反派的打砸搶行為，紅衛兵對祖先的遺產瘋狂破壞，都和無知與愚昧相關。我尤其難忘的是，文革中我在咸陽被批鬥，又被綁在吉普車的保險槓上；一群小學生爭先恐後地向我擲石塊。他們像打關在籠子裡的狼一樣放心，好玩。我深知，不是他們在打我這個甕中之鱉，而是當時的政治運動在給整個中華民族的良心上潑硫酸。我希望孩子們能受到新的教育，我們的國民素質能夠通過啟蒙得到提高，而不會再陷入那種野蠻和瘋狂。

　　還記得我剛安裝了假肢回到岷縣洮珠村，老伴說：「村裡的小學，男女生共用一個廁所。村長前來募捐，我捐了五元錢。」我說：「你怎麼只捐了五元？」她說：「人家都只捐了一元、兩元，隔壁粉條廠也才捐了五元。」我立即將自己僅有的五十元交給老伴，叫老伴送去。我說：「這月的伙食再節約一點，晚上的瞌睡會更香一些。」

　　我給自己寫了四句話：「南冠七千日，化作報國情。伏櫪不為己，餘年獻後生。」如果條件允許的話，我希望沿著這條路走到人生的終點。


　　我在做這些事的同時，時時刻刻都惦念著我的家鄉；那是個被歷史遺忘的角落。

　　我的家鄉陝西省藍田，過去人稱「藍田縣母豬圈」。大躍進那陣子，原屬渭南專區的臨潼要被劃入西安市，專區的條件就是搭上藍田，我的家鄉因此劃歸給西安市。後來不知何故，這兩個縣又被返還給渭南專區。

　　臨潼有貴妃池，後來在秦始皇陵附近又發現了兵馬俑，這一帶成為世界文化遺產勝地，也是國家發展旅遊的重要景點。西安再次垂涎臨潼，想把臨潼收歸西安管轄。而渭南專區的條件還是要臨潼搭藍田，一起劃歸西安。貧富搭配，我的家鄉再次被搭上了，藍田人也成了西安市民。

　　1999年我回家掃墓，見到鄉親們生活處境依然困難。我想去村裡小學看看，苦於傷疾，無法行走山路。回程我坐了輛便車，車主是岱峪河的佼佼者汪順堂。

　　汪順堂算是我的晚輩，他中專畢業，是岱峪河一帶惟一學歷最高的鄉

親，也曾任村支書。交談中我感到，他見多識廣，口才不凡，也是當地勞動致富的第一人。不久，他便領著全家闖出了山溝，在長安縣的郊區落了戶。他開礦，開工廠，初具規模。

我寫信向汪順堂瞭解山裡學校情況，他來信說：「由於封山，斷絕了村民的副業門路，山坡上種點莊稼又遭野豬、狗熊等動物的糟蹋。在保護野生動物的政策下眼看莊稼被毀，誰也不敢打。所以村裡就有四十三名學生失學，同時校舍倒塌，重建時欠了工程隊的一部分錢，遭到兩次封門。」

聽了這些，我深感愧疚。在那個年代裡，老家就出了我這麼個讀書人；如不能為家鄉親人和後生做一點貢獻，死後怎見岱峪父老？

可是我每月的生活費尚不足維持自己，要表心意起碼也得個五位數。我便只爭朝夕地畫了幾十幅畫，準備拿出去義賣。正在這時，來了一位青年人。他說：「您老這麼大年紀，又殘疾，出去多麼不便。我給你拿去處理，最遲十月底，給你把錢拿來。」於是，我們簽了個《協議書》。可是後來連人也找不見，迄今無結果。

儘管如此，我還是惦記著助學這件事，我不能對不起家鄉父老和貧苦的孩子們。

當年我左腿骨折，由於拿不出五百元住院押金，給我造成終生殘疾。此後我便省吃儉用，日積月累，終於存夠了一萬元醫療準備金。

想到老家的孩子們，我決定取出這一萬元回西安。從西安去藍田，山路崎嶇交通不便；西安晚報劉小龍主任派了車送我進山。不巧，山上一塊巨石滾落路中，堵塞了交通；我們只得返回。後來，我找到汪順堂，請他把此款送到每個失學兒童家裡；汪先生沒有辜負我的重托。

接著，汪順堂專程從老家過來蘭州，給我送來錦旗和錄影。我看到學生家長、村長在接受捐款發言時都噙著淚，聲聲感激，句句真情，我既感動也欣慰。

此外，在青島897愛心助學活動中，我捐了三幅畫，賣出了二十萬人民幣。我興奮得全數捐出，希望這善款如同愛心的種子，能發芽茁壯成長。

有位名人說：施予人，但不要使對方有受施的感覺。幫助人的同時，要給予對方最高的尊重。這是做人的藝術，也是仁愛的情操。

我的經歷不堪回首,所作善行也不足掛齒。這些事本應忘卻,但在晚年的平靜時光,我常常回憶起中華民族近代遭受的內憂外患。我認為這都源於教育欠發達,以致科學落後;我最痛心的是,政治家們導演的悲劇,令整個民族自殘自戕,他們給人民造成了深重的苦難。

我不自量力地奔波千里,南北跋涉,都為了復興教育這個希望。

重拾畫筆,也讓我內心的積鬱得到緩釋。在屢屢受挫的申訴過程中,惟少年時代親近過的水墨紙筆不負我心。同好、師友的關愛和社會鼓勵,給了我安慰和繼續等待的耐力。

# 第十二章　燈蛾

「人生苦短」，這是人們對生命的感歎。巴爾扎克說：「勝利和眼淚，這就是人生。」而我的一生卻多是眼淚。

我要還自己清白，給一生劃個句號；就像燈蛾撲火一樣，我把通過法院得到公正當作光明前途。我一次次地靠近這條路，卻發現越往前走越黑暗。法院象徵著公正，如同一團炙人的篝火；燈蛾為追求光明，卻被篝火灼傷。

## 一、繼續要求再審

當人們滿懷希望迎接21世紀的到來時，我還蹀躞在上個世紀冤案的陰影中。

我已在古稀之年，還能活幾天？我也很明白，為自己爭取公正，這很可能是一條漫長的不歸路。

但我不可能容忍文化大革命中對我的冤判，也不可能接受「改判五年」的處理。這一切讓我依然背負勞改釋放犯的屈辱，繼續遭受歧視，無法回到作人的正常生活中。

尤記得當年截肢後，傷口剛癒合，但欠款不結清，醫院不放行。我拄著雙拐去了林業廳，找到林業廳人事處郭處長，她立即給洮河林業局的一位李局長打電話：「陳星的住院費應予報銷。」

「他不是因公受傷。」李答。

「退職人員，你不給分配工作，他去何處因公？」郭處長質問。

「你夜裡在家感冒了，也可以報銷藥費；這能叫因公感冒嗎？」見李不回答，郭處長繼續追問。

李不答，在他們看來，我不是退職幹部，而是一個索要利益、糾纏不清的訪民。

我夾著一對拐子上了北京，找林業部。接待人員說：已給洮河局打了電話，他們答應解決。可是我在蘭州辦事處找到王書記，他卻惡狠狠地說：「你會告狀，去北京叫林業部給你解決！」他把林業部批示一把撕掉了。

　　夜裡我流著淚問自己：洮河林業局於我何恨之有？

　　我下了最大的決心，從林業廳到管理局，最後住在洮河林業局不走。就像擠牙膏一樣，終於在1988年3月擠出了個最低標準的退休待遇。

　　我要求按同等資歷幹部以離休待遇辦──這樣醫療費是可以全部報銷的。

　　組織部乃部長說：「沒有根據。」

　　我說：「你們可以查檔案。」

　　「檔案被水沖走了。」

　　保管檔案的是他們，難道我應該為沖走檔案的洪水負責嗎？

　　就這樣，在我退休證上「參加革命日期」那一欄內，他們自作主張，填了個1949年10月1日。如此就把我劃到了離休政策之外。按照政策，只要是1949年10月1日前參加革命工作的，都可以辦理離休。

　　我想，如果離休界線劃在1949年12月31日，他們一定會給我寫成「1950年元月1日」；其目的就是排斥，讓我死了這條心。有一句俗語說：叫花子拾塊骨頭，狗也不服氣。


　　這就和左的幽靈有關，某些人還是這個幽靈附體。

　　我是被這個單位的前任領導劃為右派、送進監獄的。後任領導拒絕對此擔責，拒絕糾正左傾時代的整人錯誤。

　　往事歷歷在目。

　　1962年，與反右時隔五年，我撿了一條命，獲釋歸來。回到單位，我跨進新局長的辦公室。

　　不料，局長像一聲驚雷吼了起來：「滾！洮河林業局幹部死光，也不會用一個勞改釋放犯。」劉局長的眼珠子像要蹦了出來。三十年後，他和我一樣灰溜溜地出現在白龍江林管局人事處，他為工資上訪，我們成了同行。

　　不僅我們幾個「勞改釋放犯」被局裡驅逐，連勞教期滿的人如郭思楊、何耀明等，一個也沒讓回單位。繼反右之後，洮河林業局剝奪了我惟一可能

獲得的合法工作機會。

在獄中再次熬過了暗無天日的十年，文革結束了，由甘肅省高級人民法院改判：右派反革命宣告無罪，予以糾正。我再次走進我的工作單位，找到政治部主任鄒秉義和黨委書記蘭懷秀，他們異口同聲地說：你還有「投機倒把罪」，這就失去了被落實政策的資格。

我徘徊在大堤上，望著滾滾東去的洮河水；它依然是那樣清澈明亮。但我經受的冤屈，為何如此混濁不清？

我想起一位右派先生給我講的故事：他原在統戰部工作，被定為右派後送夾邊溝勞教。由於饑餓逃出勞教農場，父母怕受牽連，拒其入門。他去車站借宿，去食堂偷取食物，連連得手。此後便見糧票也拿，見錢更不放過。久而久之，終於被捕，處刑五年。釋放後正逢文化大革命，他已是而立之年，便去農村入贅。1978年為右派落實政策時，原單位明察暗訪，終於找到了他。對他的所謂刑事犯罪，經辦人承認應由組織負責，既往不咎。單位把他請了回去，妻子兒女進城。他加倍努力工作，報答黨的寬仁。

由此可見，所謂刑事犯罪，既然事出有因，平反也有理有據。關鍵還是看什麼人在執行政策和理解法律。

我帶著這個刑事犯罪記錄的金印，對兒女們的影響是巨大的。且不說入獄十五年，自1958年到1978年，我接連多次被拘留、收審；前後近二十年來我都無力撫養他們。即使在我被平反之後，他們依然沒有得到平等對待。我見別的職工退職、退休都可由一個子女頂替上班，解決就業問題；我也想提出要求。結果，在一片譏諷聲中退了出來。

至於我截肢時單位拒付住院押金，後來我找到杜科長質問，他拍桌子摔板凳，竟然把我推倒在地，從我身上踏了過去。

……

餘年無多，帶著這麼多的屈辱記憶，我怎麼能安度晚年？我又如何能容忍清白一生被如此抹黑，還要忍氣吞聲地地走向生命的終點？如果是忍了這一切，我臨終時怎麼閉得上眼？

因此我下定決心，我要以共產黨自己的平反冤假錯案政策和國家的法律為依據，向甘肅省高級人民法院討回公道。

## 二、這一頁如何揭得過去

我的目標是爭取宣告無罪，取消改判；把冤案的這一頁揭過去，重新開始我的生活。

上訪申訴多年，我總結過，想要解決問題，可採取的辦法有如下各種：

1、找人際關係，還得找到點子上。

2、花些錢，花多少得看問題大小，還得量量主辦人的胃口尺寸，這條我辦不到。

3、關係加金錢，用好了最有效。

4、找他的上級。如果上級與辦案人有較大矛盾，這算是碰到點子上。如果辦案人是上級的親信，或者他的職位是從上級買來的，那就適得其反。

5、豁出命拼了，叫狼把你咬成重傷。哀兵必勝，他們上級為了體現黨的人道政策和他的英明或許糾錯，不過，拼命的效果，還得碰運氣。

高院吳思宏院長原在中央部門工作，由於他不「左」，上級把他下放到甘肅民委。四人幫打倒後，胡耀邦抓平反冤假錯案，他才得以掌握高院實權。高院大門進不去，我便找到他家，準備挨頓罵退出來。誰知他一面看材料，一面叫家裡人拿煙倒茶，弄得我無所適從。他批給刑二庭立即立案複查，但無結果；因為原承辦人李守山還在複查庭掌權。

我便想起個特殊關係，陸聚賢。陸聚賢和我在勞改中日夜形影不離，相處四年有餘。他和主辦我案的李守山在蘭大法律系同班同學，且結為金蘭之好。如今陸聚賢為卓尼法院院長，他非常有信心地將我的申訴夾在卷宗裡，還附了一封求情的信。當他去高院開會時見了李守山，李對他說：「我們都是右派剛復職，辦事得留點後路，免得別人抓把子。右派把右派的案子一風吹，豈不是又想給自己帶上右派帽子？你給陳星說，我已做到仁至義盡。他剛出獄還來感謝我，再不要得寸進尺。」這條路又斷了。

有個朋友的兒子，小時和我兒子在一起玩。他母親和我老伴也非常要好，如今他在公安某部門主事。他說：他和法院某領導關係還不錯，說得上

話。我便給一百元錢叫潤滑一下，那時百元可吃大餐。我果然見到某領導，他說：你的問題不好解決，如果割掉五年尾巴，接下來的事情就解決不完。

我說：割了尾巴就徹底了，還有什麼解決不了的問題？該領導說：比如要退賠沒收的七千多元，要補發工資，單位要開會糾正道歉等（那時《國家賠償法》尚未出臺）。

我說：我不過分要求，就討個公道。

他說：你去，我們考慮考慮。

我走到公車站，聽見他在喊我。

他說：聽說吳院長給你單位寫了信，已經給你辦了離休，你還跑什麼？

我說：你說對了，就因這條尾巴不給我辦離休，我才東奔西走。

這時我才想起，兩年前我在街上見了吳院長，他領我去辦公室，叫給卓尼法院寫信，要他們去洮局交涉。當我這次和這位領導對話時，對面有一位幹部不停地吸煙，全神貫注地聽。此人正是那時的寫信人，他認為他的信到了單位，單位就給我辦了離休；其實單位沒辦，就連我的退職待遇也是禹貴民一紙批文的功力。

之後，又是這位年輕幹部說他和審判監督庭很熟，他從我處拿了幾幅畫去疏通關係。後來我見了某庭長，他應付了幾句，又不見信。這位幹部說要花點錢請請客，我又給了一千元和幾幅畫，好久沒消息。最後，他讓我去找一位科級法警。

這回不錯，科級法警領我去見了信訪辦主任。我又花了點小錢，這位主任總算在院長接待日安排我，見到了李永昌副院長。他說：「你這問題早了，為什麼才申訴？」我說：「我平均兩月寄一份申訴，這是第多少次已記不清了。」他這才很認真地把申訴看完，同時聽了我的陳述。他將申訴交給他身旁的秘書，當我離開後，秘書追了上來說了些同情話。我覺得，這次必然有效。

等了半年，我又去見了信訪辦主任。他說，很有希望，卷已調出交給王春審判員，現在正在閱卷。又過了一段時間，他還是說：有希望，管複查的午院長看了，要等院長批了才能上審判委員會。你耐心地等著吧。

又是一年春色曉，我的心隨著春風楊柳飄飄蕩蕩地去找信訪主任，得到的回答是：複查案卷張樹蘭院長不簽字上不了會，還擱著呢。張樹蘭，時任甘肅省最高法院院長。

再又等了半年多，我托人找省人大的一位管內務司法的副主任，去做張院長的工作，還是無聲無息。我又去信訪辦，另一位接待員，很神氣地說：「你這問題根本就不能複查，最高法院早在1983年就有文件，此前的案子一頁揭過，概不回頭看。」這話我是第一次聽到，我要揭開這一頁，要的是還我清白。而他們卻說這一頁要揭過去不再看，即是非曲直從此不論，我應該沉默。

光陰荏苒，時光又越年。2001年，檢察院紀檢組組長呼延林先生撞見了我，他再次問：問題解決了沒有？

我答：沒有。

呼延說：你認識原政協主席申效曾，請他給張樹蘭通個氣，張是他一手提拔的。

我心想你上次給省委秘書長崔君打電話，崔說不認識我。這電話是否起了副作用，我還不清楚。這次要我去求申效曾，申的為人口碑不錯，我被甘南州判二十年徒刑時，正是他當書記。不過那時他雖為書記，大權在軍方手裡，也怪不得他。上次見他我談到，自己的問題沒有得到徹底解決；他表示遺憾。

於是，我把我的自傳作品《風雪人生》拿了一本給他，他也把自己寫的《給兒女留點什麼》贈我一本。我請他向張樹蘭院長美言幾句，他慨然應允。希望之花在我心中再次綻放。

想等個好消息，時間就像蝸牛爬牆一樣，過得特別的慢。

還是好心的呼延先生又給我出點子，他叫我去請一位王兆生律師。這人是張樹蘭的老師，張院長那裡過不去的案子，王兆生心有靈犀，一點即通。

過了一個月，王回答：「張院長說最高法院在1983年有文件，此前的冤假錯案一頁揭過，不再複查。」院長的話不由我不信，這個說法，我是第二次聽見了。

我也向相關部門查詢：是否見過此文件？都是搖頭，呼延先生也說沒見過。

## 三、找到文件，立案再審

21世紀拉開序幕，我的申訴已經成了跨世紀的馬拉松長跑。

我不信有這個冤假錯案「一頁揭過」的文件，我決心找到它，眼見為實。

我直奔省檔案局，交了一點手續費，按圖索驥，終於找到了一份中央辦公廳「中辦發[1983]9號」文件，長達十二頁。我逐字閱讀，發現該文件的主要精神完全不是他們所忽悠的「一頁揭過」，而是說：「不論什麼時候發生的冤、假、錯案，都要用辯證唯物主義和歷史唯物主義的觀點進行具體分析。中央要求各級黨委和公、檢、法機關及有關部門，對複查平反冤、假、錯案的工作，都要主動抓緊進行，務必把一切尚未平反的冤、假、錯案堅決平反糾正過來。」文件中還指出，就是發生在延安整風時的冤案，也要糾正過來。不但有申訴的要糾正，辦案單位發現的冤、假、錯案，也要主動糾正。

我從1979年到2000年，長達二十一年不斷申訴；如今我有文件依據，他們的答覆完全與上述文件背道而馳。什麼「一頁揭過不再複查」，他們妄稱是最高人民法院的文件規定；這個文件我沒有看到。但是中共中央辦公廳的文件是明擺著的，現在政務公開，人們在網上還可以查到這個文本。

於是我請張贊寧律師想辦法，他說要去北京請我國一流大律師張思之和他一同，為我的案子向最高人民法院呼籲。我便和張思之律師通話，並寄去相關材料。張老說，完全符合向最高人民法院申訴的程序。我寫的訴狀他看了後，認為不夠精練，他便自己起草，一份寄張贊寧，一份寄我。他說，如無意見，簽字後即向最高人民法院呈送，申訴案子沒有時限。

然而最高法院有位副院長口頭給張老這樣的答覆：要排隊按順序辦，起碼還得等兩年。兩年！可見冤案如山啊。我這已經爬到最高處，頭頂是青天，呼天不應；再往下看，混濁一片。

我覺得自己是獨腳走鋼絲，走到中段那是最低點；後退萬萬不能。前進，又恐有性命之憂。我還能堅持幾年？還能再等幾年？

上世紀八十年代，我給新聞媒體或相關部門發去申訴函，都有個千篇一律的回覆。回信大多如下：某某同志：你的來信收悉，已轉某某單位請直接

與他們聯繫。在此之後，千喚無一回。「不答覆你能把老子怎麼樣？」不回答，我也照常向中央相關部門發，這成了我的例行公事。換言之，它也是受刑之人承受不了拷指的嚎啕。

峰迴路轉，2001年，甘肅省高院一位副院長在院長接待日受理了我的申訴，繼而在合議庭取得了一致意見。省委決定調卷複查，我心裡再度燃起了希望。我感謝省人大、檢察院和省高院有關領導明察秋毫，對我的申訴給予了支持和理解。

隨後，政法委調閱了全卷，多次召我面詢。我提供了有關證明材料，省政法委進而與省人大、省高檢和省高院有關領導合議，做出一個決定：立案再審。


對我這個蒙冤數十年而未進過法庭的人來說，如今得到了「立案再審」的機會，真好比雲開霧散。我請代理律師呈送了《陳星沉冤再審代理意見》及旁證附件，額手企待開庭。

一個前後領刑三十年的囚犯終於有了機會，我將第一次走進法庭，履行法庭辯護，實現憲法所賦予我的權利，能不喜出望外？

2002年5月間，省高院一位基層朋友興奮地告訴我：老陳告訴你個好消息，你的案子上了審判委員會，據說通過了「徹底平反」。

我簡直不敢相信自己的耳朵，他又補充了一句：千真萬確，「據說是全國人大批下來的！」太好了！我像小孩子渴極拿到一支冰淇淋，又像一隻被囚的雄鷹衝出鐵籠展翅長空。俯瞰大地，沙漠變成了綠洲。

我想全國大人怎麼會出這樣一個好人呢？猛然間想起《夾邊溝紀事》的作者楊顯惠先生曾說，主管複查的午副院長是他的同學，他很愛文學；楊顯惠先生把我的《風雪人生》和他的大作《夾邊溝紀事》送上，請他對我的案子給予關照。對了，一定是這一槍射中了。我立即把消息告訴楊顯惠，分享這一快樂。

這也並不怎麼奇怪，之前，信訪辦主任曾告訴過我，接待過我的常務副院長表示過同情，主辦審判員已在調閱全卷。

我把這一消息作為禮物，見了知心朋友就送。

別小看「改判五年」這四個字，它不是輕如鴻毛，而是重如泰山。它壓得我駝背弓腰，氣息奄奄。現在得到消息，反而夜不成眠。在未拿到《判決書》之前，徹底平反這個結論對我依然還是水中月、鏡裡花。

已闖過「五關」，只等古城下的一戰。

時間過去了一百多天，律師興奮地告訴我：合議庭已通過，只等上審判委員會，不再開庭了。我感到遺憾，這次還是進不了法庭，一腔苦水吐向何處？

雖則如此，我還是抱著感激的心情，期待著一個公正的裁決。

## 四、冤家路窄

2002年6月5日，終於等到了一個電話：省高院有份通知給你，我們送去，還是你來取？

我急忙回答：「不敢勞駕，我來取吧！」

對方掛了電話。

我到了省高院審判監督庭，迎面一位似乎面善但我又想不起來的人，他毫無表情地遞給我沒有封口的信封。我想打開，他說：「回去慢慢看吧。」他關了門。

天下著雨，我回到家坐下，急不可奈地打開信封內件，標題是：甘刑監字第02號《駁回申請再審通知書》。看了標題，便知吉凶；頭一暈，躺倒了。好在我是一個人獨居，否則家裡人又會像當年我服毒後搶救，忙亂一陣。

本來無須再看下去，但出自本能，我又想看看到底是如何地「駁」法？

> 你為陳星投機倒把一案，對本院（1978）刑監字第102號刑事判決書不服，以不能把所謂的投機倒把罪與政治迫害分割開來，「構成犯罪」沒有法律依據為由，向本院及有關部門提出申訴。
>
> 本院經審查，認為原判在認定事實和適用法律方面是正確的。你倒賣布票、販賣當歸、牲畜，數額較大，其行為破壞了當時的國家市場計畫。依據1979年《刑法》頒佈前，國務院《關於打擊投機倒把和取締私商長途販運的幾個政策界限的暫行規定》及《關於加強市場管

理打擊投機倒把和走私活動的指示》的規定，你的行為已構成投機倒把罪。你申訴中所提對你反革命罪的錯判造成你生活困難，並不能成為你投機倒把的理由。

綜上，你對該案的申訴理由不能成立，原判決應予維持。

特此通知

甘肅省高級人民法院<br>2002年5月29日

自1979年出獄後，我不間斷地申訴，進入第二十三年，得到了這樣一紙駁回！

這裡提到的國務院有關投機倒把的政策，有兩個文件。《關於打擊投機倒把和取締私商長途販運的幾個政策界限的暫行規定》產生於1963年3月，老百姓深受其害。《關於加強市場管理打擊投機倒把和走私活動的指示》是國務院1981年頒佈的，那是改革開放之初。隨著市場經濟體制的確立，國家在1997年的刑法裡已經取消了「投機倒把罪」。十年文化大革命被稱「十年動亂」，它的所作所為被共產黨的若干決議否定。

這份通知仍然維護甘南保衛部所列「罪名」，一樁自始至終的政治迫害案依然被分割出孤立的投機倒把案，一個逼供無據的布票等問題依然被認定。我為生產隊代購耕畜，在此依然被列為罪證，我為生存背了幾十斤當歸，在此被稱作「數額較大」。而且，對我無罪判刑三十年，冤獄十五年，改判五年——在此竟然得到肯定，稱之為：「原判在認定事實和適用法律是正確的。」

這個正確從何談起?!所謂原判從來沒有遵循過任何司法程序。1959年，甘肅省臨潭縣法院以「反革命」罪判我有期徒刑十年，剝奪政治權利五年。1972年，甘肅省甘南自治州保衛部以「投機倒把」罪為名，再判我有期徒刑二十年。1978年，甘肅省高院將上述兩案判決改判為五年。如此三次判決，我作為刑事被告，從沒有接到過任何一份《起訴書》；也沒有出席過一次法庭。我自始至終沒有見過一位審判員、書記員。對我的審判，從未進行過舉證、質證，當然更談不上辯護。判決書上也沒有給過我一次上訴權。如此違

反常理、破壞常規、悖離司法程序的案例，有什麼正確性可言？

按照這份「駁回」的邏輯，也就等於說，自五十年代以來，那些拋棄司法程序的作法，包括政治運動中的暴力對待、文革中造反派打砸搶、踢開黨委鬧革命、砸爛公檢法以及一系列刑訊逼供等，這些都是正確的，應當維護的。惟獨一個人為求生存所做的事，倒成了「罪」不容誅。

我自1962年第一次出獄，為了活下去，嘗試了多少途徑，受過多少屈辱煎熬，踏破了幾雙鐵鞋……我記它不清。到2002年接到這張紙，三百六十五頁的日曆我撕去了整整四十大本，口中的牙齒像隕石般跌落，烏黑的青絲像珠穆朗瑪峰一樣被嚴寒染作永不褪色的白幡，父母賜給我的兩條走路的腿，也被掌權者的不公和冷漠奪去一條。留下的殘肢終身劇痛，永無休止。我活得沒尊嚴，還要遭受某些人的唾罵：前輩子沒做好事才落得「五體不全」。

因此，我不能不再次踏入痛苦的回憶之河。對讀者諸君來說，以下內容可能是重複的；敬請略過。但是對我自己來說，我必須就歷次對我判刑的事實不清、定性不准反覆思考，如實記錄，分列如下；我以此避免遺忘，也作為歷史見證。

一、1955年在肅反運動中，我被洮河林業局誣為「歷反」、「現反」、潛伏特務，遭到殘酷鬥爭後，又被軟禁一年。這期間單位派出專案人員，四處調查，最後得出結論：「本人交代老實，屬一般歷史問題。」由此要求誣陷者，向我陪情道歉！而道歉者竟懷恨在心，於「反右」鬥爭中毫無根據地又定我為右派。為了置我於死地，這次把早已平反、下了結論的「一般歷史問題」再次升級，定我為歷史反革命，以[59]法刑字1031號判決，對我處刑十年。判決上雖印有「審判員鍾毓麟、人民陪審員方拉目」，但我根本沒見過他們，不知他們是男是女，法院也未給我上訴權。這是認定事實無據，定性不准，違背司法程序的第一個實例。同時我還注意到，一個十多人的初級人民法院，從1959年元月至3月，發出的判決書竟高達一千零三十一份。這可能是認真審判嗎？若非古人「龐統」再世，法院效率焉能如此之高？

二、1972年甘南自治州保衛部（72）州革保刑字第03號判決在我犯有「右派」、「反革命」罪的基礎上，又以「投機倒把」罪再次判我重刑二十年。事實是，我自肅反運動以來屢受迫害，入獄後家人更受株連；兄長被逼

自縊，老母哭瞎雙眼，子女升學不准，參軍不要，招工不收，統統打入另冊。我這個「勞改釋放犯」謀職無門，走投無路。造反派一日數次逼我去農村落戶，我只得投奔陝西咸陽陳馬村堂兄陳煥新處。而村長提出：把甘南良馬拉一車來，代替人力拉犁，方能落戶。友人丁尕哥為我墊款得馬七匹，歷經艱險運至陳馬村，村民見馬大喜。我以為終於可以落葉歸根安心務農，不料事為鄰村造反派所嫉，誣指「右派盜馬」，向該村勒索去馬款七千一百一十元；並搜去我舊懷錶一只。至此本應了結，因我有「反革命」前科，甘南保衛部造反派為擴大「戰績」，對我使用毒刑，日夜背拷，並用燒紅的火錐順襠烙燙，傷痕迄今目測可見。我熬刑不過按其指令、誘供，編造倒賣布票等問題。這些供述，全是被迫做出的虛假口供。

在上述03號判決的首尾，執筆者又給我貫上「乘黨整風之機大肆向我黨進攻，企圖推翻社會主義」等罪名。這次判決是前述臨潭1031號判決的繼續，是以階級鬥爭為綱的時代對我施行的又一次政治迫害。這次仍然沒有在法院開庭，除刑訊暴徒外，我沒有見過任何一位真正的法官或書記員，當然也沒有得到上訴權。對我定罪的法西斯暴徒們，實質上是以「投機倒把」的罪名實現他們自己的政治目的。

可是，當年這種砸爛公、檢、法形勢下的判決，竟然在今天依然受到省高院支持與保護！

在那個不幸的年月裡，就算是國家優秀領導人，在法西斯暴徒的皮鞭下，他們也只得端起屎盆子向自己頭上扣，甚至死於非命；我被處以重刑又何足道哉。奇怪的是，在上述1978年102號判決中，法院竟完全確認了皮鞭下並無旁證的虛假口供。而且，對我這個當事人依然不質詢，對冤案疑點也不去調查核實，隨便寫上「經查屬實已構成犯罪」，還來個改判五年。試問，我多次入獄，先後被囚，冤獄已近二十年；再對我改判五年，有何意義？這五年之外我多服了十五年的刑期，該當何論？

三、前述03號判決所列罪名：「勾結丁尕哥從郎木寺往陝西咸陽販馬七匹計牟利四千二百九十元，被發現後沒收馬款七千一百一十元，舊懷錶一只」——這段判詞自相矛盾。我將馬運至陳馬村，是為落戶；我尚未與村長商談馬價，也未收取分文價款。而鄰村造反派卻向陳馬村勒索去七千一百一

十元，連我惟一的一只舊錶也未放過。事實如此，我能從何處、向何人牟取四千二百九十元的暴利？這批「暴利」到底去了何處？

　　四、該判決所列又一條罪名同樣荒謬：「該犯先後從劉克忠、朱炳斗等處販賣布票五千八百餘尺，破壞國家政策。」前面說過，難友劉克忠見我捉襟見肘，將他拾來的數丈作廢布票送我，我又通過同情者，給孩子們換了衣、被。在造反派的酷刑下，我將此事也作為「犯罪」交代了。而造反派欲壑難填，皮鞭舉得更高，火錐燒得更紅，非要逼要我承認臨潭縣商業局局長馬宗剛給我賣了一萬尺布票。我熬刑不過，只得把早已死去的朱炳斗扯進來，作為搪塞。但他們不去落實，直接給我定罪。1978年的102號判決在複查時，如果對這個沒有旁證的問題提出質疑，如果查出朱炳斗是個死魂靈，真相便會水落石出。而複查者卻不去核實，將錯就錯。

　　所幸在三十多年後，我得知主辦本案的原甘南保衛部偵破組副組長馬登海健在，便函請他如實說明。他回信說：「關於你因落戶給原籍生產隊買馬一事，經調查，馬款已全部被沒收，與你的交代相符。關於倒賣布票問題，我和原保衛部部長高增喜去卓尼調查，朱炳斗在1962年左右已去世，不存在買賣關係；何況是作廢布票。當時討論難以定罪，不久我被調離。」然而，對於馬登海的說明，高院如今既不採信也不質詢，知錯不改。

　　我很敬佩馬登海先生的態度，他實事求是，敢於面對現實，承認自己當初參與了這件冤案。我曾讀過《天網》一書，書中的劉玉傑加入對李榮才的陷害，並被擢升。數十年後，他發現李榮才還在上訪中掙扎，便掏出了一顆做人的良心，為李鳴冤作證。讀者看到這裡，是睥睨劉玉傑呢？還是肅然起敬？馬登海先生就是《天網》中的劉玉傑，他多次要去省高院作證，闡明事實，不得其門而入。

　　五、甘南1972年03號判決還以另一冤案作為證據，加罪於我：「1968年元月該犯與何文奎從多河往陝西興平販馬七匹，陳犯負責運輸，牟利二百元（一百五十元被合作派出所沒收）」。由此看來，我牟得「實利」為五十元。實際上我不但未牟利分文，還被搶去近千元，坐了近一年的牢。

　　如前所述，何文奎給陝西人在甘南買了七匹馬，欲運往隴西；是他電話求我代找汽車。我介紹寇崇茂去，寇回來把他應歸還臨潭丁先生的二百元托

我轉丁。不料，當晚造反派去捕何文奎未獲，便荷搶實彈包圍了我的住宅，連我家石板炕也掀了個底朝天。包括那二百元在內，他們共搶去我五百餘元。此外我家所有的孬煙、粗茶、劣酒等等，都被盡數掠去。

他們把我五花大綁，送交甘南保衛部看守所；在那裡，我忍饑挨餓受刑近年。直到何文奎被捕歸案後，辦案者才承認我與何無販馬關係；但釋放我的條件是，要交出寇歸還丁的二百元。於是我老伴東借西湊，這才把我從看守所贖了出來。試看，造反派抄了我家，搶了錢和物，無罪；保衛部無端關押我近一年，臨釋放前還勒索二百元，無罪；而我這個受害人卻有罪。

總之，2002年02號《駁回申請再審通知書》維護了1972年03號判決書和1978年102號判決列出的所謂「事實」；其中，除我因落戶給陳馬村買馬一事屬實外，其餘都是在辦案人酷刑下的虛假口供。

省高院《駁回申請再審通知書》最後寫道：「你申訴中所提對你反革命罪的錯判造成你生活困難，並不能成為你投機倒把的理由。你的申訴理由不能成立，原判決應予維持。」看到這裡，我十分憤怒；就算審判殺人犯，也應問個殺人動機。我的動機天經地義，難道小人物就沒有活下去的權利嗎？

我腦海裡也浮現出二十多年前的一幕。1980年代初，省高院吳思宏院長指示李守山複查我的冤案，李深知「左比右好」；一個小小法官硬是以「寧左勿右」把吳院長頂住了。而這個李法官並非左派人物，他也曾被劃為右派；反右後被開除公職，回家務農。待到「四人幫」被打倒後，他才在高院復職。他靠著「左比右好」這件法寶，終於晉升為刑二庭庭長。

這次又是一兩位大法官以「寧左勿右」的利器，把省委、省人大、省檢察院的統一意見輕輕一駁，我的申訴就此擱淺。

## 五、長相憶，永別離

人生可能跟無處躲藏的命運搏鬥，也仍能致力於創造人生的熱情。當不可避免的暴雨無情地襲來時，只有兩條路供你選擇：一條是逆來順受，另一條是奮力抵抗。

卡耐基說的這兩條，我都實踐過。前半生我是逆來順受，好好一個人就

像羔羊一樣，任人驅遣和宰割。回顧以往，我明白苟且偷生是卑劣行為，無休止地順從也並不能滿足主子。反復遭受不公，必生抗爭之念。如何抗爭？只有一再申訴。但二十多年的經驗也無情地告訴我，這些執法機構官官相護，對外人冷若冰霜，對同類舔犢情深。

這兩條路都走不通，還有一條路，那就是死。我多次被人從死亡的鬼門關上拉了回來，我的行為也給親人心靈投下陰影。如果我當初死在獄中，人們不會說那是因為政治迫害，我反而會落下畏罪自殺、自絕於人民的臭名。

我又想到第四條路，那就是跳出三界外，不在五行中。因此我那次由贊寧夫婦陪同去了普陀山，可是經普陀寺寺管會一審查年齡，我竟不具備剃度的資格。而其他小寺院的師傅見我少了一條腿，首先肯定我前生是個惡人。因為「要知前生事，今生受者是」。

日本侵華時的倭寇，懷裡揣著佛龕，見廟就拜；拜罷照樣揮刀殺人，以多殺為榮。那些在入侵者刀下喪生的中國同胞，難道都是前世做惡者？而戰後的日本人，生活一代比一代好；他們前生又做了多少好事？

我解答不了這些困惑。

冷靜下來，我也常常自問自審：此生，有愧於誰？有罪於誰？

首先有罪於父母。父親在土改中去世，家裡發來急電；我正處在野狐峽水運改革的關鍵時刻。盡忠還是盡孝？實難兩全。那時年輕，壯志凌雲；人人都是以工作優先，家庭次之；我因此放棄了回家奔喪。母親1982年去世，當時我出差遭遇車禍，左骼骨粉碎性骨折，臥床不起，終於也未與母親見上最後一面。父母養育我一場，為我哭乾了老淚，哭瞎了雙眼。我不僅沒盡過一天孝道，連一個使他們稍覺安慰的消息也未捎回去過。更還有大哥，他含辛茹苦地供我讀書，由於我這個反革命弟弟，送他走上了自縊之路。以此而言，我是罪不容誅。

其次是對不起子女。孩子們自小不知道父愛是什麼滋味，只知自己是右派、反革命的狗崽子。孩子拽住媽媽的衣襟，畏畏怯怯地一次次探監，承受著歧視、凌辱。我的罪名也使他們失去了升學、參軍、求職的權利。兩個兒子最後落得食不果腹，衣不遮寒。固然他們也有所不慎，沒能面對現實，自我奮鬥。然而要說咎由自取，則是我應承擔主要責任。我在這裡只能說聲：

對你們不起！

最使我感到內疚的是，對不起老伴劉瑞蘭，她的一生比我還苦。

瑞蘭小我一歲，她生於1926年，是安徽霍邱縣高塘集人。1938年戰火紛飛，瑞蘭逃離故鄉。日寇鐵蹄驅散家人，孩子流離失所，自此永別父母，後來被安徽難童教養院收養。教養院撤到貴州桐梓縣後，轉為國立二十中；這是抗戰時期接納安徽淪陷區學生的學校。

在沒有父母庇護的戰爭年代，瑞蘭像孤兒一樣長大。抗戰勝利後，她有家難歸。我們也在貴陽相識，相愛。她在貴陽剛剛謀得一職，為了支持我，又主動請求裁員，將全部退職金給了我，使我能夠創辦《時代影劇》週刊。不久報館被砸，我被捕，她淪為家庭婦女，跟著我受苦。後來，她打聽到了父親劉子和與弟弟劉家聲的下落；不料內戰迭起，魚雁不通。

解放後，她在西安謀得小學教師一職，我卻再度西進支援大西北。我安頓下來後，她應我決定來到甘肅；肅反之前，我終年跋山涉水在林區，家裡的一切都由妻子擔當。幾年後我鋃鐺入獄，瑞蘭因我慘遭株連，飽受批鬥；又因為她父親和胞弟去了臺灣，獲罪日甚。

那時，她拉著一幫兒女，以微薄收入維持著六口之家。每逢寒暑假，還要牽兒攜女，輾轉到到幾百公里之外去探監。我曾勸她，為了子女的成長和她的工作，我們離婚吧！她流著淚說，再苦也要等我出獄。

光陰不催人自老，皓首相聚，苦日子依然未了。二十多年後，她等到了我，我卻是個失業者，一家人分食她那來之不易的四十元工薪。幾十年來她不分寒暑，不避風雨；放了學趕快回家做飯，顧不上洗鍋碗又去上課。那時晚上都休息不成，匆忙吃完晚飯就要去學校學習毛主席著作；每天的「早請示，晚彙報」更不能耽誤。星期天她要改作業，洗補衣被。孩子們夏挖野菜，冬撿煤核。妻子的生活可以用元稹詩中四句來寫照：「顧我無衣搜藎篋，泥他沽酒拔金釵，野蔬充膳甘長藿，落葉添薪仰古槐。」

那時人們普遍節儉，她比別人更節儉。一文錢總要掰成兩半使，被子翻裡翻外蓋，自己的衣服也是補丁摞補丁。度日艱難，她從不叫苦。可是人總不是鐵打鋼鑄的，久而久之她也積勞成疾。當傳來提級加薪的消息時她卻說：我要退休。每堂課我只能斷斷續續給孩子們講二十幾分鐘，其餘的時間

都被咳咳喀喀的氣管炎占去了。這樣下去會耽誤學生的學業，誤人子弟如殺人父母。加薪的事她等不了，四十元的工資一直拿到生命終止。

我總希望能找到岳父和妻弟的下落，使他們分別六十餘年的親人能見一面或者通個電話。我曾托一位在香港工作的方先生（因他妻是臺灣人）幫忙聯絡，他來信向我一口氣要了九幅畫；每幅都規定了一定的尺寸和題上款的人名。我按其要求，帶著自己的希望把作品寄去，自此再無下文。我連這樣一件事都未能辦到，有何面目相會愛妻於九泉？

回想當年，在我父母心目中，她簡直就是一個完美的賢妻良母孝媳婦。在西安工作時，每逢週六，她總要摸黑回趙藍田的家。她在西安南郊鹿走鄉小學工作，距家五六十里；回家沒有任何交通工具，只能步行，有時就走到半夜。那時，我們的大女兒還不滿周歲，全靠我母親照顧。她週六回家，看看孩子，幫母親做家務；周日再步行幾十里，摸黑返校。

我母親活到六十多歲，還沒有進過西安市。我現在保留的母親遺像，就是她那時把母親接到西安照相館照的；父母的喪事也都是她代我操辦的。

當我失去一條腿的時候，我就想到了，這象徵著今後生活不能自立。隨著年齡的增長，還有生活不能自理的危險。如果是這樣，這個包袱首先要落在兒女身上。不要說他們無力承擔，就是能夠擔當，我也沒臉讓他們養一個一生沒有盡責的老爸。老伴又患有肺心病，那點退休金難以自保。一個堂堂男子漢還靠老伴退休金過日子，問心也有愧。我必須夾著一對拐子上北京告狀，回蘭州吵架。可是，當我爭到了退休金的時候，老伴的病卻日益嚴重。有次醫院給她停了藥，叫拉回家等死。我趕快找來醫德高尚的張采青大夫，請她把「死馬當作活馬醫」，這樣救下老伴，她終於又活了五年。

在那次病後，她更離不開人照應。我放棄了在卓尼的安置房，在海拔低的臨洮買了住房，希望緩解她的疾病痛苦；而她卻捨不得相處四十多年的岷縣左鄰右舍、學生和親朋好友，還有那山山水水以及生長在那裡的兒女。我又無能為力，只得讓她住在女兒家；孩子照顧起來比較方便。而我自力更生，每天和在監獄裡一樣減去午餐，堅持至今。

我年紀越老，脾氣越壞，常常動不動就不由自主地發火。妻子從不報怨指責，總是默默地承受。她為我解憂排難一生，我回報她的卻是苦難與淒

涼。1995年她因肺氣腫不治，去世時虛歲才七十。兒女們也都如規如矩地送母歸天，孩子們的孝順對我是最大的安慰！

妻子去世一年後，二子玉秦還寫了一篇紀念文章；其中寫道：

母親離開我們已經一年了，但她那慈祥的音容笑貌仍然時時出現在我的面前。儘管歲月的風霜已催白了我的鬢髮，但我仍像兒時那樣思念著媽媽，往事歷歷，永難忘懷。

我十歲時，禍從天降，在林區工作的父親被打成右派入獄。從此，不僅我們兄妹失去了升學、招工、參軍的權利，母親也抬不起頭了。對於每月只掙四十元錢卻要養活四個兒女的母親來說，這一厄運真如天塌地陷，難以承受。但母親並未被壓倒，在和我們抱頭痛哭了一夜之後，她又挺起身板面對現實，用柔弱的雙肩挑起了工作和生活兩副重擔。

那時每年放假教師都要集訓、學習、勞動，從未有過真正的假期。母親白天學習勞動，晚上還要在油燈下為我們縫補衣衫，真是忙得暈頭轉向。但在百忙中也沒有放鬆過對我們的教育。她要求我們集中幾天時間做完假期作業，然後就割蒿子，拾牛糞，撿煤渣，拔草根，以作燒飯取暖之用。有時我們還要打零工，掙個七、八角錢貼補家用。在母親的嚴格要求下，上小學期間我的學習成績一直在前三名。

1960年困難時期，有時每月家裡只得到十幾斤麵粉的供應；農村就更苦了。每次吃飯時，母親都把自己碗裡有數的幾片麵片挾到小妹的碗裡。就在這種情況下，母親每年春節前還要將節衣縮食省下的幾斤糧票幾元錢寄給遠在陝西山區老家的奶奶，以解燃眉之急。

幾十年過去了，母親可謂桃李滿天下了；但他們不管年齡大小、職務高低，見到母親總是親切地噓寒問暖，尊敬之情溢於言表。許多在外地工作的學生也時常來信問候他們的啟蒙老師。

母親退休後，又幫助父親裝裱字畫，為希望工程募捐。她用微薄的退休工資資助父親贈畫，將她和父親一起裝裱的一百幅畫捐給了省希望工程；並支持父親將千里募捐的一萬餘元捐給了定西的希望工程。

母親一生忠誠於教育事業，她自強不息，頑強拚搏，任勞任怨，與人為善，尊老愛幼；她的品德永遠是我們的榜樣。

老伴去世，令我痛不欲生；今賦數語以祭吾妻：

> 一生苦難卿多擔，正期白頭共晚年；
> 神遊黃粱夢已斷，淚潸秋雨枕難乾。
> 奈吾所罹坷途險，累卿亦遭奇誣冤；
> 但願瞑目神赴瑤，王母想必垂青憐。

寫到這裡，還應當記下我的第一位妻子唐小妹，我至今也深深地懷念著她。可憐她去世時還不滿十七歲。我為抗日斷送了小妹如花似玉的青春年華。此後每逢春節，我都不禁悲從中來，暗暗落下愧疚的相思淚。

據母親說，當年我參軍時許諾春節會回來；在春節前五天，小妹常去她和母親送我遠行的那棵松樹下，守候遠眺，直到天黑。大年三十，一家人無精打采地吃年飯，她卻躲在房中啼哭。

小妹的墳，在土改中就被新的土地所有者刨得無影無蹤。我想，她一定回到了娘家唐家灣。2013年清明，八十八歲的我帶著兒女繞道藍田縣，去了一趟采玉河。山河依舊，殘垣斷壁，人去樓空。我曾經讀過書的紅門古剎毀於文革，蹤跡全無。唐家大院也幾易其主，只見她繼母所生最小兄弟、已年近八旬的唐裕照，在老家西側一角建了小院。我想去九叔九嬸墳前懺悔祭祀，因護林防火不許進山，悵然而返。

耄耋之年，我再次攜全家回鄉掃墓，在小妹原塚處添起一堆新土，並立碑紀念。碑上銘文如下：

> 兩小無猜同遊戲，未悉早已是童媳。
> 一日成婚為抗日，三天同房即仳離。
> 花季早逝應罪我，耄耋未忘夢中妻，
> 願汝在天多保重，來生髮白永不離。

又於母親與小妹送我參軍分別處立石：

母攜小妹，別此路旁。拭淚遠眺，至今未忘。

一生坎坷，常念故鄉。幼栽勁松，傲霜健長。

為護雙親，立石松旁，祝願鄉里，福壽安康。

我和小妹成婚時，鄉裡人還不知道有「照相匣子」，所以不可能留下她的芳容。和瑞蘭結婚時，我正熱衷於拍照；那時我照了足夠辦個展覽的照片。結果，在肅反運動中被抄了家，抄走的照片一張也沒要回來。之後，我們生活極苦，很難想到去照相館合影的事。瑞蘭後來的照片還能找到幾張，而小妹的音容，我只能在遙遠年代的回憶裡去尋覓了。

我懷念她們，但我不願在夢中見到她們。曾經作過幾次夢，我們都面目全非；先是抱頭痛哭，之後，便是謾罵與譴責。在夢中，我有口莫辯。我的歉意只有留到陰間相會時再細說了。

我有過兩房妻子，如今一直是孤身一人。我在實踐「自立自理」的生活方式，我也決定終生不再婚。我想的是，餘年我要為自己鳴冤，為兒女雪恥，為中華民族中的我這一分子抹去冤案帶來的奇恥大辱！

說到自己，也許我還應該補充一段，憑弔我的牙齒。有一天我和同輩難友聊天說到，六十歲上，我嘴裡已經沒有一顆真牙。旁邊一位年輕朋友問是怎麼回事，我就給她講了如下故事：

1979年平反出獄後留廠就業，那時常常出差，生活比當犯人時強多了。但牙齒不爭氣，吃酸甜食品如葡萄、杏、酸菜就會痛，連沾到蜂蜜都會痛。尤其啃不動堅硬的食品，像肉骨頭、大豆、牛羊肉都不能吃。可越是啃不動就越是想吃，這樣就痛一顆拔一顆；也裝一顆假牙替補。開始時還能給假牙做個套，套在兩邊牙上，慢慢地牙痛頻發，連帶套的牙也得拔。

六十歲後骨折躺在床上沒法拔，嘴裡的牙又自行掉了幾顆；最後只剩下四個下門牙，兩個還是活動的。吃飯只能喝稀的，也無法吃菜，這就必須裝

全口假牙。我便去了鑲牙館，要求醫生拔牙。牙醫說一次最多只能拔兩顆，當他拔了兩顆我便不離座。我說鉗子，拿來，我自己拔。那時的鑲牙館都是私人開的，人也都熟悉。醫生怕引起出血或感染，他說：出了問題不負責。我說：死了我感謝你。這便一次拔光了牙，之後鑲了全口牙。

牙病何以早生？據牙醫分析，主要與長期獄中生活有關。1958年入獄就喝拌湯，三年饑餓時期的拌湯更稀了，滿口牙都無用武之地。之後多次入獄，連拌湯也喝不飽。1969年冬入獄，在甘南看守所的兩年七個月裡，不見一點油水，吃的還是稀拌湯。

1972年進了甘肅省監獄才有了乾糧，不過是窩窩頭就菜湯，牙齒依然沒發揮多大作用。儘管如此，智齒也會發炎，那時發炎也是正常現象，疼起來沒有藥，就抱著臉在地上轉圈。

獄中十五年，加上在佛山看守所七個月，甘南看守所近一年、臨潭看守所半年多，超過十七年的囚徒歲月；長期營養不良，缺乏維生素C。活著尚屬不易，遑論愛護牙齒？和很多囚犯一樣，我也不用牙刷牙膏。洗臉時就用毛巾邊緣擦擦牙，有時忘了連擦也不擦。我在獄中就掉了兩顆大牙，其餘的也都鬆動不穩。在六十一歲時，嘴裡已經沒有一顆真牙。這幾十年來，都是靠義齒活著。身體為冤獄付出的代價太多，創傷累累，不堪細數。

這部回憶寫到這裡，已經是2003年歲末。這是一個人的風雪人生路，餘年無多，我不知道還有沒有機會寫出後面的故事。

現在，年近八十的我已接近無能自立或自理了。在這棟樓房，拖著殘肢徒步上樓至十一層，已經相當艱難。在室內，諸如掃地做飯這樣的日常活動，也都十分勉強。按中國人平均壽命計算，我覺得已超額完成任務了。我不願意失去能力而苟活，那樣我寧願拖著一條假腿，從十一樓爬上樓頂再跳下，了此一生。

這裡是個適合我住的地方，我家後面是醫院，太平間近在咫尺，前面與火葬場隔河相望。我的陽臺濱臨黃河，後背相依白塔。陽臺前沒有遮攔，視野開闊；每逢節日，可以盡享慶典的焰火。

焰火讓我想到萬花筒，人生就像萬花筒一樣變幻莫測。每個人也如一個

花筒，有的被點燃，尚未升空就熄滅了；有的被奔跑的人群踩熄了。還有的在地上打了個轉轉就撞在牆上，自生自滅了。又有的只是閃現了豆大的一個亮點便垂頭喪氣，一蹶不振。不過大多數焰火還是奮力向萬里長空衝刺，有高有低，有明有暗，有遠有近。煙花綻放時，紅黃藍白紫交熾，五彩繽紛的光束此起彼伏，爭奇鬥豔，真是風情萬種。在那一瞬間，整個世界彷彿都是屬於它們的。不一會兒，它們又都散若流星，紛紛墜入眼前的黃河。

黃河只是靜靜流淌，帶走數不盡的人生故事。

我腳下還有這座古老的鐵橋，它飛架南北，使金城關顯得雄偉險峻。黃河鐵橋始建於光緒三十三年，迄已百歲。它是萬里黃河第一橋，可稱之為橋樑老人。這座橋送去了西北王馬步芳的統治，迎接了西進大軍。如今，它已不再承載南來北往的機動車輛。在黃河東西岸，另有十餘座彩虹般的橋樑凌空高架，黃河第一橋自可安度晚年。

每逢月夜，我長噓於陽臺之上，依欄俯瞰；橋上的悲歡離合盡收眼底。春日這裡楊柳絲絲，東風習習，當月亮升上半空，粼粼波光與星月在河面上相映時，橋上便出現對對情侶。他們相依相偎，漫步徜徉，也許正在傾吐人生真情，也許開始憧憬未來。這些畫面把我拉回到童年，想起兒時的無憂無慮！接下來的這一夜，我的心神便會久久遊蕩在人生的長河，看著枕上飄落的白髮，摸摸隱隱作痛的殘肢……也不禁迴腸九轉，憂心百結。

在另一些日子裡，天上白雪飄飄，疾風凜凜，或寒霧漫漫；岸邊的樹叢，殘葉漂落下來，颯颯作響。這時，往往有或老或少或男或女的孤影，徘徊在橋的中央。有人時而疾行，時而漫步；或俯視黃河，或仰天長歎。有人突然急步離去，卻又去而復回，想必正在生與死的十字路口躑躅！

有時也能看到一個如癡如醉的形象，奔向橋的中央，雙手搭上護欄，縱身躍入滾滾寒濤。孑然一身的我，不忍目睹，也難免佩服：這是敢於做出抉擇的人。

人生只有生死兩條路，而我卻還在承受著痛苦的折磨。不久前我寫過幾句感言：

人老自古百事難，莫怨妻兒自添煩。青壯親友宴席散，強身自立

苦亦甜。

　　　歲寒疾痼難自理，安樂歸去勿遲延。君莫笑我見識淺，豈有福壽永無邊。

　　人們公認黃河是中華民族的搖籃，稱它是母親河。每個人也都是母親十月懷胎，帶到人世。當你在人生路上走進了死胡同，回首投入母親的懷抱，有何遺憾？

　　臺灣作家柏楊稱他是「看過地獄回來的人」，而我則是曾以地獄為家的人。如果把生死界牌掛在鬼門關上的話，我是多次被人從鬼門關上拽回來的人。如今，一條大河順順地在我腳下流淌，只要縱身一跳，就在她的懷抱。人生最幸福的時刻莫過於緊貼在母親溫暖的胸膛，用小手撫摸著母親的面頰；聽她講故事或哼著不知名的曲調……

　　此生，只有母親給我留下了這點夢幻般的回憶。如今，身負這難以擺脫的縲紲，我的回憶也變得支離破碎。不如逐波而去吧，人生或只是黃粱一夢，我已夢斷黃橋！

　　　　　　　　　　　　　　　　　　　　　　　2003年12月1日

# 第十三章　王法

「王法」者，王者之法也。在現代社會，統治者變得更聰明，改稱國法。中國有國法，現實中卻常常是領導說了算，依然是王者之法。上不遵法，下則為所欲為。

這麼多年的上訪申訴，我不斷自學相關法律條文，也特別關注報刊電視裡的法制報導。我深以為然的是，法治國家首先要有一個由人民制定的《憲法》。有了根本法，各項法律即可有據而生。沒有《憲法》則人權無法保障。法制所要達到的目的是求「全體國民的共同幸福」，保障人民的權利不受侵犯。

親身經歷了幾十年磨難，我的憲法權利均被剝奪；「王法」對我的「關照」卻無微不至！過去，執法者以以階級鬥爭為綱辦案；現在，很多人依然是窺上級臉色，考慮關係「肥瘦」，看人下菜碟。

背負了跨世紀的冤屈，有時我自己也驚歎，我竟然活了下來，活到了今天這個歲數。

這部回憶錄，因此也才能接著上一章寫下去。

2002年，我將滿七十七，進入七十八周歲；6月5日，我接到省高院《駁回申請再審通知書》。如無意外，再過兩個陰曆年，我就八十了。我還能有幾個二十年去申訴？我想過，就此放棄；讓這宗冤案埋進歷史垃圾堆裡吧。

無論怎樣自我寬慰，終是意難平。所謂安度晚年，心不安，何以度？簡直度日如年。

我寫信給了北京的張思之先生和南京的張贊寧先生，向兩位大律師求助。他們通過各自的律師事務所替我寫了《申訴狀》，我再一次將申訴呈了上去。

## 一、峰迴路轉霧濛濛

我的對手是甘肅省最高人民法院，我的勝算很小。

在等待的過程中，我想起2001年我給省委宋照肅書記寫過一封信，引起他的關注。現在我要提筆再給宋書記寫封信，讓他瞭解他的下屬是怎麼辦我這個案子的。

宋書記關注到我，緣於我的《千里洮河圖》。

2002年2月6日中午，有三個中年人來到我家，他們進門就說他們是派出所的。我對公安局派出所非常敏感，但又覺得現在已不是文化大革命那陣子了。只要不做虧心事，不怕夜間人叫門。來人說：省上有位領導要來看你，通過市局戶政科查到你的住址，我們來落實一下。

2月7號晚8時，也是春節前一日。宋書記著秦秘書來給我拜年，並送來一個河南鈞窯瓷瓶作為賀禮。這位秦秘書說：書記本要親自來訪，只因家有高壽老母，必須除夕趕到家。他還說：書記對引洮工程一定重視。果然，當年全國人大會後，甘肅省的領導們在京奔走多日，回來又督促申請；引洮工程終於得到國家立項（據說報了一百二十億，核准九十億）。

對這麼浩大的工程，我這個小到連芝麻都不如的右派分子是沒有發言權的。我完成了《千里洮河圖》後，得知甘肅「引大（*引大通河進入隴中）工程」總指揮韓正卿先生在呼籲洮河九甸峽建壩，已經完成了勘測和設計，只是尚未立項。在他鼓勵之下，我把《千里洮河圖》印製成冊，向甘肅省黨政、人大、政協、水利廳各贈送了數十本；以便借代表、委員們的信譽，籲請國家立項。

寄贈畫冊時我也想過，這可能是癡人說夢吧。不料省委書記宋照肅先生有此回應。他認為，一個殘疾老人能有此舉，值得鼓勵。

2002年3月，中國開始實行法官等級制度，由最高人民法院首次評定出四十一位大法官。甘肅省高院的院長是張樹蘭，他1998年上任，民眾對他多有微詞。我一直沒有機會見到張院長，後來在甘肅新聞中才看到他。這位神采奕奕的張院長，正從省委書記宋照肅那裡接受首席大法官證書。坐在家裡

的電視機前，我也鼓了掌，當然他沒看見。

我很憂心。其實不發證書，張樹蘭也居於首席，國家給每個省的高級人民法院院長都授此頭銜。我擔心的是，此人若長期佔據法院一把手，恐怕很多被冤者將是「舊恨春江流不盡，新恨雲山千疊」。

原來那位給我「報喜」的朋友（曾說我的案子要「徹底平反」），他給了我一點內部消息。他說他是聽與會者說的，張樹蘭不知受了外面什麼人都影響，多次搖搖擺擺，最後對我來了個「駁回申請」。

自接到這份駁回，我常常徹夜難眠。

我在心裡一遍遍地質問當朝的大法官：中國人在那個時候饑餓危及生命，不能逃荒，到哪裡去找活路？去山上摘點野果，自己捨不得吃，拿到街上出售，那就是投機倒把，就是犯罪；在哪朝哪代有這種法律？我前面說的小蓮把節省下來的麵做點饃去賣，被逼得投河自盡；她如落到張樹蘭院長手裡，也得判個投機倒把罪。請問那時的中國人還有哪條路可走？哪條路是活路？

我決定給宋照肅書記寫信，我也陳述了我的冤案梗概和所謂「投機倒把」的原因。我問道，張院長駁回我的申請，法律根據在哪裡？最高法和中央[1983]的文件是督促加快平反冤假錯案速度，而他及手下官員卻有另一套說辭：1983年以前的冤假錯案，一頁揭過，不予複查。我並未請求省委複查我的案子，只是希望你們對張院長掌握法律這架「天平」的良心能有所瞭解。我雖然是一個普通老百姓，但我有權利對首席大法官的執法水準提出質疑。

我在電視上看過很多案例，一些執法人員是知法犯法。當年3月30日，《東方時空》報導：雲南紅塔峨山法院所判九十七件案子，均違反訴訟程序，有些法官的嘴臉竟如流氓無賴。今年4月9日《今日說法》裡，梨松縣公安把農民上市的糧食擋住，要叫賣給當地糧站，但農民沒拿到錢。糧站說已將購糧款交給公安，公安不承認。經多次追討，公安退款。中央一臺《社會經緯》播報一件傷害案，法院判被告給原告賠償六萬元；同一判決，原告拿到手上一看，上面寫的是賠四萬。這是什麼法官？怎能取信於民？

在給宋書記寫信的同時，我寫了萬言長文〈擊鼓五十年，何處問蒼天〉，朋友將之上傳到互聯網。

2002年6月4日下午，我接受了法國國際廣播電臺記者的電話採訪，談了約半個小時。記者主要問的是：一、法院為什麼如此頑固？我說：請你問我們法院的大官。二、當前我的生活狀況如何？我說：依靠的是自強自立自愛，也可以說，自作自受。三、你處境如此艱難，為何還要為希望工程奔走？我說：為了提高中華民族素質，再出現文化大革命時，就有免疫力和抵抗力。

從電話採訪之日起相隔十天，我於6月14日6點30分收聽到了「法廣」播出的採訪，節目長達十多分鐘。當然這不會起到立竿見影的效果，但對我是精神上的支持，給了我說理的機會。

我的萬言長文在網上也產生了影響，有讀者來函來電表示同情和憤慨，法治狀態和執法環境惡劣，令人憂慮；因為這也關係到所有公民的權利能否得到保證。

2002年11月11日，我接到省委政法委電話：你給宋書記的信已批，交政法委辦。希你速來面談。


從上世紀的1979年出獄到現在，時間已經過去了二十多年；甘肅省省委書記也換了近十位。我遞進去的申訴百分之百石沉大海，別說得到書記批示，他們恐怕連看也不會看一眼。我對當前執法狀況感到無奈、失望，甚至可以說是悲憤。

但這個電話給我帶來一絲希望。哪怕是希望的影子，我也得當作真的；希望依然是我活下去的動力。

二十多年裡，省委這座大門，我來過無數遍，能得到一張進去的門票都難。就是省直機關普通幹部，沒有四個輪子，也得拿工作證去登記。普通人要進省府，門房首先要向相關部門某人聯繫，得到允許才會給張門票；或者就讓你在門房等候接談。一般群眾沒有職位較高的「內親」，可能遭遇冷眼相送，有時甚至是橫眉冷對。

記得我有次辦好了入門證，門口警衛卻只准人進，不許我乘著殘疾車進。我說了半天好話不行，心頭火起便一加油衝了進去。一個小夥子追上來，硬是把我拽了出來。我不服，旁人告訴我說，大門不只是有穿警服的

人站崗，還有便衣警察；他們都是眼觀六路耳聽八方。我看這裡比白宮還森嚴，所以不到萬不得已時，我決不會去淘氣。去，也是戰戰兢兢靠近大門，規規矩矩，臉上掛著不常有的表情貼近窗口；等值班員有空時，輕聲細語叫聲：同志！

今天不同，是省政法委電話叫我來的。我一靠近窗口便聽見門房內說：又是什麼事呀？我說了來意，值班人員拿起電話，說了半天，遞我一張門票。

我進了五樓會議室，政法委督導處幾位同志都欠了欠身，表情也十分可親。我一顆忐忑不安的心平靜下來，主持人指了一把椅子讓我坐下，我生怕失態，小心翼翼地就座。這並不是我與生俱來的態度，而是幾十年當犯人養成的謙卑恭謹。

我忘了主持人的姓名，他向我介紹了姬平處長和龍章月副處長，然後他說：請你談談你冤案的形成和迄今的現狀。

在這樣氣氛中，我心平氣和地把肅反、反右以及運馬咸陽又被判二十年的全過程，特別是近幾年的上訪受辱，像讀私塾時背書一樣背誦了一遍。姬處長說：你應該把你的一生寫成長篇小說。我說：寫了也無法出版。龍處長頗有感慨地點了點頭。

一個上午的會議時間，兩位處長都送給了我。我感覺，參加會的六個人對我的遭遇抱有同情，這是我第五次出獄後，在上訪中獲得的惟一一次優待。

回家一路上我都在想會上的情形：雖然法錘並不握在他們手中，但黨是領導一切的。上級機關有權過問我的案件，並提出看法和建議。省委既然受理了，總會有個結果。

早已破滅了的希望又像新生的月牙，從山巒裡慢慢向上攀升。

## 二、立案複審，阻力重重

法律的權威本是至高無上的，這個權威要靠執法者秉公辦案來豎立，而不能徇私舞弊。在民主國家是這樣，但在中國，法律還沒有完全脫離王法，掌權者仍可根據政治需要去制訂和修改它。

姬、張兩位處長，通知我去面談，當然已詳閱了宋書記所批的那封信。

但要具體瞭解案情，須我當面口述和回答，更需一份較詳細的申訴。幾十年來，這種申訴我寫過幾百遍，角度各有側重。我也列印、寄出過無數份。現在我這份申訴的主題是，駁甘肅省高級人民法院甘刑監字第02號的《駁回申請再審通知書》。除了再次陳述事實外，我強調：

一、數十年裡，我不斷向相關部門申訴，這些部門裝聾作啞，概不回答。甘肅省高級人民法院在1978年刑監字102號判決和本次《駁回申請再審》通知書都寫道：「經本院審查，認為原判在認定事實和適用法律方面是正確的。」你們並未去調查核實，未經開庭再審，何來「正確」可言？

二、我從而立之年一路申冤，直到耄耋之年，依然說理無門。這樣，我才寫了萬言網文《擊鼓五十年，何處問蒼天》。既然我們國家號稱漸漸走上「依法治國」的道路，我「申請再審」有錯嗎？

三、作為中華人民共和國一個公民，我向甘肅省高級人民法院申訴二十多年；從未有一個複查人員來與我核對事實，甚至沒有複查者來和我談過一次話；誰來認定過事實？誰比我更瞭解事實？你們又怎麼能說「在認定事實和適用法律方面是正確的」？

四、文革中冤判我二十年，我服刑十年；如今在《駁回》中依然認定：「你的行為構成犯罪」，其依據是1979年以前國務院頒佈的政策。法院這是為了保護文化大革命成果嗎？

我逐條寫出了對省高院駁回的再反駁，把材料交給了省委政法委督導處龍處長。我也向他諮詢：我可否請律師？龍回答說，在未「立案再審」前，律師不能介入。

2002年11月過去，12月過去。冬去春來，2003年的春節也過去了。我終於忍不住了，便找到龍處長，詢問省高院複查的情況。

龍處長說：先後去了三次高院，政法委也開過三次會，對這個案子進行了全面細緻的討論研究。甘南中院的原判就沒有調查取證，那時都是主要領導說了算。高院複查時也只是翻閱原卷，人人心有餘悸，總要留點尾巴來保護自己。法官李守山早退了，但張院長張樹蘭還要維持《駁回申請再審》。請示了洛桑書記，他有指示，要我們把高院、中院相關檔案一起調來再研究。

案卷全部調到政法委，由三個人流水式的閱讀審核；然後各抒己見，統一認識。我再次提供了當年辦案的馬登海所寫的證明材料，連同三次判刑的判決書，送交給了督導處小張。

　　這次，是龍處長親自送去我對高院的反駁，並將大家合議的意見轉達。我一直認為，自己五進監獄，拿到三份判決，三次獲刑加起來達三十五年。然而我沒有進過法庭，也沒有履行過應有的辯護權，這是我人生至大遺憾。我總想和審判長、審判員在法庭見見面，再嘗嘗當被告的滋味。

　　接著，我得到的消息是：省高院又換了「湯」，說是最高法院有指示：省高院複查過的案子不能再複查。我無法去核對是否真有這一指示，而在現階段，省高法依然未決定對我的案子是否再審；我的律師張思之、張贊寧目前都無法介入。至於省高院何日受理，看來又是遙遙無期。

　　申訴眼看就要擱淺，我聽說省委書記要兼任人大主任；李德奎副主任剛到任。我又請楊作霖主任共同與高院有關方面通電。我覺得出現了一個有利條件，那就是高院院長張樹蘭直接退休了。按照常規，法院院長應當退到人大當副主任；但張院長本身就是副省級，所以直接退到底，不再「過渡」。退休後的他早已住進了市民稱之為的「腐敗樓」。

　　人們都知道，黨內有個老規矩，一把手在位時都要培養一個親信做常務副職，同時默許將來一把手的位置非他莫屬。

　　所以張院長退了，以繼位者自居的常務副院長李永昌心領神會，他對張院長抵制的案子，自然要繼續抵制，以示忠誠並謝知遇之恩。

　　果不其然。

　　原來我聽說，省人大李德奎副主任及高院午副院長和省委共同研究，同意對我的案子立案再審，而這個決定又被高法的常務副院長李永昌在審判委員會上否定了。

　　先前聽到立案再審的消息，我便請了吳卓芳律師擔任我的代理人。如今我的律師被關在大門以外，不過她在高院很熟，可以從旁打聽到相關消息。

　　春夏交替，已是2003年7月。省政法委下了決心，邀請了省高院主管複查案子的午明強副院長、省人大主管內務司法的李德奎副主任和省檢查院張

副檢察長；他們共同討論研究，又恢復了立案再審的決定。

這次李永昌常務副院長也許推翻不了這個決定了，卓芳律師也開始直接與辦案人員接談。

她告訴我：立案複審，在方方面面都有阻力。電話詢問主辦審判員王春，他說得很含糊：歷史案子比較複雜，你要耐心等一等。

等到8月21日，報上公布了省委書記換人的消息，由蘇榮任甘肅省委書記，宋照肅書記必然要去京。省高院也換了人，院長一職已由省政府秘書長郝洪濤接任。這在常務副院長心中，恐怕是別有一番滋味在心頭。

兩個月之後，2003年10月22日，我去見龍處長。他說：自高院、人大、檢察院和省委會議後，午院長說合議庭通過了，不再上審判委員會。但李院長堅持要上，會上爭得很激烈，只待新任高院院長郝院長表態。而郝初到任，支持任何一方，對他自己都會有影響。他就採取了矛盾上交的辦法，把雙方的意見一字不漏寫給政法委，請省委批示。

**正方理由：**

1. 我的所謂「右派」、「反革命」問題，已由1978年102號判決宣告無罪，不再討論。
2. 布票問題已由原辦案人員出具證明，應當否定。
3. 運馬到咸陽是以落戶為目的，且是回應黨的政策，不能以投機倒把論處。
4. 必須與否定文化大革命相提並論，屬於政治問題。1978年102號判決將我的二十年刑期改為五年，本人已服刑十年，應予撤銷「改判五年」的判決，宣告無罪。

**反方理由：**

1. 根據1979年刑法頒佈前的國務院《關於打擊投機倒把和私商長途販運的幾個政策》，由甘南運馬到陝西，這就是長途販運的投機倒把行為，屬於私商投機倒把，對此案件，不能宣告無罪。
2. 政治上的錯判導致投機倒把，這是沒有根據的。
3. 如陳星這類案件，甘肅未平反過一例；一旦平反，將引起連鎖反應。

龍處長說，又過了一年了，現在是關鍵時刻。搞了這麼久，大家都覺得太累了；如果再上會，洛桑書記也來個請示省委書記，誰也不知道新到的蘇榮書記如何表態。他停了一會兒說，你認識的人中，有沒有和洛桑書記關係好的？我說：沒有。

　　洛桑書記我見過一面，省慈善總會換屆時，朱瑜會長介紹我們認識；彼此握了個手，沒說過話。我總覺得他像一尊笑咪咪的彌勒佛。我請朱瑜會長給洛桑書記美言幾句，幾天後他回覆：洛桑去了張掖市。

　　剛過兩天，龍處長電話告訴我：你不必再托人了。洛桑書記昨天回來，今天上午開會，會上作了決定；批覆是：「按四方會議決定辦」。我心想，這真是個好佛爺。

　　我把這消息告訴卓芳律師，請她去高院看看到底怎麼辦？

　　卓芳又給我帶來令人難解的消息，高院副院長李永昌堅持要請示省人大。我納悶，四方會議時，高院午院長也參加了，決定中也有高院一票，立案再審就了結了。李永昌把這麼大的一點事硬要弄到第十次審判委員會？按兩派意見請示省委，省委再次表態「按四方會議決議辦」。為什麼又要請示省人大？四方會議，人大李主任也參加了。我是個小到在百萬倍顯微鏡下才能看到的一個微分子老百姓，值得李副院長如此多勞，要把他的十八般武藝都使在我身上？

　　人大李主任正在北京黨校學習，還得半月才回來。主辦人陳處長電話請示如何回答？李問：兩派意見哪派人多？陳處長說：兩派都沒有標出贊成和反對的人數。李主任答：「放下，我回來再說。」

　　人大李主任回來，沒有上會討論，握筆寫了六頁答覆。這封信的內容卓芳律師告訴了我，其中兩點我記得特別清楚：

一、你們怕平反此案會引起連鎖反應，這理由不能成立。這是個案，有一個查一個，了結一個。這又不是團夥案子。你們為了不引起連鎖反映，就來個壓，違背實事求是的原則。陳星的案子在高院已經押了二十多年，還要壓多久？

二、「像陳星這樣的案子，甘肅沒有平過一例」，此說更是胡賴。請翻

開卷宗，看看何文魁寫的證明，他因給陝西人在甘南賣馬六匹，把毫無關聯的陳星牽連坐牢。一年直到他歸案後證明與陳無關，又放了陳，何文魁被判十五年徒刑。刑滿後何文魁立即申訴，甘南中院對何文魁宣告無罪，恢復工作，補發工資（那時還無國家賠償法）。這算不算甘肅一例？陳案與何案相似，更顯冤情。

總之，李主任的六頁親筆答覆，鏗鏘有力，擲地有聲。這封信郝洪濤院長先交審判委員會成員傳閱，然後再上會。我想，此時那位常務副院長李永昌該是黔驢技窮了。

然而，只要手中有權，總得一招一招使盡。

# 三、奇招、電話與終審判決

吳卓芳律師來了，她坐在沙發上不說話，接過茶，放在茶几上，長長歎了口氣。她問我：你咋把李院長得罪了？

我說：我和李院長只見過一面，還是信訪辦李致親主任把我安排在院長接待日和他見的面。我們之間有過問答式的談話，這已是若干年前的事情。怎麼，李院長又出了什麼奇招？

卓芳說：「李院長堅持不上會，要請示最高人民法院。」她深深地補充了一句：「這招狠吶！」

我有心臟病，暈了過去；卓芳忙掐住我「人中」穴不放，才醒過來。

看來官大不如權大。

老朋友吳剛先生知道此情後，他說：有個人和李永昌可以說是哥們弟兄，請他私下通通氣。如此，仍然打不開關節。從談話中得知原因所在：

一、他要繼承張樹蘭院長「遺囑」。

二、張樹蘭曾向省委省人大推薦他繼位高法院長，結果來了個郝洪濤。

三、未能就任院長，他也要和省委、省人大較量較量。

卓芳律師也無計可施。

正在此時，我接到一個意想不到的電話；

你是陳星嗎？我是胡慧娥。

胡主任也是從省高院院長職位上退下來的，接著她又任了一屆省人大管內務司法的副主任；如今她又從人大正式退了下來。我和她素不相識，只是在我向慈善總會捐畫的儀式上見過她一面。她怎麼會突然來了電話？我有點納悶。電話裡只聽得她說道：

　　「對不起呀，我今天整理辦公室文件，發現你在多年前寫給我的一份申請。當時夾在卷宗裡，一忙就擱到現在。看了內容，感到十分抱歉。」

　　她的一席話使我油然起敬，共產黨的領導辦事大都是能推則推，能拖則拖，能裝聾賣啞就一問三不知。而胡慧娥此時發現這麼一封信，自己早已退下，擱過了之，誰還去詳閱？可見這位胡主任是位有良知的領導。

　　我當初發這類信也是像天女散花一樣，每隔幾天想起哪家，便花上幾毛錢發一封。給她這位當時的高院院長發了沒發，我也忘了。記得她的前任是秦炳院長，我也發過不少次。這些信都像是一片片雪花，落地就再也看不見了。

　　她在電話裡又問：「這事進行得怎樣了？」

　　我說：「您已經退了幾年了，說了您也是無能為力。」

　　「你可以說說，我從人大主任位子上退了，但我還是人大代表，有發言權。」

　　她不只當過省人大副主任，之前還是省高院的一把手，對處理這類問題她當然是內行。我就把這幾年從高院到省委、人大……來來回回一路折騰的經過，如此這般細說了一番。

　　她說：哎呀，要是現在真的請示最高院，那就有年沒月，結果如何很難預料。

　　陝西人有句俗話：「死娃抱出南門，沒救了」。

　　她停了下說：「這事我還可以盡盡我的責任。李永昌上報最高人民法院，要現任院長郝洪濤同意才行。」把道理說給郝院長，請示最高法院符合程序；但應當在四方會談之後立即請示。而他們卻向省委再次請示，省委批了又向省人大請示，既不打算執行，就不用去請示。得了批覆仍不執行，還要去請示國家的最高人民法院；這豈不是故意製造黨、政、法之間的矛盾？甘肅省高院也是在省人大領導和監督之下，如此做法置黨政領導於何地？他們如不採納我的意見，堅持向最高人民法院請示，我立即將上述情況向最高

法院彙報。

不久，卓芳很高興地告訴我，省高院態度有了轉變。

「什麼條件？」

「你得放棄申請國家賠償」。

為割這「改判五年」的「尾巴」，從1979年起，我呼天喊地跑了二十五年！這二十五年的時間裡，就算生個孫子也該抱曾孫了。今我已八十高齡，上帝還能給我多少時間，再去打申請國家賠償的馬拉松式官司？我也回憶起單位裡王書記說的話：「你忘了你溝渠子裡夾的尾巴，你有本事去高院割掉；不要說退休改離休，還可以行政賠償，補發工資。」

高院不叫申請國家賠償，這位王書記應該實現他的諾言。

我拍了拍腦門，長長歎了口氣，對姬處長說：「我答應了！」

一本日曆又撕完了，這是2004年2月9號。

卓芳來說，高院還加了一條：案件解決後不許在媒體上炒作。

炒與不炒，這是媒體的權力，我無權過問；我又沒有辦報，沒有新聞廣播。即使我答應了高院，而新聞媒體要來採訪，我總不能裝聾啞。何況中國的新聞媒體都是官辦、黨辦的。

2月12日又上了審判委員會，總算通過了，同時也完成了判決書的列印。可以說那位李常務副院長，真的「黔驢技窮」了。

2004年2月22日，吳卓芳律師笑容滿面地送來終審判決——《甘肅省高級人民法院刑事判決書》（2004）甘刑再終字第8號（*文中前22行，係重述卓尼縣、甘南州判決書以及高院102號判決，在此省略）：

經再審查明：陳星被以反革命罪錯判刑後，於1962年提前釋放，在1963年至1969年期間，因錯判導致被單位開除，釋放後又未安置工作，家庭人口多，生活無著，實施了一些違反當時政策法律的行為，鑒於本案實際情況，經本院審判委員會討論決定判決如下：

一、撤銷本院（78）刑監字第102號判決書

二、對申訴人陳星宣告無罪。

本判決為終審判決。

「實施了一些違反當時政策法律的行為」，這句判詞是要維持前兩次判決的面子，但它卻給我的下一步舉措留了一個大坑。我後面還要講到，此處從略。

自1958年以來，我五次入獄，到1979年才走出監獄。我接著申訴，上訪；經過了漫長的二十五年，獲得了以上一百八十個字的結論。

的確，我得到了徹底的「宣告無罪」。不過，有附加條件，我要讓渡我的權利——「放棄申請國家賠償」。法律本應全面保護人權，而甘肅省高院還有自己的王權，它可以在人權面前稱霸。我得到的「公正」就是這樣一個怪胎的產物。

讀者諸君，看到這裡，您可能會認為權力對我的侵犯已經走完全程。錯了，完全錯了！您如有興趣瞭解中國的執法情況，勿吝惜寶貴時間，請再聽我講完後面的故事。

# 第十四章　濤聲

　　現代憲法有三個基本原則：民主、法制、人權。人權的本義是，每個人與生俱來應該享有的權利。

　　2005年，聯合國通過一項名為「保護責任」新理念的決議，「保護責任」就是「保護人權的責任」。這種責任甚至擴大到「確認當獨裁者屠殺本國人民時，世界大國有權利和義務介入」。這就形成了一種政治的全球化，有些國家難以接受。

　　偉大領袖毛主席，無處不在踐踏人權。他把人劃作兩種人，即「人民」和「階級敵人」。就是人民也不一定有人權，劉少奇不僅是人民，而且是人民的領袖，但他有真正的人權嗎？

　　一旦被劃作「階級敵人」，那就永世不得翻身。從「平反冤假錯案」到今天的「以人為本」，人權的聲音，一浪高過一浪。但對有些人來說，他耳裡是一首流行歌曲所唱的「濤聲依舊」；換言之，是過去階級鬥爭時代的迴響。在要求落實相關政策時，我依然不能提「人權」二字，只能就事論事。

　　我以二十五年的奮鬥才從判決上扯掉了「改判五年」，換來了「宣告無罪」四個字。論我付出的代價，這四個字可謂「重如泰山」；當我根據它來索求行政補償時，這四個字卻「輕如鴻毛」，甚至一文不值。2004年終審判決後，我的人權依然被踐踏了一遍又一遍。

## 一、放棄國賠，申請退還

　　在我拿到終審判決時，中國的國家賠償法已經實施了近十年。但實際上提出賠償的人少之又少，根據中國政法大學馬懷德教授的研究，人民法院1996年一、二審宣告無罪的共有兩千二百八十一人，而因此受理的賠償案才三十五件。他認為：這其中的原因是多方面的，有國家賠償法不普及，公民法人和其他組織不懂得用國家賠償法保護自己合法權益的；有少數賠償義務

機關規避賠償，甚至威脅賠償申請人的；還有的法院領導對賠償工作重視不夠，認識不充分，等等。

而根據我自己的經驗，哪有冤案者不願意得到賠償？實在是弱者索賠之路太艱難，強權規避責任太容易。我拿到無罪判決後，有關心者告訴我：「國家賠償」是法律賦予你的神聖權利，決不要放棄。我最初想到的是兩點，首先，法律握在法院手裡，他們可以違法；而我作為一個守法的公民，不可失信。古人云：「人而無信不知其可矣，大車無輗，小車無軏，其何以行之哉？」再則，法院這輛車本來無輪，無輗，也無軏，它是個皮球可以到處去滾，滾到任何一處都是「法規」。一個小小百姓，你又豈奈它何！

一份判決，兩張A4紙，重不到兩克，就結束了我這幾十年牢獄之冤。是的，我放棄了國家賠償；但是，我還有必須索還的財物。這個不屬於賠償，僅僅是物歸原主。最起碼，甘南在判決書上所寫的「沒收馬款七千一百一十元和舊懷錶一只」，我必須要求歸還，才算得宣告無罪。強盜搶人財物，終於破案；法院不判強盜，至少要完璧歸趙。

我打電話問省高院審判監督庭李際平，有人接電話說，他不是李際平。我便把上述意圖告訴他，也向他諮詢。他說：「文化大革命造反派沒收的東西，去哪兒追還給你？『宣告無罪』，你在政治上已經清白了，不要考慮得太多！」站著說話不腰疼，他這是沒有切身體會。屬於我的東西，為什麼我不能要回來！

我琢磨，索還馬款與我的舊懷錶，還得在法律、政策上找依據。

我在中央辦公廳的中辦發[1983]9號中，找到了相關的第五項第三條規定：「凡經各級人民法院判決沒收的財物，案件平反後，應當發還。」據此，我向甘肅省高院申請，落實中央文件規定。我得到這樣的口頭答覆：是甘南中院判決沒收的，就應該去該院申請發還。

我請吳卓芳律師代我向甘南中院提出申請，她認為，法與權力交織，有理說不清；端看你遇到怎樣的一位法官和大領導。例如你的案子，如果沒遇上省委宋照肅書記和政法委洛桑書記，早就灰飛煙滅了。現在你想叫中院退款，哪怕一毛錢也是不易。

說歸說，她還是代我寫了申請。

時間又過了三個月，甘南中院沒有答覆。我不好再給卓芳律師添煩，便自己來寫。

　　2004年7月23日，甘南中院覆函；不出所料，當然是駁回：

> 關於你提出退還馬款七千一百一十元和舊懷錶一只的申請，經查此款物係陝西省涇陽縣永樂店打擊投機倒把指揮部按當時的政策沒收的，此款物未向本院或轄區公安、檢察機關移交，當年只是將你轉交當地。故本院不是退還責任單位，望你到當年沒收其款物的單位或其主管部門申請退還。否則望你息訴。

　　從此覆函中，可以看出，甘南中院對我是只管判刑不要證據。如果涇陽方面說我殺了個人，他們也可以不去調查，驗屍，檢驗兇器。他們收人倒是像過壽收禮一樣，來者不拒。把「兇犯」收下了，自由裁判。想當年，涇陽方面不提供證據，他們照樣受理；今天我要退「贓」，卻對我說：你去涇陽要去；「否則望你息訴」。堂堂法院頭頂國徽，面向天平，這是什麼嘴臉？

　　我當然還要質問，就這樣交涉了整整一年；直到2005年7月25日，我才得到答覆：「經查此款物於1970年5月17日陝西省涇陽縣打擊投機倒把指揮部在你販馬途中，根據當時政策決定沒收的。請你到沒收你款的部門及相關單位申請退還。」

　　這裡的措辭，很有文章。第一，款物「在你販馬途中查獲的」，卻沒有承認是造反派違法抓人和去陳馬村勒索去的。第二，「是根據當時政策沒收的。」言外之意，這是依法依規的。甘南中院以此說明，首先，它不是退還財物的責任單位；其次，它還替涇陽方面推卸了責任。

　　不過在這次答覆中，我意外地獲得一個文革史料、一個重要證據，那就是答覆中所附1970年文件——「涇陽沒收處理」批覆：

　　批覆的首頁頭條如文革時期通行的做法，上面先寫著「最高指示」：「為了維護社會秩序和廣大人民群眾利益，對於那些盜竊犯、詐騙犯、殺人放火犯，流氓集團和各種嚴重破壞社會秩序的壞分子必須實行專政。」

涇陽縣革委會打擊投機倒把指揮部

**關於對查扣投機倒把陳志明販賣馬的價款給以沒收處理的批覆**

涇革打辦字第66號（＊下稱66號文件）


永樂店打把所：

　　　　你所（70）永革打字第4號報來1969年12月27日查獲投機倒把犯陳志明（前科犯、地主成份、右派分子、甘肅岷縣城關鎮民主街140號居民）從甘肅地區用汽車販運的六匹馬出售後被查扣的現金七千一百一十元、舊懷錶一只的處理意見，根據中央、國務院有關打擊投機倒把的政策規定，經研究決定應給以全部沒收（對人的處理、縣軍管會已將人轉交當地）。


　　毛主席最高指示中所列犯罪──「盜竊」、「詐騙」、「殺人放火」、「流氓」和「嚴重破壞社會秩序」，一概與我無關。但「前科犯、地主成分、右派分子」才是他們對我實行專政的理由。然而，所謂「售後被查扣」，完全是不實之詞。

　　以這樣一件不倫不類的公文為據，就給我判了二十年重刑（若是上報死刑獲批，我已不在人世）。那麼，我能不能以此為據，去向「沒收你款物的部門及相關單位」要回這七千一百一十元呢？

　　現在我知道，官司要打回我的老家陝西省去了；我得要回到當年我為落戶而落難的陝西省涇陽縣，看那裡的執法者和領導的態度。


## 二、追還財物，重返涇陽


　　文化大革命期間，一時得勢的紅衛兵、造反派，走到哪兒搶到哪兒，看見什麼砸什麼。再加上以後的武鬥，各派力量互相爭奪；很多物品被摧毀，更多的是不知所蹤。到平反冤案時，想把那時被搶劫的財物要回來，幾乎不可能。所以，前述9號文件規定的是：「凡經各級人民法院判決沒收的財物，案件平反後應當發還。」這裡特別界定了「各級人民法院」作為關鍵詞。其

中有幾個要件：第一是有法院作為決策者；第二是寫入了判決；第三是因此而沒收的財物。

回想當年在陳馬村，造反派從我身上搜去幾十元，它不值一提。但這七千一百一十元是當地「打把所」從生產隊勒索去的，並且寫有收據。而七千多元，在當時就是巨額款項。搶劫者不好獨吞或分贓，只能上交。還有我的舊懷錶，誰拿也不是，乾脆一併交出。這樣，錢與物都寫入了法院的判決。

論理，高級人民法院應當責成中院退還。這和農民工討薪一樣，既然在判決上把這七千一百一十元作為我的罪證，而我已宣告無罪；那麼不管錢在哪裡，法院難道可以放棄追討？

在我看來，這件事條理分明，邏輯清晰；但省高院和甘南中院都保持「事不關己」的態度。

他們給我出了一個難題：「請你到沒收你款的部門及相關單位申請退還」，這話說起來簡單，做起來簡直是老虎咬天，無處下口。

1960-1970年代打擊投機倒把，那時的指揮部、市管會、糾查隊……早已撤銷；隨著文革結束以及其後的市場開放，原有人員流向七溝八岔。如果去找，又是一個兩萬五千里長征。找到任何一個部門，一看你是上訪的，註定是一問三不知。

我走上訪這條道，已有二十五年。從北京到甘肅千里迢迢，我也算得個長跑健將。上自中央部門，下至甘肅機構，大小交鋒無數個回合，我算得是資深訪民。

黃忠八十不服老，而我實在太累了。2005年我整八十，又是殘疾之身。不如來個阿Q的自我安慰，用「宣告無罪」四字來宣示榮耀算了！但是，精神勝利法只能是短暫的自我麻醉，夜裡，我越想越睡不著。俗話說：「一個錢跌到井裡十個錢去撈」，因為那個掉井裡的錢有它不可替代的意義。若我是個討飯的乞丐被狗咬了，我可以不和狗計較——它是畜牲；但主人跑出來打了我，還奪走我僅有的討飯碗；豈能善罷甘休？無罪的人要索回被搶走的財物，堪比乞丐奪回自己的飯碗，這是尊嚴的底線。

去趟涇陽不容易，涇陽在蘭州的千里之外。我在經濟上、體力上都無法承受，還是先投石問路吧。我用最簡單的辦法，把申請「退還沒收財物」的

信寄給涇陽縣政府；政府當然轉給了信訪局。

這位局長不錯，給我來了電話：您是陳叔叔嗎？我也姓陳叫陳濤；是涇陽縣信訪局局長。

你叫我陳叔我實不敢當。

您都八十多的老人，我才三十多歲。你還客氣啥呢？咱嬸也都在甘肅嗎？

是的。

咱涇陽也有個人在蘭州工作，我打聽他的電話叫他去看你。

那就更不敢當了。

您的申請我看了，連眼淚都噙不住。這個事情，您放心，我一定盡力去辦。

這一番交談，我很受感動，又遇上個好人了。

之後，他來電話要我的畫冊和作品，我都高興地寄去了。他也回電表示謝意，對我的上訪信，他說縣領導已批示。

又過了一年，2006年春，我電話問陳局長，這事兒進行得如何？他說：縣長還沒有找到沒收款項的單位現在何處。

我說：這個單位二十多年前就不存在了，但它都是由工商行政管理局接收的。這樣，陳局長才把材料轉了過去。此後，他便與我割斷了聯繫。

2006年3月8日，我接到涇陽工商行政管理局給縣信訪局的答覆的影印本：

　　縣信訪局：

　　　　貴局轉來的群眾來信，本局已收悉，現作如下答覆。

　　一、根據陳星來信反映的內容，甘肅省高級人民法院作了定性和認定。

　　二、甘肅省高級人民法院[2004]甘刑再終字第8號終審判決書第二頁，再審認定：「……實施了一些違反當時政策法律的販賣行為」。根據高院再審對陳星的認定，請貴局告知當事人陳星。

我給涇陽縣人民政府的申請函，詳述了如下事實：涇陽造反派越境抓人，勒索代墊馬款，我被他們關押、拷打，逼得我投河自盡。同時我也詳述

了向省高院的申訴，並附有甘肅省高院判決書。

　　涇陽縣工商行政管理局（以下簡稱工商局）並未推卸它的責任，但在第8號判決上找到原判決的隻言片語，便堅持說我「實施了一些違反當時政策法律的販賣行為」。他們不提我被「宣告無罪」，也不提我被「投機倒把」的罪名陷害而繫獄十年。這就等於是否定了甘肅高院的終審判決，因此也就不必退還七千一百一十元馬款和我的舊懷錶。

　　我沒有想到過工商局如此不講理，記得我回西安時，有朋友說：「你在甘肅上訪這麼多年，這事如果在咱陝西老早就解決了，甘肅省太落後了。」我也曾相信，當年我把甘肅草原上小口騍馬運到故鄉，解救拉犁鄉親；就算甘肅人不同情我，陝西人總會出來說句公道話。結果卻證明，兩地沒什麼不同。所謂「甘肅太落後」的說法，不過是烏鴉站在豬身上──看到別人黑，看不到自己黑。

　　我雖年邁體衰，但最受不了的就是不講理。哪怕去涇陽「山高水深」，我還是又一次來到西安。我決心去會會工商局領導。最好是有新聞媒體同行，於是，我想起了《西安晚報》。

　　在我為希望工程募捐時，四川一位公安記者杜先福和於麗莉在《西安晚報》上發表了圖文並茂的報導〈為希望明天獨行萬里〉。該報記者吳飛、馬鴻、王麗等寫了〈八旬殘疾畫家千里返鄉助學〉。我和該報劉小龍主任以前多次見面，這時我便將返鄉求公道一事詳情告之。劉主任立即派了車，也派了記者王麗與我同行。

　　行前我打電話問陝西省省委和省政府辦公室，我寫給李建國書記和陳德銘省長的申訴是否批了？批向何處？辦公室回答說，已批給咸陽市。再問，咸陽市黨政回答，已批轉涇陽黨政。我們到達涇陽詢問，黨政辦公室都說收到了上級批文，並且已轉涇陽縣工商局。可見，他們都盡了郵遞員的責任。縣委並派了一位馮姓幹部隨行，他把我們領到涇陽縣的工商局。

　　2006年3月30日，中午剛上班，我們在涇陽工商局辦公室坐下。我要求見張局長，馮姓幹部說，不在。政府來的一位吳姓幹部指著窗外說，那不是張培育嗎？縣委來的那位馮姓胖子立即給了眼色，吳便低頭不語。

　　辦公室的趙主任把黨政幹部請到內室開會，約有一個半小時，才和我們

交談。我拿出他們給縣信訪局的信，指著甘肅省高院的終審判決說：這上面明明寫的是：「對申訴人陳星宣告無罪」。你們怎麼說高院判決認定我有罪？

趙主任便講了他們剛才研究的對策：1、給信訪局的答覆，他不在家不知情。2、關於此案，縣上領導都很重視，所以要成立專案組，立案調查。要找當事人問，此款是否上交財政。3、要查1960年代的政策，看沒收此款有無法律依據。

我說，去年到今年已八個月，你們還沒有弄清這筆款項的去處。無論上交與否，你們「打把指揮部」的罰沒收據在此，已明確責任。在我跟他們交談時，記者王麗準備拍照，又是縣委那位馮胖子聲色俱厲地制止了。我已經看出，縣委派的這位幹部不是來落實陝西省委李建國書記的批示，而是來包庇工商的。

經過幾個小時商討，趙主任承諾，在一周內一定給個肯定答覆。在黨政馮幹部、吳同志的聲聲「保證」下，我也只得暫時返回。我希望王麗記者能寫個報導，她幾次電話告訴我，稿件寫了，但是主編不簽發。因為這不是助學的事，不能給黨和政府臉上塗彩，而是抹了黑。劉主任還說：我們跟《華商報》不一樣，我們每一個字都得在宣傳部眼下過；只能抬頭看臉，低頭作人。

這一拖，又拖了幾個月。涇陽工商局的趙主任一直沒有給出肯定答覆。那次去時我就邀請了老家的原支書汪順堂，為向趙主任要個「肯定答覆」，汪順堂跑了不下十次。

那次去西安，我在火車站躊躇不前，不知去哪裡找個價廉而安全的住處。一個小麵包車司機跑來：您是不是找住宿？我點了點頭。來！坐咱的車給你找個好地方。司機一加油便跑了起來，車進了玉祥門順城牆往東走。我心想也沒問車票價？去何處？找怎樣的住處？會不會是個黑車？再看了看司機，覺得他不像是壞人；心說，既然已經上了當，那就上到底。他拉我一個人去找住處該給多少錢？這時到了後宰門，正面是省政府的後門。

進了一個老式賓館，我問：「一夜多少錢？」「八十元。」司機開了口：「你咋胡球說呢，你給我說的六十元咋成了八十？」櫃檯說：「六十就六十。」司機轉身就走，我忙說：「還沒給你的車錢！」「不要錢，我

看你年老身殘才拉你到這兒。這是最便宜的賓館，單間小點；不要緊，將就住。」我恨不得給他叩個頭，心想這才是陝西「愣娃」，為啥不當個工商局長呢？他的行為，如果雷鋒活到今天還未必能做到。但人一當官就變了。

在這裡我想起當初讀高中時的力行中學，學校就在後宰門，東邊是革命公園的西門。我走到跟前，掏錢買門票。過來一個中年人：「你這個愣娃，人家老早都不要錢了。來，我把你拉上。」在涇陽工商局我著了一肚氣，這時才消了。

找力行中學找不見，沒想到遇上一位革大同學。我們曾同去甘肅在林業廳，一聽要去甘南伐木頭，有二十六人連夜回了西安。他是其中的一個，叫張國瑞。我們約好次日在革命公園見面，他又把我領進皇城。我找不見在革大開大會時坐的那個大禮堂，這兒都成了高樓。我們邊走邊聊，他叫我寫篇文章，他叫他兒子在《華商報》上發。

## 三、狀告涇陽縣工商局

我回到蘭州，花了好幾天時間，寫了〈案中案冤中冤上下申訴五十年，左中左權中權要討公道難上難〉。文章寄給了張國瑞，也沒有了消息。

李家倫是位律師，他的母親荊劍白和我在西北人民革命大學同窗，那時我們一起搞過文藝演出。一別數十年後，我和她在蘭州邂逅，分外親切。她三十多歲喪夫，帶著三個子女，隨鐵路局工程西進，把鐵路修到蘭州。她長我九歲，我認她為姐；所以李家倫稱我為舅，彼此關係親密。家倫把我的冤案當作自己的案子，也不辭辛苦地陪我東奔西跑。

由於幾次搞展覽，義賣，我認識了甘肅省委宣傳部長勵小捷，他比較平易近人。我請家倫把上面那篇文章作為申訴，拿去請勵小捷看看。勵部長在上面批了：「請立勇書記閱示，可否和涇陽縣招呼一下。」他認識咸陽市委書記張立勇，因為他們兩人都給陝西省委書記李建國做過秘書，而涇陽則屬於咸陽市管轄範圍內。繼而張立勇又批了：「請青山同志接洽。」

據家倫說，張立勇是個難得的好書記。他就在兩間平房辦公，家裡也沒有門衛。群眾可以隨便進去，連他的衛生間也對外。此後不久，他被提名為

陝西省高院院長並公示。

我多麼希望張立勇這樣的人擔任法院首席大法官，可是因他為官太低調，太清廉。水清則無魚，秦川不留他，他去了中原，任河南省高院院長。他首先提出「錯案終身追究」的法規，有一數十年的錯案平反後，他親自登門鞠躬道歉。他還帶領農民工上門討薪，並開展「萬名法官回訪萬名當事人」活動。他冒雨帶領車禍受傷者齊東升去縣公安局，討回兩萬五千元賠償款。瞭解到張立勇的這些事蹟，我想，宋朝那時包公在開封，今日「包公」在鄭州。

我的冤案得到張立勇書記的批示，請「青山同志接洽」。青山即秋青山，是涇陽縣委書記。這個縣委則門衛森嚴，家倫被拒之門外。張立勇書記批示過的信層層轉，轉到了縣政府一位副縣長處，再轉到工商局。而工商局張培育退避三舍，仍然裝聾作啞。再去問那位副縣長，回答是：工商局是垂直領導，我們管不了。

我老家的鄉親汪順堂住在長安區引鎮，距涇陽上百里。他為了向趙主任要個「肯定答覆」，一連八次跑涇陽。有時官員見了把他連推帶揉推了出去，有時罵了出去。我又托我的老同事段士穎的兒子段中強，他也去過兩次。段中強是個大夫，他向我訴苦說：「跑路多少我不怕，怕的是看工商人員的臉。」張局長還說：「幾十年前的事不歸我管，以後少來打擾。」

就這樣，我去，家倫去，汪順堂和段中強去，我們去找涇陽縣工商局，共有十二次之多；終於又要來一份該局給縣信訪局的答覆。

縣信訪局：

你局批轉陳星「反映1970年5月我縣永樂打把指揮所沒收其販馬款七千一百一十元及舊懷錶一只是錯誤的，要求退還，並賠償損失」信件，我局高度重視，指定專人調查瞭解，現答覆如下：

一、查閱工商局所有檔案資料，沒有信件反映此事。

二、按照信件反映情況，經多方調查瞭解，並與工商系統老同志座談，均無人瞭解此事。

三、建議陳星同志通過司法程序解決。

讀了這份答覆，簡直哭笑不得。工商局是個執法單位，不是市井無賴；攤販違規了你們敢掀攤子；而你們在稠人廣眾之中打了人，搶了錢和物，還留有收據，敢說沒人看見！

又過了半個月，該局直接給我寄來了《關於請求退還財物及賠償的答覆》。

原文約三千字，讀後感覺時光倒流，我又回到了過去向高院申請重審的隧道裡：

第一，涇陽工商局無論如何描述案情，都把我「為落戶給陳馬村代為購馬」這一根本目的拋開。

第二，涇陽造反派非法越過縣境，進村捕人，他們說成是工商人員正當執行公務。

第三，涇陽造反派在咸陽所屬的陳馬村強行勒索代墊馬款，他們說成是在我出售馬後獲得款項，是我攜款在返途中被涇陽永樂店打把所查獲。

第四，他們把甘南草原上的牧馬說成「耕畜」。這樣，我之運馬，變成「倒賣耕畜」。那麼搶劫馬款的強盜行為就合法化了，因為根據1963年國務院國議字19號文件精神，必須打擊「投機倒賣耕畜者」。

雖說涇陽縣工商局的這個答覆強詞奪理，但它竟然還給我指了條路：「建議陳星同志通過司法程序解決」。

2006年12月12日，我進入八十二周歲的第一個月；我向咸陽中院呈遞了行政訴狀。為什麼不向涇陽縣級法院起訴？因為他們都在涇陽黨政直接領導下，難免官官相護。隨後，咸陽中院告知，我的訴狀已轉涇陽法院。過了多日，我電話詢問涇陽法院，是否收到中院下轉的訴狀？

答曰：未見。我又回頭問咸陽法院，是否原件下轉？答曰：涇陽沒收到你就再寄。我又向涇陽掛號寄了訴狀，等了月餘，仍未見立案與否的通知。我多次電話詢問，回答還是「未見」。我向郵局查詢，涇陽郵局回覆了法院簽收人的姓名；而涇陽法院則否認有此人。

2007年6月15日，我的律師家倫去了涇陽法院，該院堅持說簽收人不是該院成員。家倫便去了郵局，他找來郵遞員對質；涇陽法院這才承認，收件

人是他們的司機。這一番奔走，耗時半年。

總算得到了結果，涇陽法院允予立案。

我原來不相信，今天的法院工作人員怎麼能罔顧事實，隨意糊弄人？也許，他們從來沒有遇到過一個人像我這樣頂真，或者他們覺得我老眼昏花、風燭殘年，不值得認真。他們可能認為，如此一番上下推諉，一定會使我精疲力竭，不戰而降。不過，正如我把他們想錯了，他們把我也想錯了。

## 四、涇陽法院開庭判決

回想當初我被甘南保衛部判二十年，其根據就是涇陽造反派搶奪的財物。我在監獄中度過暗無天日的十年，出獄後又用了二十五年時光才割掉「改判五年」的尾巴，這個所謂「投機倒把」罪給我後半生帶來的是滅頂之災。

當初是涇陽方面，將我推入火坑。從1969年到2007年，這是整整三十八年啊。不要說甘肅高院已經對我「宣告無罪」，你們至少也應當問問良心！我要求涇陽縣工商局的僅僅是退還三十八年前你們的下屬搶走的東西，七千多塊錢在當年是巨款，在今天算什麼大數？你們少請一次客，少包一個二奶，也能彌合這條小小的縫隙。拿出這點錢，不會影響任何人的生活；涇陽人民也不會和你們一樣不講良心。

可是，說到退還這點財物，不僅陝西涇陽的一些幹部避之不及，就是甘肅甘南兩級法院的執法者，也都是隔岸觀火。我的歲月、我的磨難、我的代價……全都輕如鴻毛，這才是讓我最心酸、最想不通的。

在涇陽黨政和工商局裡，我沒有遇見一個懂道理和敢講話的幹部，我為陝西「愣娃」感到羞愧。

好在涇陽法院終於立案了，已經定於8月9號開庭。我去不了，還是家倫去。不過張贊寧教授答應做我的全權代理，這樣一件小事，勞他不遠千里而來；實在是殺雞用了牛刀。當然有他代理，我更放心。張教授從南京來出庭，坐的是火車硬座。我敬他不辭勞苦，更敬他仗義執言。

開庭時，汪順堂也到庭，但沒說上話。

《西安晚報》記者王麗來旁聽，她寫的文章也沒能見報。

被告方由涇陽縣工商行政管理局局長張培育出庭，代理人郭建剛。

2007年8月28日，我收到《陝西省涇陽縣人民法院行政判決書》（2007）涇行初字第000011號。

這份判決我既滿意也有不滿，先說不滿──在敘述案情方面，他們依然是因循當年的判決材料，說我「在返回途中被當時的涇陽縣革委會打擊投機倒把指揮部沒收去馬款七千一百一十元」。這個敘述違背事實，分歧的要點在於，馬款並非從我手中截獲，而是他們管轄下的人從涇陽縣越境到咸陽縣，衝到陳馬村去收繳的。而改變這一事實的目的在於，把當年造反派的搶劫說成「打把所」工作人員執行公務的合法行為。

儘管如此，甘肅省高院對我「宣告無罪」的終審判決還是起了作用。在此基礎上，他們判決如下：

> 一、由涇陽縣工商行政管理局返還陳星馬款七千一百一十元，並支付該款從陳星宣告無罪之日即2004年2月15日起至執行完畢之日止的按中國人民銀行同期貸款利率計算的利息。
> 二、由涇陽縣工商行政管理局返還陳星舊懷錶一只。
> 三、本案訴訟費五十元由涇陽工商行政管理局承擔。
> 如不服本判決，可在接到判決書之日起十五日內向本院遞交上訴狀，並按對方當事人的人數提出副本上訴於咸陽市中級人民法院。

我原向涇陽縣政府寫的申請，並未提出利息等問題。我只是希望象徵性地退還原款物。但工商局竟否認曾發生過這件事，後又否定甘肅省高級人民法院判決的實效。所以我在行政上訴狀中提出，按物價上漲幅度退款；這条也寫進去了。

涇陽法院判決總算給了個勝訴，我接受了此判決。

## 五、官司再打到咸陽中院

涇陽縣工商局敗訴，他們不服，向咸陽市中級人民法院提出上訴。

我電話告知張贊寧律師，他氣憤地說；他上訴我們也上訴。我們上訴的理由是，不服判決第一項，即「並支付該款從陳星宣告無罪之日起2004年2月15日起至執行完畢之日止的按中國人民銀行同期貸款利率計算利息」。我們要求改為「從1969年12月27日起計息，至執行完結之日止」，即將起息之日改為沒收馬款之日。判決中其餘不實之詞，我們則不再計較。

咸陽中院開庭二審，時間定在2007年11月6日。張贊寧律師於5號又到咸陽和家倫律師會合。

咸陽中院開庭後，張律師根據他對當地人際關係的判斷，預料判決有兩種可能：一是支持工商局的上訴，二是維持原判。

十天之後，2007年11月16日，我收到咸陽市中級人民法院行政裁定書，結果是對我「駁回起訴」，裁定如下：

> 本院認為，上訴人陳星起訴1969年的沒收行為，該行為發生在《中華人民共和國行政訴訟法》施行之前，根據法無溯及既往的原則，人民法院審查應當以行政行為發生時的法律、法規為依據。但當時的法律、法規未規定此行為具有可訴性。故上訴人陳星向法院起訴此行為沒有法律依據，其應向有關行政機關申請處理，一審法院受理此行為並作出實體判決錯誤，裁定如下：
> 一、撤銷涇陽縣人民法院（2007）涇行初字第000011號行政判決。
> 二、駁回陳星的起訴。

接到這份裁定書，我一夜未睡好。蒙冤五十年，我只有當被告的資格，把我往監獄送時輕而易舉，一判就是十年、二十年長刑。如今我剛當一次原告，還請了兩位律師，卻怎麼也告不倒一個當官的。

想來想去，是我自己有錯嗎？在政治運動中，我不會隨波逐流，只是

頂風蠻上。那些有著「浪裡白條」本領的人，站在風頭浪尖，沖過一浪又一浪；我卻一再被捲入水底，怎麼也浮不起來。

2004年起，我就向涇陽縣政府申請處理此案；轉來轉去，直到2006年3月，才獲得縣工商局給信訪局的答覆。在這份答覆中，他們沒有否認案情，只是從甘肅省高院判決中尋章摘句，認定我有罪。他們不承認對我已經「宣告無罪」，這就拖了兩年。

2006年10月23日，涇陽縣工商局第二次給信訪局答覆，信中乾脆否認此案：一、查閱檔案無此記錄；二、多方調查無人知情。不過最後有一條建議：通過司法程序解決。我倒是要問：既然他們認為不存在此案，解決什麼？豈不矛盾？

相隔半個月，在2006年11月8日，涇陽工商局又直接給我答覆；在這次答覆中找了幾條：一、沒收此款有國務院打擊「投機倒賣耕畜」的依據。二、沒收係行政機關的行政行為，非司法機關的司法行為。故對我宣告無罪是司法問題，與退還沒收款物無關。答覆中他們還扯了一番刑事法律關係有別於行政法律關係等等。總之，結論是沒可能退還錢物。

他們說按照我信反映的情況，「經多方調查瞭解，並與工商系統老同志座談，均無人瞭解此事」。

我想知道當年那個設在公社革委會院內的稅務所張所長是不是還活著，是不是屬於工商系統的老同志，他有沒有被找去調查；他還記不記得三十七年前的那個寒冬，他們怎樣在一個飼養室的草房裡對一個囚徒嚴刑逼供的。他可記得那夜捆吊犯人的繩子、逼人下跪的碎瓦片、壓在囚徒背上的磚，還有卡著那個人脖子的鍘刀……他一定都不記得了，包括在那個明晃晃的刀刃下犯人無比的哀痛和絕望。至於當年他怎麼問一句甩一個耳光地凌虐犯人，他的手勁有多狠，那也不可能記得了。

如今，涇陽縣工商局的幹部都是一代新人，他們的確是不知道過去發生的這些悲慘場景；既然如此，他們憑什麼堂而皇之地確認：我把馬出售後拿到了款項，並「在返回途中被我打把所工作人員查獲沒收」？而且，他們還要強調當年執法有據，在文革年代，有多少法律是專制機器的磨刀石，是在草菅人命？

這裡我抄錄我的證人的證言如下，來自咸陽市底張鄉陳馬村現任村長劉文先、原支部書記劉文卿；

> 我村在1969年因種畜缺乏，曾由隊長楊志宏劉文先和馬均成去甘肅求購，因種種原因未能辦成。故特求本村社員陳煥新之堂弟陳星給生產隊在甘肅購馬四，同意陳星在我村落戶，陳於1969年12月把馬運來。
>
> 在尚未結算代購馬款及費用時，陳星被涇陽縣蔣劉村造反派出於妒嫉全副武裝將陳抓走，並向我村強索全部代墊馬款（詳細款額無法回憶）。索款人是涇陽縣蔣劉公社稅務所所長，我村給陳星未付代墊馬款。特此證明。

不要說涇陽工商局拒絕為我退這七千一百一十元，就是我認識的人中，也有很多人認為，想要回三十七年前沒收的錢與物——絕無可能。那是他們不懂得一個人為這七千多元錢付出了什麼，他們沒有設身處地地去想：當年李如元失去兩千元電磨錢有多焦慮，我為還錢而一籌莫展有多揪心；而我因運馬卻被抓捕，朋友墊付的馬款付之東流，我一家妻兒老小頓失支柱；這是多麼令人絕望的處境，更還有因此被判二十年長刑的冤獄！如果當年不是涇河船夫救我，不是董所長的惻隱之心，不是我吞藥觸電幾番絕命未遂……哪裡還會有今天的我來追還錢款！

這不是錢物，是命債；是一個無辜的人必須拿回來的神聖財產。

# 六、重走漫漫申訴路

陝西咸陽中院行政裁定書駁回了我，依據他們的駁回，我申訴的方向有錯；法院不管這事，我應該去找行政機關：

> 人民法院審查應當以行政行為發生時的法律、法規為依據，但當時的法律、法規並未規定此行為具有可訴性。故上訴人陳星向法院起訴此

行為沒有法律依據。其應向有關行政機關申請處理。

自2004年起，我從甘肅省往返陝西省；跑遍了各個行政機關。由縣政府而省政府、省委，再回到市委、市政府……耄耋老人像幼稚園小朋友坐滑板，一圈一圈來回轉。最後，總算落到縣工商局。根據工商局建議，我「通過司法程序解決」；一年時間走完一審，工商局不接受判決。他們在其行政上訴狀中出爾反爾：

一審法院的000011號判決將人民法院不能受理、超過時效起訴的案件受理，貴院理應依法撤銷該判，駁回陳星之訴，以維護法律尊嚴。

他們忘記了，最初正是他們建議我「通過司法解決」的，目的是「維護法律尊嚴」。今天他們建議駁回我的上訴，又是為了「維護法律尊嚴。」

根據涇陽法院的一審判決──「支付該款從陳星宣告無罪之日起至執行完畢之日止，按中國人民銀行同期貸款利率計算利息。」連同當年的七千一百一十元在內，也不過萬把元錢；工商局如果有一點良知人性，照此辦理；對我來說，儘管並不如意，和涇陽的官司也算可以了結。

但他們不願意結案，竟然向咸陽中院指出：「依法撤銷該判。」果然如願以償，其中有什麼秘密，我就不得而知。

事已至此，我不得不請教張律師；他建議我向陝西省高院申訴。

我想，如果原來的咸陽市委書記張立勇在陝西省高院，這就有希望。而現在的院長該是怎樣一個人？不管怎麼說，這又是個繞不過的坎，我只能走程序。

2008年1月，我遞上去申訴。等了一個月，我打電話問是否立案了，無論問到哪個部門都是一概不知。我通過郵局再查，打電話問高院收發室；答曰：已送交審判監督庭。審判監管庭答：已轉咸陽中院，由他們先複查。你若不服其複查結果，才能向高院申請複查。

當年4月16日，我又向咸陽中院呈上《申訴狀》。

繼而收到陝西省咸陽市中級人民法院《駁回再審申請通知書》，依然

是《終審裁定書》中的內容，意思是法院不管，「應向有關行政機關申請處理」。問題在於，這裡沒有指出到底哪個機關是「有關行政機關」。

既然咸陽中院駁回我，我就可以向陝西省高院《申請再審》。

2008年9月，我因此投寄申訴。接著，我每隔一個月問一次，回答總是：「未見。」再寄一份，仍是「沒見」。這下我可領教了跨省申訴的滋味，陝西省高級人民法院真是丈二高的菩薩，摸不著喊不應。

我又請原村支書汪順堂親送我的申訴，人家不收；非要求郵寄。於是，我們從長安區郵局掛號向高院寄申訴，再去問，還是「沒見」。

無奈，我向陝西省省委、省人大寫信，也寫給了陝西省得省委書記趙樂際。我連著發了四封信，並由家倫親自去送。結果，就像精衛填海，沒有任何回應。

遠在北京的經濟學家茅于軾教授知道了我的難處，他說：把信寄給我，我來寄給趙樂際書記，他也許能看到。至於他如何處理，我就無法說了。

趙書記在青海當過書記，他是西安人。我想，只要他能看到信，總會有個反響的。我按照茅于軾教授的建議，給趙書記寫了信，請茅于軾教授親自轉。

在信中，我告訴趙書記，這是我寫給他的第五封申訴函了，我所反映的問題，只要能查到前四封中的任何一封便知詳情。現主要陳述我這個老百姓的申訴上訪之難、之苦。

我問道，第一，要我向有關行政機關申訴處理，六年來，我在各處機構部門辦公室奔走，這些如果都不算，請告訴我哪個機關是「有關行政機關」？第二，行政機關作出有疑義的處理決定，我可否向法院起訴？第三，接到中院的駁回我申請再審的通知，我立即以快件專遞向省高院再呈申訴狀，省高院又為何拒收？

我說，我常聽到「立黨為公，執政為民」這句話，便給省人大主任、省委書記，也就是給您分別寄了信。但您二位收件人的機關電話都被「114」保密，以至於我無處查詢信的走向。而我請人親自送去，送信人在大門被阻攔。傳達室回覆：「給領導的信沒人敢收，可靠的辦法是郵寄。」我於是再從市郊郵局掛號寄出信，

2009年4月上旬，我請李家倫去省委。在省人大和省高院，就是查不出

信的下落。想求見您，據說您已出國。而這次查詢，已是由蘭州往返陝西的第十八次奔波跋涉。一件易辦的小案就像滾雪球一般，越滾越麻煩。

有人對我說：「你為了七千一百一十元和一塊舊懷錶，又花了近六年的時間、人力和財力，太不合算了。」

的確，這點財物輕如鴻毛；但它的意義重如泰山。涇陽工商局認為造反有理、沒收正確，難道這不是歷史悲劇？他們是不是要為「文化大革命」揚幡招魂？

最後我告訴趙書記，我多次想停止申訴上訪，但作為一個有正義感的中國人，面對公權力的濫用和不作為，我不能後退。這不是幾個錢的問題，而是在十三億人面前為自己討回做人的權利和尊嚴。

此信我寄給茅于軾教授後，他轉給了趙書記。

2009年7月15日，我收到茅于軾先生來信。他轉給我中共陝西省委辦公廳辦信處寫給他的《關於陳星同志來信反映問題調查瞭解的回覆》：

> 茅于軾先生：
>
> 　　您給省委趙樂際書記的來信收悉。樂際書記責成辦公廳「辦信處」派專人前往涇陽信訪局、法院工商局進行調查，瞭解陳星同志反映的問題。現將有關情況說明如下。

該回覆有四頁，很長，其中一半是敘述我的經歷和兩級法院處理的經過，另一半是涇陽工商局提供的拒絕返還該款的理由。回覆者並將1963年國務院關於打擊投機倒把文件複印了若干份。

在敘述我的經歷時，信中用了這樣的措辭，如「參加偽青年軍」，「在偽國民黨黨部擔任偽職」等。看到這個「偽」字，我感到噁心；好像聽到了五十多年前肅反運動中的聲音。那些不懂歷史的積極分子就是這樣念批鬥發言稿的。「青年遠征軍」、「國民黨」前，為什麼要加個「偽」字？過去對汪精衛南京政府稱「偽」是恰當的，而我當時參加的是保衛國家的抗日軍隊。

同樣，他們依然將搶劫財物說成執法盤查沒收；隻字不提造反派的打

砸搶，這就是他們調查出的真情？他們對事實掐頭去尾，竟然還得出如此結論：「陳星當時實施了一些違反當時政策法律的販賣行為。因此在當時歷史條件下，按當時政策法規衡量，沒收處理是符合當時政策法律規定的。」

該「調查」最後的意見是這樣：

> 瞭解後我們認為，陳星反映的問題，涇陽縣工商局已給予書面答覆，咸陽中院二審已做出裁定並駁回上訴。鑒於陳星的申訴已經進入司法程序，因此建議陳星同志應繼續依法通過司法程序或行政覆議途徑提出申訴或覆議。

這是趙書記責成專人調查的結果，我五次上書，奔波了五年，司法推到行政，行政推到司法，哪條路也行不通。

## 七、最後一搏

我心裡常常回想著兩個聲音，一個說：道雖邇，不行不至；事雖小，不為不成。另一個則是北宋詩人邵雍的詩句：西至昆侖東至海，其間多少不平聲。

為了找一條光明之路，越走越昏暗，我感到欲罷不能，進退兩難。法律本應維護公平正義，然而在現實中，依然是強權勝出。文革已經結束，都說是天下大白；為什麼還是惡人當道？

從涇陽縣打官司往上告，越告越黑。「建議陳星同志應繼續依法通過司法程序提出申訴」——我在司法程序這條死胡同裡走了幾年走不過去，才向人大、省委呈上訴求。誰知這位辦信處的駱處長去到涇陽雙河口，把「涇渭分明」的界線再次攪混，兜頭向我潑一盆汙水。

我提筆給趙書記寫了封感謝信，我想這也是最後一次給他寫信了：

> 承蒙您看了茅于軾先生轉去我給你的信，並派人去涇陽調查後覆信給了茅先生。對此，深表謝意！
> 惟覆函中只有維護被調查者的單方面的調查，有失兼聽。因此案

是跨越半個世紀冤案，近二十年的冤獄、三十年的申訴上訪，導致家破人殘。平反後上訪，申請解決簡單的退還財物問題，而涇陽、咸陽黨政和司法互推五年之久。

　　向司法方面百呼不得一應，於無奈中才多次寫信給您。而辦公廳給茅先生覆函仍要我走以往多次走過而且未能走通的司法程序、行政複議老路。這位駱處長去涇多日，一定酒醉飯飽，當然替當事人說話。我以為黨是領導一切的，人大是監督兩院一府的，應當介入，給予正確處理；可是您的辦信處駱處長叫我再回到驢推磨永難走到頭的老路上。我失望極了！

　　近日不惜八十四高齡、殘疾之軀，將第十九次（包括親屬上訪）前往陝西，求見於您，面陳詳情。請在百忙中允於覲見。謝謝！

2009年8月27日

　　此信當然逃不過辦信處駱處長的一手遮天，估計趙樂際書記喜歡這隻手。

　　我內心翻騰著數年來不斷碰壁的挫折和屈辱之感，自2004年起，我從甘肅省高級人民法院往返甘南中院；其後又跨省到陝西涇陽縣政府，在該縣信訪、工商局、再至省委、省政府，繼而由咸陽市委市政府轉回涇陽。我和親友在涇陽縣黨政工商局部門間往返周旋，經涇陽初級、咸陽中級兩級法院，復又上訴到陝西省高院、人大、省委、省政府。總計歷時近六年，往復甘陝達十九次。我方參與的人數有七人之多，僅我外甥家倫在兩省之間就跑了八次。

　　我們花去旅費、申訴經費不說，每個人所受官方刺激比各自的頭髮根數還多。2004年甘肅高院對我宣告無罪，而涇陽縣黨政工商不念我被刑訊逼供、在獄熬過十年之苦，反而重申造反派打砸搶的「正確」。他們打算將我終身綁縛在「投機倒把」的恥辱柱上，絕不返還被掠奪的財物。

　　就算是個鐵人，在這髒水加硫酸的臭缸裡也會被腐蝕爛掉。我驚歎人的求生耐力，它是惡勢力無法摧毀的。但這種人權上的侵犯、政治上的壓迫、經濟上的勒索，加上陝西省委把我最後一線希望澆滅；我決心要親自去趙西安、涇陽。我要和趙樂際、張培育辯論真相，之後死在天安門毛主席畫像前，以滿足他們「為人民服務」的目的。

2009年8月30日，我同家倫離開了蘭州。家倫要為我省錢，捨不得買臥鋪，被我責勸才買了。我把他作為我身邊的惟一親人，這幾年為此事他不少受苦受累。我也把這次同行作為人生最後一程。

到了西安，家倫先給以前通過勵小捷部長認識的陝西省委副秘書長李興旺打電話，欲打聽趙樂際書記是否在家；而李興旺卻去了陝北。再給趙樂際的秘書許宏斌打電話，他們卻準備出國；目前在北京。我以為他們是在回避，晚間在中央台裡果然看到他們和李建國等即將出國訪問的新聞。我鼓足的氣放了一半，去涇陽和張培育鬥沒意思，我準備死在北京。

此時，想起在蘭州出發前，我去和一位有良知的領導見面，告知此行的目的。他遺憾地說：「我與趙樂際書記不太熟，要不你先去；我給袁純清省長打個電話，必要時你去找找他的秘書。能否想個辦法，象徵性地解決一下就算了。這麼多年熬過來，何必破釜沉舟呢？」我沒打算用這張牌，一心想見見趙書記。現在他人已出國，我們是去北京呢，還是等他回來？我和家倫一商量，就想先去陝西省信訪局試試。

我告知要見信訪局長，樓梯口一位工作人員不讓上樓。我衝了上去，在樓梯轉彎處和追上來的那位幹部交了鋒。家倫急忙勸我，此時上面下來好像是個頭兒。他很客氣領我們至一間辦公室交代了一下，這位幹部又叫來一位接待人員；我們被領至長長一絡接待室中的一間。在那裡，他打電話叫來接訪咸陽事物的信訪專員。我已預料到，在這裡再待一會兒，一定會被推到涇陽去。

家倫說，還是找找袁純清省長吧。次日晨，我們去省政府門房打電話，這回是袁省長的秘書朱先生接的。我簡單說了一下情況，他說省長正在開會；你把材料放在門房，我打發人來取。我說我就等你派人來取。果然，來了位年輕人，我把信交了給他。

次日晨我們再去打電話，這位朱秘書說，你去省信訪局找馬局長。他們會安排，馬上解決。

也許是我熟悉的那位甘肅省領導給袁省長打的電話見了效，或者是他得知我下了破釜沉舟的決心，不願意看到魚死網破的結果。

次日晨，省信訪局派專車送我們至咸陽市信訪局。早上8點，李博增局

長等在會議室，與我們個別座談。

這位局長並沒有再問我案情，他開宗明義地表示：為及時解決問題，三萬元以內他立即著涇陽來人座談調解，讓他們立即籌款。

這時我在想，打了三年多官司，一審法院判了一萬元；涇陽工商局不服，上訴到二審法院；他們不只是不認退款，還把一審判決扯了。省委趙書記派人去涇陽，他們和張培育合謀，復稱我違法販賣，恨不能再次送我入獄。如今在袁純清省長影響下，僅兩天就有了如此效果，且李局長態度又如此誠懇。這是個臺階，家倫也和我一樣面軟，我們表示接受李局長建議。

下午有咸陽市信訪局李局長、咸陽工商局法規科長到會，還有咸陽其他幾位同志參加。涇陽縣副縣長寧占平、涇陽縣工商局新上任的局長趙景輝、我和家倫到場。

李局長發言尚屬中肯，他替我喊了冤情，也兼顧了工商局的面子：「陳老已是耄耋之年，與李家倫先生往返陝甘十多次，申請返還被奪款物，迄今無果。老人自然生氣，在申請書中要求賠償二十萬元。一個人被冤判二十年，坐了十五年牢，這在人生是一場悲劇。論理說，二十萬，不多。平反後，又上上下下跑了六、七年。這是涇陽造反派給陳老造成的，不是二十萬就能癒合內心的傷痛。一個八十多歲的殘疾人能有如此的胸懷，值得我尊敬。但是涇陽工商局和過去不一樣了，他們不收任何費，辦公費還靠政府撥。政府又沒有這項預算，要申請此款還要層層請示審批，又是個有年沒月。我提議，給當事人一攬子賠償三萬元，懷錶折價兩千元。」

他問我怎麼樣？我點了頭。他又問涇陽工商局局長趙景輝，趙局長說，我當然沒意見，但我們連一元錢都拿不出。所以我把主管財經的寧縣長請來，請他表態，按期把錢送上來。

這位寧縣長只是點頭答應說：好！好！

看來雙方都沒有什麼異議，可是在趙景輝局長旁邊坐的一位歲數大的人咳了兩聲：我來說兩句。

家倫把我搗了一下：這位就是工商局張培育的代理人郭建剛，最不講理；自始至終就是他自作聰明出的鬼點子。

我緊閉雙目，洗耳恭聽。

郭開口了：「我是工商局退休幹部，是張局長的代理人。本案自始至終我都清楚：馬是賣給陳馬村的，他收馬款後返回時經過打把所，打把工作人員查出沒收的。這也是工作人員正當執行公務。甘肅高院宣告無罪，那是指法律上的錯判；這與行政執法沒收，是兩個概念。錯判冤獄是法院的事，應向法院提出冤獄賠償。他不申請賠償，原因是甘肅高院判決還認定，他行為有錯。」

　　我問：今天座談會簽名上有沒有你的名字？

　　郭答：沒有。

　　我問：你是張局長的代理人，張局長是否還在任？

　　郭答：退了。

　　我問：張局長退了，你也早退了。你代表誰？簽名簿上沒你，你坐在這裡算老幾？

　　郭答：我跟趙局長來的。

　　我問：趙局長是啞吧，請你代言？

　　沒有回答。

　　我說：現在我問你幾個問題你要回答。

　　我問你，你的打把所所在地是那裡？它在陳馬村的東還是西？

　　答：永樂店，在陳馬村東邊。

　　問：我返回甘肅應當向東？向西？

　　吭了半天才答：向西。

　　問：我返回應當向西，永樂店在陳馬村的東面，還隔了一條沒有橋的涇河，是我不認東西南北還是你故意瞎編？

　　沒有回答。

　　你明知綁架我的是蔣劉公社的造反派，錢是從陳馬村隊長處勒索去的，為什麼要妄稱工作人員正當執法？

　　你先回答這個問題，我再往下問？

　　郭只是手撬後腦勺。

　　我再問你：甘肅省高院判決最後結論，是宣告我有罪還是無罪？判決上以「沒收馬款七千一百一十元」定罪，你們接受了。今天宣告無罪，你又強

調是工商人員正當行政執法。你是不是打砸搶一夥的頭目？

郭依然不回答。

我想到這麼多年裡，涇陽工商局就是不講理，與我糾纏不休，一時怒火燒胸，難以遏制，便抄起拐子向……

李局長快步向前，一把把郭推出門。

趙局長說：「誰叫你來多嘴，自討無趣。」他回過頭向我又說：陳老對不起，我向你道歉。

李局長又說：「別生氣！別生氣。」會上立即作了如下決定：

一、由涇陽縣工商行政管理局補償信訪人陳星馬款及舊懷錶價款、精神損失費等共計三萬二千元。

二、補償款期限不得超過9月22日。

三、補償款到位後，由市信訪局通知陳星從市信訪局領取三萬二千元補償金。

此款如期到帳，了卻此案。

## 八、憶故鄉，夢難圓

少小離家老大回，鄉音無改鬢毛衰。
兒童相見不相識，笑問客從何處來。


國破山河在，城春草木深。


露從今夜白，月是故鄉明。


頭一首是賀知章的〈回鄉偶書〉，後面的詩句出自杜甫的〈春望〉和〈月夜憶舍弟〉，詩人寫的都是對故鄉的懷念。

我離開家鄉，已是一個花甲。在這六十年裡，我從未忘記過那個「茅屋古木齊」的家。

咸陽座談會後，天晚了，我和家倫就在咸陽住了一夜。

回到西安市區，還住在皇城一家小飯店裡。我徵求家倫意見：我好多年沒有回去了。這次涇陽事就算了結，我想回去在父母、兄嫂墳前燒張紙，叩個頭，寄託哀思。他答應與我同去。

清早，我給新民打了電話：買點祭品，一同進山。

新民是我侄女鳳琴的兒子，很勤苦。小倆口在山裡忙完農活，就在焦岱鎮租了房子，擺攤賣洋芋糍粑。過去我每逢年節要給家匯點零用錢，這幾年寄去新民就往回退，所以也就不匯了。他有兩個兒子，一個在焦岱鎮中學讀書，一個已經上了大學。這個家，我很放心。

新民回答說：您不要雇車，咱山裡有個娃在西安開出租。我打了電話，他九點到賓館接您。

坐這輛出租，我也顧不上問司機姓名。他口口聲聲叫我「爺」，我以為二三十歲的娃娃叫我爺，這是正常稱呼。他見我沒多大反應，就說：我娃是您老人家的親外孫子，我三十多了，還是頭一回見您！

正是「兒童相見不相識」。

我大姐、二姐都是二十歲時患了肺結核，鄉裡人叫癆病，芳齡早逝。二姐留下一子叫水娃，這個外孫原來就是水娃的小兒子。他開的是出租公司的車，我給錢他不要。回來時新民給的車錢，他從車窗摺出去，一加油就跑了。

老家在岱峪河西溝，離西安約六十公里。過去山溝裡連毛驢都無法走，我們背炭人也是小心翼翼地從石碥上走。如今全是一尺多厚的水泥路面，乘車不多時，進入岱峪。兩山夾一條河，我家即在東溝和西溝的清流匯合處。這裡是坐北面南的一片開闊地段，雖四面環山卻光照充足。

家倫本性好動，在房前屋後、地邊周遊了一遍，他讚歎道：「真是個好地方。清清的溪流，能看見小魚小蝦遊動，我一伸手它們都敏感地鑽進石縫。」四山由於朝向不同，林木的顏色豐富多彩，有些樹的葉子正由黃變紅。我說：再過幾天，比北京的西山紅葉都好看。屋後的那座大石山就是我在咸陽指給你的月牙山。

家倫問：這莊院兩邊都是自然石砌成一丈多高的石塄，石頭從哪兒搬來的？

這就話長了。你看這塊斜坡地，原本就是亂石灘。我祖父母，筐裡挑著

我父親從河北逃荒。那才叫自然災害，連年乾旱、蝗蟲蔽日，顆粒無收。年青人便攜家帶口，彙集成群吃大戶。經山西到關中，走村串戶，哪裡能落腳就在哪裡住下來。好在那時的政府允許外逃，也沒有警察截流，他們才不會餓死。村裡留他們住，地方政府不會干預；也不會把他們當作流竄犯抓捕，外鄉人都把命保下來。

祖輩到這裡大約是清末，周圍的山邊都是早來戶的地，他們把林邊雜木砍倒燒成灰，在山邊種莊稼。只有這塊地，全是千年前泥石流堆成的亂石灘，沒人開墾。祖父感到此地向陽，便找石頭少點的地方，一天就搭成茅庵住下了。在鄰里幫助下，他起早貪黑，把石頭堆成一堆一堆的。在空間點種包穀、土豆。再把石灘變成石堆，又把小堆移成大堆，種植面積年年擴大。農閒割竹編籠，砍些雜灌木賣叉把，割點竹子賣掃帚，這就叫靠山吃山。

我能走路時就從母親背上下來，跟著拾石頭，一小筐一小筐地往石坎上倒。之後父親就在播種前和人換工，叫來很多人把大石頭刨出，連拉帶推搬到預先設計好的地方，壘出一小塊梯田。地邊的核桃樹都是那時栽的，小山梁的那棵松樹和槐樹是我十歲時栽的。我上學和參軍時，母親都是把我送到這棵樹下。我走出很遠很遠回看時，她還在抹淚，揮手。

這裡人都很苦！家倫說。

是的，都很苦。一年到頭吃的是酸菜、包穀麵加洋芋的糊湯，唯一的調料是鹽。鹽可金貴了，常常有人家裡斷了鹽互相借鹽，用火柴盒作量具。沒有火柴盒，就把碗翻過來用碗底量。火柴很缺，吸旱煙的人用艾蒿擰成火繩，掛在門口，用它點火。所以家家做罷飯都要給灰裡埋個火種，火種化盡了，就用火繩去近鄰點；或者用草包一點火星往回跑。我們家常常備有火石，必要時撕點棉花或艾葉，包著火石用鏈刀背拚出火星，再點燃棉花放進乾草裡吹。在這裡，只要是個勤勞人家，大都能自給自足。

「那就好了，是封建社會的自耕農基礎。」家倫也高興得滿面笑容。於是，我又回憶起兒時的往事。

在我記事時，我家就是自給自足的小農家庭，只是苦了我那勤儉持家的母親。雞叫頭遍就起來，給出工的人做早飯。然後把洗鍋水端去拌豬食，餵豬。接著是做中午、下午飯，還得抽空背著娃，挪動一雙小腳，在山坡上打

豬草，給雞食、狗食。從早到晚，又要擠時間紡線織布。

我有時坐在紡車旁，幫母親把棉花搓成細條。織出的布還要染，要漿，要洗。母親計畫給誰做單衣，給誰做棉衣，要在春節前都做好。

春節前是母親最忙的時候，她手搖小石磨，磨洋芋做粉；再磨黃豆做豆腐，磨包穀熬糖；還要磨麻籽、核桃熬油；又用漆樹籽熬油做臘燭。母親把平常積下的白麵做掛麵，這是正月拜年的禮品。每年我家要殺一頭豬，把肉割成條，把豬油加鹽捲起懸掛，以備來客炒菜。母親會用麩皮釀醋、玉米釀酒、黃豆做醬等。春天母親採集香椿，將野菜曬乾，以備冬用。總之一年三百六十五天，母親沒一天閑的。

我們身上穿的衣服也都是新三年舊三年，縫縫補補又三年。家裡只有食鹽是從集市上買的，其餘都是自給自足。

人心總是難測，山裡人日子慢慢好了些，山外與政府有勾結的人就眼紅了。民國三十幾年，政府搞土地登記，山外有錢有勢的人把各小溝小岔分了。他們給政府官員一點錢，領張土地登記證。到正式登記時，我們開墾者都成了佃農，給人家持有登記證者交租子。爺爺就是這時被氣死的。父親知道鬥不過人家，托人找關係給錢，把人家的登記證換成自己的名字，這才又成了自耕農。

父親是個非常能吃苦也能吃虧的人，在當地人緣好。大哥卻不愛種地，就愛上山燒木炭。但這時燒炭要給人家山外人交山價，築一座窯一年交錢多少不等。夏天，大哥把自己栽的白楊樹解成板，背到集市上賣，換點生活必需品。就這樣，到我離家時，家裡也只有三間上房和三間偏房，大家都是「黃土築牆茅蓋屋」，都是茅草房。眼前的房還是解放前兩年才換成的瓦蓋屋。

家倫指著殘破不堪的房說：「這房實在不像地主家的房，比我們山西老家的房差遠了。」

我說：這比草房強得多。草房當然也有它的優點，就地取材因陋就簡，不花成本。茅草苫厚點，冬暖夏涼。當然缺點也不少，首先是易失火。而到了冬天，一場大風就會掀翻它。冬季的山風最無情，那時雪一下就是幾尺厚，出門一不小心掉進雪窖裡，直到雪消才暴屍荒野。每夜屋外刮大風，就像狼嗥鬼叫。我睡在熱坑上，只是把被子往頭上包，既愜意又害怕。天亮時

總會傳來消息，某某家的房子被揭了，某人被埋在雪窖裡。想起那時的房子，看看今天的陋室，仍會產生安全和自豪感。

鳳琴眼紅了，淚花欲滴。她說：「現在房子也只有一半是我們的，地也只有三分之一屬於自己，其餘好點的地都分給了別家。我爺就在分牛的時候，把小牛犢抱在懷裡死了。」

祖父在自耕農變佃戶時死去，父親是在自耕農中變「地主」時死去。我是有家不能歸，為求落戶反遭冤獄十年。

家倫也帶了些不平說：「家裡的地沒有出租，也沒雇長工，怎麼能劃地主？」

「不是收養了兩個殘疾親屬嘛。一個是我母親的侄子，患白內瘴雙目失明；一個是父親的三弟，自幼小兒麻痺。他倆便是在場裡吆雞打狗的長工。」

我們的墳地也被分給了別人，去祭祀掃墓得從人家地裡過，留下的墳地也一天天變小。我打算用這次補償的錢把這塊地「流轉」回來。

我們祭祀之後，就在這個約三百平米的場地上吃了頓家鄉的家常飯。眼前這棵大槐樹，也是我小時栽的。附近只有這塊場地可以套牲口，碾莊稼，現在場地是大家公用的。在這裡，我似乎又看見夏夜裡母親把我背在背上，她挪動著一雙小腳，哼著小曲兒催我入眠。

母親勤勞善良，每頓吃飯總是先給兩個殘疾親人舀得滿滿的，遞到他們手上。她六十歲時就沒了牙齒，能活到九十又四的高壽，全憑侄女鳳琴和侄婿有緒照應她。我常懷感激之情，每逢佳節，便把節省下的一點錢寄給他們，略表心意。然而對父母兄嫂來說，我是罪不容誅的。

家倫總是會說話：「您定能超過奶奶而更長壽！」

母親在世時，我回來總是和她老人家擠在磨房那座炕上，住上幾天。她老人家去世後，我就很少回來。回來也只能待幾個小時，就得回西安。我並不是嫌家貧，而是自己少了一條腿，沒有衛生間實在為難。

原來的那座學校只隔一條小河，我小時在那裡讀過私塾。三間廟不大，中間是關雲長，兩邊站著「警衛」周倉和關平。右邊是送子娘娘，左邊是財神爺。牆上有壁畫，先生一出去我就趴在牆上臨壁畫。老先生很氣憤，經常

打我的手，不打腫不甘休。母親看見了我的手只流淚，父親便去表揚先生。

2004年我委託汪順堂給失學兒童捐錢，他把學生家長、村幹部請到學校，還開了會。我從錄影裡看到孩子們的深情發言，看到家長接錢時用手抹淚，我也噙著一眶慚愧的淚水，一直看完錄影。我是殘疾人、冤案釋放犯，只有這點心意獻給可愛的孩子們。現在這所學校轉移到了人口集中的華山廟，否則我得進去看看他們。以後有條件，我還是要去的！

# 第十五章　善後

「大難不死，必有後福。」這是我每次出獄後朋友們最愛對我說的話，也是親人們送的吉利話。但我試過千萬遍，從未應驗。現在我不追求後福，我只希望餘生能得到平等對待，妥善解決遺留問題，即所謂善後。

我寫了幾十年的申訴，終於得到了宣告無罪，拿回了被沒收款項；之前都走了長久的司法程序。接下來要說的是，我要求本單位解決善後問題，包括恢復政治名譽，辦離休，補發工資等。

這裡遇到更難闖的行政關。

在我辦退休時，組織部拒絕給我離休幹部待遇。他們的理由是：我在西北人民革命大學學習時間不能計入工齡，工齡只能從我畢業後分配到林業局即1950年12月1日算起。這樣就違背了上級規定：中華人民共和國建立之前即1949年9月30號零點前參加革命工作者，按離休計算。我也找到了中組部文件：西北人民革命大學、東北人民革命大學皆為建國前成立，是培養革命幹部的學校。建國前在這些學校學習者，退休時可按離休辦理。

過去單位不給我按離休辦的理由是：我沒有徹底平反；還屬戴罪之身。只有割去「改判五年」的尾巴，才可按離休辦。

2004年2月16日，高院對我「宣告無罪」；同年3月8日，我即向甘肅省林業廳提出申請——請求林業廳責成洮河林業局：第一、按幹部政策有關冤假錯案平反的規定，恢復我的政治名譽。第二、按中組部「退改離」的規定，對我的待遇改為離休。第三、按撥亂反正相關政策，落實補發工資等其他善後問題。

## 一、離休申請坐禁閉

我的離休申請是直接送交林業廳辦公室的，到3月底我問結果，辦公室答覆說：廳長批給人事處辦，人事處主管這項工作的是劉副處長。

我電話再問劉處長，回答：已轉白龍江管理局。我接著問：廳長批人事處辦，你是否加注了意見，還是原批件下轉了？劉答：「加不加意見是我的事。你是洮河林業局的，以後有事直接找洮河林業局或白龍江管理局。」聽他的聲音和口氣，我這個小小幹部沒資格和他打交道。

我向林業廳投訴是有來由的，當年我首先是由西北軍政委員會分配到甘肅省農林廳林業局的。那時，洮河林業局是省林業局的直屬單位。每次重要會議都是在農林廳召開，我作為先進工作者也是由省廳批准參加表彰大會。肅反、反右雖然是地方黨政主持，省廳均派人參與始終。我出獄後的安置、公費醫療等問題，也是在林業廳干預下處理的。

這一切，林業廳的人事處處長尚振潭最清楚。他現在已是副廳級調研員，懂道理、講政策。所以這次我寫申訴，先請他把關。他說：「你提的退休改離休，補發冤獄工資，恢復政治名譽，調整工資級別，傷殘賠償，都符合撥亂反正政策。但不能一口把飯吃飽，你把退休改離休擱在前面，其餘以『落實撥亂反正相關政策』一筆帶過，以後再提」。

先送省廳也是他和我的共同看法。他人品好，為了不影響他，我後來沒有再去找他。因為我和人事處、信訪辦多次交鋒，我不想牽連到他。

劉處長說，他把申請轉給了白龍江林業管理局，我便打電話問管理局人事處一位付科長，回答總是說：「沒見」。我又問劉處長何時發的？他肯定地說，是在3月18號。但現在已是4月15號。我再問：是掛號還是平信，要是掛號我去郵局查查？劉處長回答：我發公文都是平信，不會為你的材料破例。我也不多嘴，只好再送一份去，請他再發。正好在他辦公室外看見我，便進了電梯間。等不見他來，我交給了另外一人。

剛剛拿到「宣告無罪」判決，心潮起伏，便想去趟北京看看老同學韋江凡；再回趟老家辦理助學事情。等我回到蘭州，再打電話問白龍江管理局付科長；他說收到我的申請了。我說：這就謝天謝地，總算把這份申請找到了。

付科長說：「可不是郵局送來的，是我去省廳辦事；辦完了要走時，劉處長說，你先等等，有份材料你帶去。我接過一看，正是你再三查詢的申請」。我想到，劉處長多次對我說「3月18號寄了」，這豈不是欺騙和不

作為？

現在已是6月份了，這份申請馱著我半個世紀的血淚和希望，從3月8號到如今，在劉處長的抽屜裡，坐了三個月的禁閉，才得到「寬大」。它的前途佈滿蒺藜，還不知有多少重關隘。

## 二、領導嚴把離休關

6月，我的申請從省林業廳到達白龍江管理局。付科長告訴我，他已轉我的工作單位洮河林業局，要求主辦人在7月底把我的離休材料報上來。

現在我又要面對洮河林業局的另一位書記和組織部長了，原來的部長是乃生虎，現在的繼任叫王治國。我和王治國從未謀面，但願他不是杜科長之流。而這事看起來簡單，做起來有難度。

當年我要求辦離休時，乃部長說；這個不好辦，因為我們沒有你的檔案，難以確定你參加革命日期。

我的檔案去了哪裡？

「六十年代末洮河發過一次大水，把林業局整個泡在水裡。那時都是平房，會計室的帳本連檔櫃都隨波而去。現在的幹部文件案都是此後建立的，你不在單位，當然也就沒有檔案。」乃部長答。

「檔案是組織上保管的，不是我隨身所帶的。應當組織負責。」我說。

「那你現在就不要辦退休，由你提供可信證人；等我們抽時間調查回來再說。」乃部長說話倒也平和。

我想，西北人民革命大學據說也撤了，我離開那裡已經五十多年。而且我長年在獄中，和家人都沒有通過信，別說和西北革大的校友。現在讓我去哪裡找證人？就是找來證人，王書記指著我「改判五年」那條尾巴，依然不辦；甚至連退休也擱置起來，那我怎麼維持生活？

當年，為了老有所養，我不得已辦了退休。

現在的組織部也提出同樣的問題——如何證明我在新中國建立之前進入了西北革大？我日思夜想，據說，自己和他人回憶錄中的記載，都不能作參加革命日期的依據。只有1982年以前在官方文件、尤其是政法文件上有記

載，才可以作為證據。王治國部長說，他準備去卓尼、臨潭、甘南等政法系統查找。

正在此時，我收到慈善總會轉來的一封信。來信者正是一位西北革大的知情人，他寫道：「我在《西安晚報》上看到一篇文章〈古稀老人為希望工程萬里行〉，那上面說你是退休幹部，而我是離休你為什麼是退休？想寄信沒地址，去報社問到作者電話；作者說，他記不清楚了。我回來翻報紙，看到你是甘肅省慈善總會特邀理事。這才寄出，不知能否收到？」我給他回信說明了我目前的處境，他果然是個熱心人，他用延安大學銅川校友會的名義聯絡了當年在革大的李集鑾等四位同學，為我出具了證明。西北人民革命大學的前身即是延安大學，革大撤銷後仍恢復了延大，他正是銅川延大校友會名譽會長。

洮河林業局組織部也沒閑著，他們給管理局的答覆有這樣一段話：「由於陳星問題比較複雜，於是我部就其具體參加工作時間進行了廣泛深入細緻的調查，先後三個月查訪了卓尼縣檢法兩院文件案、甘南州檢法兩院文件案等十幾個相關單位；翻閱了上千本文件案資料。查明陳星確係1949年9月入西北人民革命大學學習，根據組通字（83）49號文件第一條規定應改為離休。」

我也將延大銅川校友會李集鑾等人的證明信遞交洮河林業局，這個和組織部調查吻合，應該沒問題了。不曾想又等了一個月，仍未見答覆。

過了一段時間，組織部告訴我：黨委會已通過，只等書記簽發，即報管理局。

又是一個月過去，我問組織部，回答說文件還在書記辦公室，不簽字便不能列印。

我想說又遇見駁客了。難道是書記不願簽發？沒有理由，黨委會就是他主持通過的。組織部擬好上報文稿，書記過目；要不了五分鐘就能簽字，為什麼一個月還不簽？這中間還有多少未知數？

我本想去洮河林業局見見這位新書記，身殘路遠，一時去不了。晚上我總是想不通，喝了兩盅酒，再次拿起電話，打給這位劉書記：

我的「退改離」問題已三個多月，據說早已形成文件，為什麼還未簽發？

工作忙。

你是否三個月沒有進過辦公室？

在辦公室還有其他公務。

你再忙也能擠出三五分鐘吧。

公事不只你一個人的公事，還有更重要的事。

簽發我的文件也是你的公務之一，排隊也不會排三個多月？

我簽與不簽、什麼時候簽是我的事，你無權干預！

你假如是車站站長我買了票坐在車上，你想發車就發車，想什麼時間發就什麼時間發，我能不問？

我們爭論了一陣。次日，我冷靜地想了：我的命運在Ｗ書記等書記手上控制了幾十年，剛有一點曙光，卻又和劉書記發生齟齬，豈不是「小人犯上」？當即我又向劉書記表示歉意。我說了半天，書記未吭一聲。我這才發現，書記已關機。自此，我的電話號碼入了劉書記的黑名單。劉書記一定受到他人唆使，又開始為難我。不過經過這番爭執，文件還是簽發了。

白龍江管理局人事處的汪洋開了綠燈，再報到林業廳審批。按政策規定，縣一級黨委通過，報上一級批准就可以了。但我這個單位頭頂上有一對公婆，婆婆批了還不算，公公還要玩玩權術。

這件公文到了最後一天，落到林業廳人事處柴金霞手裡。我去過兩次，她比較客氣，認為沒有什麼問題；但必須等出國考察的劉副處長回來上會。如此看來，黨的組織在行政方面對我十分負責，要「過細」。同時我也希望，劉副處長出國回來思想當有更新。

然而劉副處長何時「留洋」歸來，仍是遙遙無期。冬天到了，天寒地凍；我這年已八十的殘疾人，不敢出門，只有在家等候。

此時甘肅電視臺和蘭州晨報要來採訪我，我心驚膽戰。因為在下判決前要求我，不許新聞媒體炒作。而媒體要把我當模特，體現法律的公正和進步；但願法院不會找麻煩。同時我也希望，通過電臺報導體現黨的偉大，這樣我要求落實政策時也順利一點兒。

劉處長終於回來了，他在國外考察，對民主、人權的認識應該有進步。那麼，我辦離休這一關應該能順利通過吧？

走進劉處長辦公室，我見他全神貫注地面向電腦；我便悄悄坐了下來，等他發現我。我也不敢看電腦，也許劉處長從國外取回了什麼珍貴材料。等了好久，我發現螢幕上擺出了兩絡撲克牌，我才叫了聲：劉處長。他把臉轉了個方向。

我問：「我的退改離材料你是否過目？能否給我儘快辦一辦？」

「事情沒那麼簡單，延安大學校友會的證明不行。那些證明都是一個人的筆跡，我退給管理局人事處了。」劉說。

「洮河林業局組織部跑了三個月，在政法部門翻了上千份材料。他們在那裡找到我參加工作的時間是1949年9月。按有關文件規定，只要是1982年前相關單位的文件有記載，那就是有效證據，何況這些材料是1972年前政法部門記載的。就是把延大校友會的證明作廢，也不會影響我的退改離。」

「你把問題看得太簡單了。你已經附在文件裡，就不能把它作廢。」我明白了，他這是要繼續給我設關卡，因此在延大校友會的證明上吹毛求疵。

管理局把延大校友會證明寄回銅川，那裡又寫了證明，由每個證明人親筆簽名寄了回來。

劉副處長又變了花樣：「校友會的章子不行，必須有延安大學組織部的章子才行。」

我真是生氣了，這不是折騰人嗎？按規定，洮河林業局取得的證明完全合乎規定；他非得在延大校友會的證明上找麻煩。假如去延安大學組織部加了章，估計他會升級到要蓋教育部印章。

我便要去人事處質問他，快到門口時正好碰見馬尚英廳長。我沒敢和他打招呼，因為有如下經歷：

還是半年多以前，有個朋友想幫助我。他說他和馬廳長不十分熟，但他是農業廳常務副廳長，在一棟樓上辦公；兩人難免點頭打打招呼。他已退了下來，但他願意與馬廳長通個氣，請他關照一下。

有天我冒昧去了馬廳長家，我一說來意，便看出他有點煩：你的問題我給下面打了招呼，你等著就是了。何必到處跑！

我本來不去找他，因為我在林業廳蒲澤廳長面前討過許多無趣。所以，儘管我常去林業廳，也未敢進馬廳長辦公室。

今天馬廳長主動和我打招呼：老陳，你的事他們辦得怎麼樣了？

「說來話長，就不說了。」我繼續向人事處走去。馬廳長一手推開自己辦公室門：「你來，進來說」。

我把近日情況開宗明義地說了一遍。

馬廳長沒說話，一手拉開門高喊：劉XX！

劉處長疾步進來，站得比較端正。這時我大膽地坐在馬廳長的對面。

馬廳長直接了當地問：「你們怎麼搞的，你看看這位老人，青年時就到了林業部門，現在白髮蒼蒼，還蹲了那樣長時間的監獄。今天退休改離休，你還給了那麼多的為難，黨在處理平反冤假錯案時的政策是『宜粗不宜細，宜寬不宜嚴』。退休改離休，兩級黨委都通過了。白龍江林管局和我們是平行單位，報到廳裡只是備個案就行了；你卻一再刁難。你不要管了，把材料整理好拿來，黨組會我召集。」

我真沒想到，當著我的面，馬廳長能把他屬下的處長如此教訓。當說到「現在白髮蒼蒼，還蹲了那樣長時間的監獄」，我不由得潸然淚下。

馬廳長也很動感情，對劉說了一個字「去」！

劉處長囁囁嚅嚅地轉身出去了。

我便向馬廳長說了幾句感謝的話。

我把此情況也立即告訴了白龍江管理局的汪洋處長。

次日上午，汪洋給我打來電話：你昨天說的是真是假？剛才劉處長又打電話來，再三強調非去延安大學蓋章不可。

「你怎麼回答了？」我問汪處長。

汪說：「我們人手太少，抽不出人，再說經費也不夠。」

「劉怎麼說？」我問。

「劉處長非常鄭重地回答，你們的事自己想辦法。我說要去就叫陳星自己去，或者你們派人去。劉沒有回答掛了電話。」汪處長說。

我說：「我自己去，論法律規定當事人的確可以自己取證。但照劉處長的作風，他會說我是在列印社做的假，豈不是又白跑一趟？我得去問問他。」

我一路想著必定有人從中作祟，想起來了。

在劉處長出國考查期間，我等不住了。這劉處長要是在國外辦了綠卡，我該等到何時？我便找柴金霞問怎麼辦，柴說：要不你找找張處長。

張處長據說是陝南人，父親也是白龍江林業局裡不大的一個領導。張曾在甘南秦劇團學戲，也許是因為父親的關係進了林業廳，並且當了處長。這裡有兩大因素，一是陝西老鄉，二是其父是管理局的。人不親行親（他和劉書記都是陝南人），我便信心十足地去敲張處長的門。

我敲了好幾遍，裡面沒反應。過來人一問都說，「剛才還在，你敲，他在呢。」我又敲了半天，還是沒動靜。當然我還沒學會他們的同事和上級敲門的節奏，我只能習慣地小心翼翼地敲。當處長的人都能辨敲門者的身份，我足足敲了半個小時，終於按捺不住了，我用一隻拐子哐哐哐地把門蹬了幾下。

門嘩地一下打開了，張處長怒氣沖沖地說：「幹啥」？

我也很生氣，推開他抓著門的那隻手往前走，看看處長在辦什麼公。電腦上的「條、餅、萬」都有，我氣得把手中的拐子直蹬：「處長就是這樣當的？你就這樣對待一個上訪群眾！」我們幾乎發生了肢體衝突，柴金霞和一位牛副處長進來，他連忙關了機，起身對牛處長說：「你們看著處理。」轉身出去了。

劉處長在馬廳長辦公室挨了批，下去必然要向另一位正處長彙報。張處長會把他和我那場爭鬥聯繫起來，他和劉處長商量了對策，「非去延大蓋章不可。」劉處長有了張處長的撐腰便硬起來，給汪洋下了命令。

無巧不成書，我上樓又在人事處門口又一次碰見馬廳長：「昨天說得好好的，你怎麼又來了？」

「我來請示劉處長去延安的問題。」

「來來來，進來說」。我又把汪洋處長和我的對話敘述了一遍。

馬廳長站在門口高喊：「劉XX！」

這回馬廳長沒多說話：「你咋搞的？你給管理局打個電話叫他們人事處長來，再來個副局長一起研究，去延安有多大的必要性！」劉轉身出門，馬廳長又補充了一句：「叫馬上來」。他又對我說：「你在人事處等著」。

到了人事處，劉處長拿起電話對汪洋說：「廳長叫你馬上來一下」。他沒說叫來位副局長的話。

汪洋來了，劉處長對我說：「你先坐會兒，我和汪處長有個事在那邊談談。然後我們去廳長辦公室。」我左等右等不見劉來，到對面辦公室找也不見人。正要去廳長辦公室，劉、汪從門裡出來。汪洋一把拉我下樓，我要問怎麼說了？汪說我們先吃飯去。這時六點，單位職工都已下班，人們往電梯裡擠。

我們在一家清真餐廳吃「手抓羊肉」，汪說：「劉處長真是有修養，廳長批評的那些話，我都坐不住了。」我忙問：「最後到底怎麼定了？延安還去不？」汪說，馬廳長對劉處長說，「政策，那天我對你講了。你把材料整理出來，後天開黨組會。你不是黨組成員就不必參加了。」

在我提出離休申請的9個月後，經過漫長的公文旅行和幹部交涉，2004年12月5日，林業廳給白龍江林管局批文：「陳星『退休改離休』。從2004年12月1日起享受離休待遇。」

回想當年，在我六十歲時，王書記若按人道主義精神給我辦離休，就會免去我二十年的艱難上訪；我還能把這條賴以生存的腿保留下來。這可以節約多少不應該浪費的人力資源，能為受害人和家庭帶來多少安慰！

拿著文件不由想起，這個社會制度要把一個無辜的人變成罪犯，就像川劇中「變臉」一樣瞬間即成。而要還其本來面目，卻像石匠做雕塑一樣，得一錘一錘地敲，敲得滿手血泡，也才完成一個毛胚，離真實形象還差得遠。

## 三、還有多少傷心淚

傷心淚，天地醉，幾時重？自是人生長恨水長東。

自毛澤東統治以來，一聲土改，農民一生勤勞付諸流水，不勞者坐享其成。一股共產風，所有社員失去賴以生存的土地，顆粒歸公，饑寒無告。朝夕一陣公私合營，手工業改造，大小有產者血汗積累起來的資產化為烏有。號令鎮反、肅反……百萬人頭落地。反右「引蛇出洞」，數百萬中國知識分子和他們的家庭、親屬慘遭迫害。文化大革命再來一聲炮響，中華民族數千年積累下來的物質精神財富，盡數化為灰燼。紅旗下的災難，比山崩地裂乾旱洪澇更嚴重，劫後餘生者，有多少損失難以彌補！

文革結束後，中共中央採取過一些善後措施，例如，中辦（1983）9號文件要求：「在善後工作中耐心細緻地做好被平反人和他們家屬的思想工作，要向他們懇切地說明，實事求是平反冤假錯案是黨的一貫政策。由於十年動亂歷史原因，對他們蒙冤未得及時解決表示歉意！並在政治上生活上給與關懷。對他們要解決的問題只要是合理的，政策明文規定的，應當積極妥善地予以解決」。

　　我知道這裡有兩點，「要求解決的問題不只是合理的，而且是政策明文規定的」。也就是說，僅僅合理而政策上沒有規定的不能要求，也不能提。例如政策明文規定：「文化大革命以前的冤假錯案平反後，一律不補發工資。」這一規定合理嗎？然而不能討論，只能按下不表。

　　我的離休問題算解決了，也就是說這一點不只是合理的，而且也是政策有規定的。我在想，目前還有哪些合理的、且政策也有規定的，還沒有解決？查閱相關文件，我看到有如下幾點：

　　第一、有關冤假錯案平反，首先要當面銷毀原來文件案裡誣陷不實之詞。在哪裡搞錯的，就在哪裡宣佈平反。例如在大會上鬥爭的，就在大會上宣佈平反；還要將平反材料寄給子女所在單位，一併消除影響，恢復政治名譽。

　　第二、中共中央組織部、勞動人事部、財政部、中央統戰部、城鄉建設環境保護部，對中辦發【1986】6號文件關於因冤假錯案造成工資明顯偏低，應予適當照顧問題的補充規定（1986年12月4日，組通字【1986】45號文）；1981至1983年國家機關、事業和企業單位工資普調前的行政十七級及其以下人員，因被錯劃為右派或受其他錯誤處理，從1956年工資改革後到工資普調前，從未升過工資級別；可在原工資級別基礎上升一級工資，然後再按普調工資和工資改革文件的具體規定和條件，參加普調和套改（包括普調工資結束後，平反改正，未參加普調的人員）。

　　我1988年才辦理退休，這個45號文件在此前兩年已發到縣一級；但那時我不可能知道。而同單位大部分人的工資都在此前有過普調和套改，所以我問乃生虎部長，我是1952年供給制改為薪金制時評定二十級，1955年肅反時被降為二十一級；那麼現在我退休，工資是否應該按普調和套改進行調整？他說：普調和套改時你不在職，就按行政二十級辦吧。我那時不知道有文

件，但我還是強調了幾句。乃部長說：「你是不是徹底平反，你自己應該知道，就這樣辦了吧。」現在既然宣告無罪，決定辦離休，理應按照45號文件的規定，給我補上相關待遇。原因很明確，我不能在五十多年後還按五十多年前的工資級別拿薪酬。

第三、關於冤假錯案平反後補發工資問題。

甘組通字【1979】68號文關於文化大革命中，案件複查糾正後的工資處理問題規定：「純屬冤假錯案的，問題平反後，扣發的工資應予補發。補發工資時，應扣除離職期間勞動收入」。中共中央給湖南省委的批覆也指出：「對於文化大革命中因冤假錯案被停發，扣發的工資，應予補發」。

顯而易見，我在文革期間被捕入獄，應該得到補發工資。至於離職期間，當時我身在囹圄，有勞動無收入；當然不存在「扣除勞動收入」。

至於1957年反右，被處刑十年及文革前冤案，就申請補發工資而言，論理有十萬個應該。但政策的規定竟然是文革前的冤案，不予補發工資。作為一個尊紀守法的公民，儘管政策不合理，我也只好遵守。但這裡有一條是我應該要求執行：文化大革命期間冤獄十年，我放棄了國家賠償；那麼，在行政方面要求補發工資，實乃有理有據；單位理應按文件規定執行。

第四、中共中央批准的中共組織部、中央宣傳部、中央統戰部、公安部、民政部《貫徹中央關於全部摘掉右派帽子決定的實施方案》有補充說明第十三條：經批准改正的人，恢復原工資的時間，一律從1978年10月份算起。

我1988年才拿到退休金，故我的工資也應從1978年起恢復。也就是說，應該為我補發這十年工資。這也是合理的，是有政策依據的。

第五、洮河林業局領導層如能按黨的政策，有做人的良心，賜我一點人道，我便不會殘疾終身。一、1979年我「反革命、右派」平反出獄後，如果安排我在單位就職，我便不會去做此前從未做過的體力勞動。二、1985年當我骨折時，如能按退職規定，為我預支五百元住院押金，我就能及時得到治療；不會落下殘疾，更不會截肢。三、我的家屬十八次前往單位求借，卻被惡語中傷推出門外；我被截肢後，依然不能報銷住院截肢費。四、當我撐著雙拐前去上訪，當我要求出示「因私致傷不能享受公費治療」的文件時，竟被某幹部打翻在地。

因此，根據《中華人民共和國憲法》第四十一條：「由於國家機關和國家工作人員侵犯公民權利而受到損失的人，有依照法律規定取得賠償的權利」。還有，根據《國家賠償法》行政賠償第三條：「行政機關及其工作人員在行使行政職權時有侵犯人身權情形，造成公民身體傷害，受害人有取得賠償的權利。」

洮河林業局某些領導人在行使職權時，不是一般地侵犯我的人身權利，而是持續地、故意地、野蠻地進行人身侮辱和傷害，使我終身致殘，損失慘重。對此，他們理應給予賠償。

要說「大難不死，必有後福」，我的退休改離休這算是一「福」。養老金較之退休金高了百分之五十，醫療費可以全部報銷。同等資歷幹部六十歲就享受離休待遇，而我遲了二十年，到了八十歲才拿到，與「老年得子」有得一比，算個喜事。

親朋好友都認為我是「鴻運當頭」了，一定把補發工資和賠償金全都拿到手了。他們哪裡知道，上述五項理由在洮河林業局和白龍江林管局都被否決了。這些決策者認為，對我由退休改離休辦理，已經是包羅萬象，仁至義盡。你要再提那五項就是得寸進尺，沒完沒了。領導們在大會上批我不知好歹，尤其是其中幾位更是耿耿於懷。當初我沒有想到，為了落實上述五個問題，我的抗爭還要持續十年。

我常常在心裡反駁這些官員，到底是誰「沒完了」？1955年肅反時誣我為反革命，1957年平反道歉；明明是他們做錯了，卻不給我恢復我職薪，反而在兩年後又定我為右派，這是他們第一次跟我沒完沒了。

接著在1962年，全省勞教、勞改右派均在西北局蘭州會議決議下返回原單位，而洮河局拒不執行，這是他們整我第二次未能完結。

此後我又三次入獄，至1979年平反獲釋。全國右派改正，蒙冤者都是回原單位落實政策；我仍被無理拒絕，這是他們整我第三次未完結。

1982年林業廳批示對我收回工作，再次被單位拒絕，這是第四次未完結。

1983年擠牙膏式地擠出了「退職」，當我在勞動中骨折，又剝奪我公費醫療待遇，導致我傷殘截肢；這是第五次未完結。

1988年辦退休時，不給我按離休幹部辦理，這是第六次未完結。

2004年宣告無罪後，僅僅是解決了「退改離」；對其他問題概不解決；這是他們對我的第七次未完結。

先有他們的「不完結」，才有我的不服從，這樣，我就變成了他們嘴裡的「沒完沒了」。

我寫這些是要說明一個問題：中央出了整人的政策，下面是雷厲風行，變本加厲。若說要體恤民情，撥亂反正；下面卻是再三觀望，虛與委蛇。領導總是青睞善於揣摩方向的人，而整人的人也一再得到升擢。為什麼，因為「左」的幽靈在庇護他們。而要追問在「左」的幽靈背後又是什麼，那就要說到根本點上：沒有民主機制，司法不獨立，權力必然被濫用。

# 第十六章　幽靈

單就「幽」字來講，它與許多褒義詞相關，如幽靜、幽閒、幽美、幽雅、幽默等，都是令人神往的境界。班固〈西都賦〉中曰「發思古之幽情」，唐詩中有這樣的詩句：「沸天萬乘動，觀水百丈湫。幽靈斯可佳，王命官屬休」。但與「幽」字相關的詞也有幽暗、幽囚、幽死……。幽魂痛於幽冥，什麼叫幽魂，脫離肉體的魂靈，魂字是雲中之鬼。

《共產黨宣言》的開場白說：「一個幽靈，共產主義的幽靈」，它曾在全世界遊蕩，並落戶於數十個國家。最後它變成了「幽魂」，也就是雲中之鬼。很多國家已經擺脫了它的控制，但在我們這裡它並未遠去。很多幹部言行失衡，良知泯滅，被左的幽魂纏身，這種現象抑或還要延續幾代，因為那個「雲中之鬼」的肉體還在被人頂禮膜拜。

## 一、塗抹發票嫁禍於人

單位對待退休人員，醫療費只報百分之九十。如今我由退休改為離休，醫療費可以全額報銷。因此，我於2005年2月將四千元的住院發票寄組織部，然而又是兩個月沒有回音。對我的離休，是不是有人看不慣，故意刁難？我再次催促，得到回覆：書記說，你的發票上有塗改，不能報。

這不只是能報不能報的問題，塗改單據是犯罪行為。誰塗改的？要真有塗改，我就是犯罪嫌疑人。我便要求經辦人將原單據寄回，我在電話裡問：我怎麼找不出個塗改部位？回答說：「就在發票上方的『2004』年上。」果然，在那裡有複寫筆跡，紙上約有十毫米的一塊水漬，但原來的字跡也仍然清晰可見。我又問經辦人：「我寄出時，你是否發現有這一塊？」答：「沒發現，書記退回來我才發現洇了一塊。我認為這不影響報銷。」

這件事情表明，這位書記原本就不想簽發我的「退改離」文件，我們發生過口角，不得已他才簽發了。現在要繼續卡我，只能在報銷藥費上做點文

章。我便把發票拿到市二醫院住院部收費處鑒定，收費處的工作人員寫了證明：無論是誰有意無意滴了水，不應該影響報銷。

洮河林業局報銷藥費需要審查單據，審查機構的負責人是該局醫院馮院長。我將發票交給他，他承諾報銷；但他依然扭不過這位書記。一年多後，我請求說，如不報銷藥費，請將發票退回，來人回答：「塗改發票不報銷，也不退。」我明白了，書記一定要把這個塗抹發票的標籤繫在我身上。

四千多元當時對我來說是很重要的，我便向管理局人事處一位劉副處長反映，並將發票影本附上。他的回答含糊其詞，我只好又請求林業廳負責老幹部事務的柴金霞處長督辦。柴金霞說：「他們不辦，我在工資中給你解決，哪裡還有這種事！」

又是一年，她的諾言也實現不了。我像爬雲梯一樣，只得又向省委老幹局彙報。楊副局長說：「你把發票要回來，我們報，老幹部醫療費都是局裡提前撥給的。」我這才知道，我的醫療費原來是省委老幹局下撥的，並不是劉書記自己「掏腰包」。

我一直沒有見過該書記，他能做出這種事情，想必是個「奇才」。我借了一輛車，行程三百多公里去了卓尼。去之前本應先和他通個電話，但自那次不大愉快的爭論之後，書記他便拒接我電話。車到卓尼，我一問，劉書記還在冶力關森林公園賓館接待來賓。

次日我即趕去冶力關，快到了，遇見一個熟識的幹部說：書記早晨已回卓尼。我立即又返回卓尼，當日已晚。

第三日晨，我去拜訪書記，到辦公室一問，書記知道我來，天不亮已乘車「檢查」工作去了。他去了何處，無人知曉。這時我看見了以前曾經接觸過的喬副局長，貯木場房貪案發生時，喬是辦公室主任，由於辦事得力升了副局長。見喬上了樓，我便去他的辦公室。去了後找不見他，有人說他剛下樓。等我追到樓下，又聽說他剛坐車出去了。我就像個瘟神，局裡領導們都避而不見。

往返三天，行程千里。我沒見到任何一位局領導。回到蘭州，我便去省老幹局找萬局長。

萬局長是省委組織部副部長，他要楊儀副局長電話通知管理局，明日上

午來一位副局長和人事處長，討論為何不報我的藥費？兩位幹部按時來了，二話沒說答應馬上報。楊儀副局長認真地說：一周內錢要到賬，否則承擔相應責任。經過這樣一番來回折騰，這次報銷款如數到賬了。

在我們偉大的黨的領導之下，一個縣級書記為了報復一個小幹部，能因四千多元的單據上有滴水漬，使我從洮局、白龍江管理局、省林業廳、省委老幹部局……上上下下往復奔走四年。若不是老幹局一把手認真出面，還不知道會再拖幾年？

由於沒有人問責，該書記又升了。

這就是我黨和毛主席掛在口邊、寫在牆上「全心全意」為人民服務的典範。

讀者諸君，你們看到這裡會不會覺得我這人太小氣？我應當「嚴於律己寬以待人」嘛。的確，我也這樣想過，為四千元錢，犯不著去和他們較勁。但毛主席也教導我們：「真理是七鬥八鬥鬥出來的」。毛主席還說：「世界上怕就怕認真二字，共產黨就最講認真」。

該書記的做法比起前書記還不夠狠，前書記寧肯要我在呻吟中爛掉一條腿，也不願為我在借條上批個「准」字。但這種汙人「塗改發票」的手段很下流，也說明他們對我的偏見之深。宣告無罪之前，我被迫低著頭走路，夾著尾巴做人；避免招來更大的打擊和侮辱。在那些冷血官員面前，我抬不起頭。平反之後，為什麼他們依然這樣惡解人意，還要把我釘在恥辱柱上？

說到底，他們沒有承認過去整人是錯誤的；在他們眼裡，被領導認定為「敵人」的人依然是戴罪之身。

## 二、恢復政治名譽難上難

「日薄西山，氣息奄奄，人命危淺，朝不慮夕」；我的現狀就是這樣。鄭板橋大書特書的「難得糊塗」，我想過也臨摹過，卻做不到。路見不平仍想拔刀相助，雖然力不從心。但發生在自己身上的事，不從心，也要試。

按中央政策規定：冤假錯案平反後，組織首先要為被平反者恢復政治名譽。當我向洮河林業局提出這一要求，該局組織部給管理局做了答覆，其

中斷然否定說：「關於恢復政治名譽的問題，從洮河林業局建局以來從來沒有對陳星作出過有損政治名譽的決定。因此不存在我局恢復其政治名譽問題。」（見《關於陳星退休改離休後上訪有關問題辦理情況的彙報》）

我在報紙上讀到：1970年聯邦德國總理威利‧勃蘭特在波蘭猶太人死難者紀念碑前下跪，表達德國的道歉和對二戰的懺悔。根據戰後聯邦德國議會通過的納粹受害者賠償法，有四百萬人在以後幾十年裡獲得賠償。到2002年，賠償金額達到一千零四十億美元，每年還繼續向十萬受害者賠償6.24億美元的養老金。德國總理沒有推卸德國在二戰中的罪責，也沒有否認納粹是德國人。2013年德國女總理梅克爾仍在猶太人死難紀念碑前虔誠默哀。而洮河林業局把它同級別同單位同鍋吃飯的人員拋開，把一個「場」字改成「局」字，就稱為「建局」以來；似乎這裡原先是荒蕪一片，這個局是他們掌權者一磚一瓦建起來的。

這裡我就必須說一說洮河林場與我的歷史了。

洮河林場是1942年由留德學者鄧叔群創辦的，他最早在卓尼柳林按德國別墅的風格建了場房。

1950年代初我來這裡工作，「甘肅省洮河林場」第一塊牌子，就是我用老宋體寫的。場房直到1960年代還存在。1962年我出獄後去洮河林場，看到那塊牌子上多了個「業」字，把「場」字改為「局」字；現在則改為了「甘肅省白龍江林業管理局洮河林業局」。

回想1955年肅反時，我在這裡挨鬥。1956年冶力關林場併入洮河林場，兩年後的1958年3月我在這兒被捕。到1958年12月，洮河林場才改稱洮河林業局。

1959年3月，在法院發給我的判決書上有書記員的名字，署名的這個書記員就是該局幹部趙德元。當時的右派都是各單位送進監獄，判刑時法院並無罪證材料；都是由原單位臨時指定書記員，捏造罪證製作出判決書。趙德元和我一同從西安來到洮河林場，他在這裡一直幹到退休。洮河林業局1958年12月更名，1959年3月領導指定趙德元在判決書上署名，這算不算該局「作出過有損政治名譽的決定」？

中共中央關於平反恢復名譽還規定：一、銷毀文件案中原定案材料；

二、原在大會上批判鬥爭的應召開大會宣佈平反；三、作出平反決定文件，報送有關單位和其子女所在單位，消除影響。

這些規定很明智，它關係到為受害者和家庭、子女的恢復尊嚴，消除在單位和社區裡對受害人的歧視，宣告這些人享有充分的公民權利。

儘管中央的幹部政策有這些規定，可是洮河林業局、管理局以及林業廳某些人卻認為，退休改離休已是對我最高的優待和獎勵，我應該伏地叩謝，而不是得寸進尺。

我雖則是右派，但不是冷血動物。自退改離批准之日，我就給相關大小領導送過畫，甚至也與相關人員小酌；這是我惟一能做到的感激。

但這些感激可能不在有些人的考慮之中，而我要求善後卻被看作節外生枝，給他們找了麻煩。

也難怪，他們是沒有見過，甚至也可能沒聽說過，在「肅反」、「反右」運動的高潮中，各單位是如何停工停產，大小批鬥會日以繼夜開個不停。他們也不知道，辦案者使用駭人聽聞的酷刑對待我們，當著我們親人的面，用繩捆索綁，把我們送去判刑和勞改。他們更不知道，我們忍饑挨餓，還必須從事高強度勞動，流血淌汗。他們不知道的還有，我們與親人甚至咫尺天涯，生離死別。父母失去贍養，妻子遭受欺凌，子女蒙受羞辱，家人都是孤立無援地度過漫長歲月。而我們在監獄勞役中苦苦煎熬，犧牲了最寶貴的年華。每想起這些我就肝腸寸斷，痛不欲生。我同時也在問自己，已是耄耋之年的人，到底該繼續維權，還是忍辱息訴？

我知道，無論怎樣，我不能把怒氣發在他們身上。那些政治運動發生時，他們還都是個孩子，不知人間滄桑，他們能幹到這個位置上也不容易。我決定，還是息訴吧，採取後一種方式。因此，我去找了白龍江管理局副局長兼洮河林業局局長。

這位局長在職工中口碑不錯，他把冶力關、大峪溝改造成森林公園，成為兩個極富活力的旅遊區。為換蘭州房子，我兒子通過他的老朋友請過他的客，我也給他送過幾幅書畫。他為人很近情理。

洮河林業局在蘭州有多處辦事場所，我打聽到他在離他家較近的廣武大廈十七樓有包房。經隨員允許，我走近他的身邊，恭敬地叫了聲：X局長，

您好！他斜躺在床上的身體動也沒動一下。由於我是第一次拜見，他還是微微睜開雙眼，把我和我拄的拐子從頭到腳打量了一下。然後，他緊閉雙目，把夾在指縫裡的煙吸了一口。我想他起碼會問一聲：有事嗎？但他沒吭聲，連眼睛也沒睜。我想等他打開雙眼才好開口，也想等一句「坐吧」，好讓我這一條腿歇歇。我依然沒盼到。我想坐下，又怕局長生氣；「這個老傢伙連個禮貌也不懂，沒叫坐，你就坐下，眼裡還有沒有我這個副地級的局長？」我也想退出，又覺得總不能白來。

直到該局長深深吸了口煙，一個個大小不同的圓圈在空中旋轉，大約他是想看看圈圈圓不圓，這才睜開了眼，把煙灰彈在枕邊的煙灰缸裡。我抓緊機會叫了聲：「局長！我有點事想和你談談。」

「說吧」，又把眼關閉了。

我當犯人站慣了，就像犯人給管教幹部彙報當日勞動情況一樣的，我把請求恢復政治名譽和調整工資級別的問題輕聲細語地說了一遍。

好在他沒有發火：恢復政治名譽是劉書記的事。關於調整工資級別，叫楊局長回去給組織部說說。

楊副局長連連點頭：「好，好！」他向門的方向一伸手，我知道這是下「逐客令」了。我退出了房間。事後，楊局長始終未給組織部打過任何招呼。

這和我想像中的X局長大相徑庭。

從X局長對我的態度中可以讀出：「你還是個右派分子」，文件中所說的恢復政治名譽，僅僅是一個哄娃別哭的催眠術。

汪洋處長、付平科長，我對他們都很尊重，他們對我也很客氣。可是自此以後，我進人事處辦公室，他們屁股都不挪一下。見了付平我主動打招呼，她好像沒看見。我不只是覺得自己的人格一落千丈，就是一顆火熱的心也降到了冰點。


# 三、誰都該管誰都不管

站在X局長床邊大約近一小時，我出來了。芳草園不收門票，我進去找了個石凳坐下。想起前些日子去卓尼，拜會劉書記未遇，倒碰見縣政府幾個

老幹部。

「浮雲一別後，流水十年間；歡笑情如舊，蕭疏鬢已斑。」這是唐朝詩人韋應物的詩，也是我當時的心情。

我和他們以前在週末晚會上演點小節目而相識，如今他們都生活得很幸福。見我以後，他們談笑風生，總要聊些陳年往事。但我那些當過右派的朋友，則是「訪舊半為鬼」。這些老幹部生活上有組織照顧，因為他們都是黨、團出身，未戴過任何髒帽子。可我一進洮河林業局，大小幹部只要知道我是誰，都退避三舍。今天X局長給我上了一課，我感覺自己依然是另類。人要是被列入另冊，則再難翻身。

從湖水的倒影中，我看到自己這條殘腿。頭上的白髮更稀疏了，生活中的老朋友也更少了。看到那些老幹部鶴髮童顏，我覺得無地自容。我總是羨慕那些自殺成功的人，要是早死了，今天就不會到處受辱。

是死是活，目前還有選擇的自由。我只是心有不甘，「向是昔日身已死，今日豈能戰左公？」我還沒有贏回自己的尊嚴、我的權利；我不願意認輸。

他們認為，對我退休改離休，這也算恢復了我的政治名譽；再提要求也就是圖個虛名。

那麼我姑且把這一條放過，談看得見摸得著的問題。按九號文件：「凡是合理的又能解決的，應當積極地妥善地予以解決」。這裡說的「凡是合理的」下面又加了一個「又能夠解決的」，這才是個模棱兩可的話。還有個文件上寫道：「凡是合理的又有政策規定的」才能解決。這給政策執行者留了個自主發揮的空間，也告訴我，只能將這些原則作為我提出訴求的依據。

我的要求歸納起來，還有四項：

一、根據甘組字【1979】68號文件，文化大革命期間冤假錯案平反後應補發工資：我在文革中的1970元月至1979年2月出獄這段時間的工資必須補發。

二、根據1979年2月1日中央關於全部摘掉右派分子帽子決定的實施方案的補充說明，第十三條：右派改正後，補發工資待遇的時間一律從1978年10月算起。我應該得到補發工資，時間從出獄後起至1987年12月退休止。與第一條合起來考慮，對我應補發將近十八年的工資。

三、根據組通字【1986】45號文件，因冤假錯案影響工資級別偏低調整工資的問題，普調和套改的問題。調整後應該增加的工資從1987年元月起補發。除了補發工資，我還應該得到調整後應予增補的工資。

四、根據《中華人民共和國憲法》第三十八條：中華人民共和國公民的人格尊嚴不受侵犯；第四十一條：由於國家機關和國家工作人員侵犯公民權利而受到損失的人，有依照法律規定取得賠償的權利。《國家賠償法》第二章第一節第三條，行政機關及其工作人員在行使行政職權時，造成公民身體傷害或者死亡的受害人有取得賠償的權利。我因上述補償不到位造成的殘疾以及相關醫療費用，應該賠償。

我把以上四項寫成《申請》，首先發給洮河林業局。等了一個多月，無回覆。我改了訴求單位名稱發給白龍江管理局，依然沉默。我再發給省林業廳，無回應。這樣，我去了省政府信訪辦公室，得到一份來信來訪轉辦單：

省林業廳：

現轉去陳星一人來訪壹件。

上訪人要求「因冤假錯案」調整工資問題，請按有關政策，儘快予以辦理。該組織上承辦的事情，不要讓上訪者一次一次的越級找上級。

請接談，認真負責地給予明確答覆。

這個轉辦單我交給林業廳信訪辦，無下落；再去找省信訪辦公室，省信訪辦又開了一張轉辦單。

這次林業廳信訪辦主任去了廣州開先進會，辦公室另一位幹部開了一份信訪辦理通知給管理局：要求按中央有關文件精神，落實工資待遇；並要求於2005年7月20日前，將辦理結果報省廳信訪室。

7月底我去看答覆，見的是G主任。

G主任是廳辦公室副主任兼信訪辦主任，此人小個黑瘦，但派頭不小。我走近他的身邊，他旁若無人。只見他東摸摸西踹踹，煙不離手，然後就一

頭栽到電腦撲克牌上。我連叫幾聲「G主任」，他頭也不回。

「G主任，我有事要給你說。」

「你說」，他手不離鍵盤，兩眼仍盯著撲克牌。

「辦公室同志叫我一月後來看辦理結果。」

「誰說的，你找誰去。他又不是神仙。」

「那你說怎麼辦呢？」

「回去等著唄，有結果通知你。」

你再去十趟，他老是這個態度。有次他終於轉過身搓搓臉，換了支煙，神氣十足地說：「你這個人到處跑，告到天上，還得洮河林業局解決問題，你的信寫得太刻薄了。」

我就在省政府和林業廳之間，來來回回跑了一年多。

我實在太累了，外甥李家倫看我行走艱難，自告奮勇地幫我。他比我會說話，態度也好。他是省電力局處級幹部，退休後考上律師。他人緣熟，進省委要個牌就進了。他去過兩趟卓尼，還是見不到L書記。不過他到底比我強，到哪裡都能要個條子。這事省殘聯給白龍江也去過函，他也要了個影印本。我看到上面是一個又一個幹部簽字，你批給他，他又批回來。我請原省委統戰部副部長任兆瑞、省慈善總會會長朱瑜等老同志去和馬尚英廳長談，馬聽了下面幹部的話，說我這個人「沒完沒了」。原先我不去找他，總覺得他是個好人，我不便去添麻煩。現在他已轉了方位，我也不好再去找他。

省委副書記陳學享批到省老幹局，我找到生活待遇處，他們說沒見。找來找去找到一位年輕幹部，他從抽屜裡拿出來，之前他根本沒看。省委組織部一位同志翻了幹部政策，認為我提得有道理，再批給林業廳。

所有材料大都在下面給封殺了。

省政府政務大廳開業，但不管這類事。聽說信訪局在山字石開了一長絡接待室，那裡還是開「轉辦單」。後來我打聽到信訪局有個督察處，這位董丹芳處長是個女同志，沒有那種令人生畏的態度。我把情況陳述了一遍，她看了材料說：督察處辦的案子都是中央信訪局轉的，省上一般案子沒接過。您也年紀大了，我們把您的材料直接送白龍江管理局。我又害怕公文旅行，轉來轉去迷失方向。她說：「我們要求他們在一月內作具體答覆給我們。」

這是2006年3月3日的事。

## 四、是座談還是宣判

信訪這項工作，多數時候是個「擋箭牌」。那些信訪幹部不僅要把上訪者擋在門外，還得會說謊，把上訪者哄回去，或者嚇回去；嚇不走就叫保安拖出去，收容遣返。一般單位的信訪接待員，都具有稀泥抹光牆的技能，或者有兩張面孔，因人而用。有些人工作本領有限，但能胡攪蠻扯，我已見怪不怪。

董丹芳不是這樣，她在省政府信訪局督察處，接待的人都是「老上訪」；被投訴的都是省政府下屬單位。按章程，這個單位也有一點獨立性，它不像信訪窗口給張「轉辦單」就送你走。他們與林業廳、白龍江林管局沒有上下左右剪不斷的關係，但有督辦權。因此我相信，他們也希望能起個督辦作用。他們受理了，我只能下決心等待。

過了幾天我去林管局，試探性地問了問，督察處是否去了文？人事處汪洋當然是按照局領導意圖說：該給你的都給了，我們拿的都是共產黨的錢，有什麼捨不得？

我很不客氣地對他說：我認為我沒拿共產黨的錢，共產黨不能印鈔票，有些人無非是把納稅人的錢集中在手裡，任意支配而已。就是胡錦濤，拿的也是納稅人的錢！

他想反駁卻臉一紅，不吱聲了。而社會保障處一位處長看到我申請中所附的中央有關文件，他一口否定說：「那些都是胡耀邦搞的。」

我想，就算是胡耀邦搞的，總是他在任職期間以中共中央名義發的，不是他上任前或離職後以胡耀邦個人名義發的。現任中央是否有通知說：凡胡耀邦執政時發的文件一律廢止？

這些中央文件我不止一次附呈過，他們也並未明目張膽地否定，就是不落實。可見他們早已把胡耀邦和這些文件打入另冊，或者上了黑名單，抑或中央另有密件。同時我也提出過，你們對中央文件的認識和我有如此大的反差，我建議我們開個座談會，各抒己見，我也接受一次政策教育。

我知道，要等個答覆尚需年月。青島書畫界朋友約我去舉行筆會，主辦方非常熱情，副市長也親自接待，我精神上得到一些安慰。但這也給我添了些困惑，我到甘肅林業系統工作多年，不談有功，總是無過。雖然我坐了監獄，目前也恢復了個離休幹部身份。為什麼在L書記、X局長他們面前，連條狗也不如？那些領導們如果看到在青島的盛大場面，一定認為青島的領導有眼無珠，把他們拋棄的敝屣當成了「桂冠」。

展覽、筆會臨近結束時，汪洋給我打來電話，他通知我，2006年6月9日在管理局參加座談會。我回答說：「準時到」。

青島方面為我訂了8號回蘭州的機票，次日一大早，我趕到蘭州的濱河中路，白龍江林業管理局現在就在這裡辦公。而在1950年代，林業局本部則在位於距蘭州市四百多公里的武都市兩水鎮。改革開放以來，局裡在七里河原洮河林場貯木場地址，以辦事處名義建了辦公樓、家屬樓、醫院等；還購建了多處社區，安置縣處級以上幹部的家屬。我進了辦公樓大廳，看見這裡掛有一塊「白龍江護林防火總指揮部」的牌子。我在想，指揮部在蘭州，距洮河林區千里之遙，能及時發揮作用撲滅火災？也許他們有遙控裝置。

總之，林管局在蘭州已是五臟齊全，主要領導都在這裡。座談會在四樓開，長方形的會議室坐滿了大大小小的幹部，感覺像是批鬥會。主辦方給我和陪同我到會的李家倫律師留了兩個座位，副局長李永健宣佈座談開始。他沒讓任何人發言，自己拿出一份紅頭文件宣讀，標題是〈關於陳星同志上訪所提問題的答覆〉。

洮河林業局組織部長王治國負責彙報，他把我1950年代至今的經歷和組織處理經過讀了一遍；而李永健宣讀的答覆否定了所有應當解決的問題。讀完，他把〈答覆〉向我擲來，自己便退席了。此後，他由副局升為正局。

我千里迢迢趕來參加的並不是座談，也不是庭審。庭審應有原告和被告的陳述、質證、辯論。今天的會倒像是個早已準備好了的宣判會。我們沒有發言權，只能洗耳恭聽。

在長達兩年多的上訪過程裡，我只見過一件件「轉辦單」，沒見過隻言片語的文字答覆。這次為什麼有這個答覆？原來，他們收到省信訪局督察處〈關於交辦陳星信訪事項的通知〉的函件，不得已而為之。若不是董丹芳處

長函件要求交辦，白龍江林管局是不會給出這份文字答覆的。

我將〈答覆〉出示給董丹芳處長，她說：「你如不同意其〈答覆〉，應立即向林業廳申請覆議。按規定，他們應該在一月內作出覆議並回覆。」我立即遵辦。

當我把覆議交給省林業廳後，等了二十餘天。我去問G主任主任：「我轉給辦公室，何時覆議？」「與我無關。」再去問辦公室主任，一問三不知。

我去請教井勇律師。

井律師說：「估計林業廳不會在一月內回覆，甚至可能永無下文。我們遇到不懂理的人，可以耐心解釋溝通。但遇到懂理知法又蠻不講理者，把你氣破肚皮，他若無其事。所以要叫運動員當裁判，是有理說不清的，林業廳會永久置之不理。」他沉思了一會兒說：「起訴，法院現在還不會受理，只有先申請《人事爭議仲裁》。」

根據人事爭議仲裁第三十六條：《甘肅省人事爭議仲裁暫行辦法》頒佈實施後，當事人應當在人事爭議發生之日起的60日內，以書面形式向有管轄權的人事爭議仲裁委員會申請仲裁。

以「座談會」之名將我邀請到「宣判會場」，其「答覆」內容貫穿了毛派文革作風。我看到，中央文件的精神那是春風拂面，而春風不度玉門關，基層單位能找出一百個理由讓文件變成廢紙。他們不作為，既無人問責，也不會受到懲處。這就是不受監督的權力，是文革的幽靈復活。

# 第十七章　魚簍

獨視不若與眾視之明，獨聽不若與眾聽之聰。

當今的一黨專政，實際是一個人專政，演變下來則是一把手專政。再往下就是以權專政，大權大專，小權小專；無權者只有望梅止渴。看大門有門權，管WC有廁權，像我這樣一個被專政的老殘孤獨者，如何能逃出權力的控制？

當初宣佈無罪，我放棄了申請國家賠償。現在要求善後，我放棄了恢復政治名譽。而在這些官員來看，我的讓步還不夠，應該全部放棄。

可是，有關補發冤案工資和調整低工資的訴求，都有足夠的法律和政策依據。各種文件既溫馨又完美，讓我們懷抱希望，而在現實中就是行不通；我感覺單位領導給我設置了「魚簍」。

魚簍適用於小河裡有落差的地段，它以竹葦編織而成，安置在激流中。把魚從四周趕進魚簍，魚與水分離，就只有死路一條。

## 一、仲裁之門開了又關了

7月10號是林業廳應該回覆我「申請覆議」的最後期限，我沒有得到任何答覆。我即於7月17日向省人事爭議仲裁委員會（以下簡稱仲裁委）提交了《仲裁申請》。

我申請仲裁的主要問題有三個：

一、要求按照平反政策補發工資和調整工資級別。

二、要求對迫害致殘給予賠償。

三、要求報銷四千元的住院醫藥費。

我把《申請》送到甘肅省人事爭議仲裁委員會，仲裁處接待我的是魏副處長和一位年輕幹部。他倆看過內容，沒說二話收下了。我回來等了一個多月，未見受理與否的通知書。

我查閱了仲裁辦案規則第39條：「仲裁委員會收到仲裁申請書之日起，十五日內應作出受理或者不予受理的決定。符合受理條件，決定受理的，在七日內將決定受理的意見書面通知申請人；不符合受理條件決定不予受理的，應及時將不予受理的意見書通知申請人，並說明理由。」按此規定，他們應該在十五天內給我受理與否的通知書。

　　等了三個月，我去問魏副處長，他說：「案件太多，你的案件我儘快安排在年內開庭。」

　　「這麼說，案件你們已經受理了？」

　　「當然，不受理早就通知你了。你耐心等待。」

　　等到11月20號，我收到從郵局送來11月15日的《不予受理通知書》：

　　陳星：

　　　　你於2006年7月17日送來的仲裁申請，經審查決定不予受理。主要理由如下：

　　　　你與被申請人之間發生的人事爭議已經超過《甘肅省人事爭議仲裁暫行辦法》規定的時效。

　　這就使人費解了，受理與不受理的規定時間是半個月；他們竟然延期了四個月才通知我，卻反說我超過時效。就算我超過時效，你們也不至於四個月後才發現，何況一個月前魏副處長親口告訴我：「你的仲裁申請已受理，儘快在年內開庭。」

　　這件事前後畸變，必然有鬼！

　　我找到魏副處長，提出三點：

一、仲裁受理與否應在十五天內決定，你們何以延至一百二十天？

二、我與被申請人之間發生的人事爭議並未超過時效，而且按六十天的時效規定，我還提前了二十二天。

三、你們接受《申請》三個月，未給我受理與否的書面通知，你還口頭上跟我說已經受理了。一個月後，竟然送來不予受理通知書。為何出爾反爾？

魏強調：你與被申請人發生人事爭議時間應是從你徹底平反後向林業廳申請落實政策之日算起。

我說：那時甘肅省人事爭議仲裁委員會尚未誕生。

魏又說：應從仲裁委成立之日起計算，六十天內申請。

我氣極站起來說：仲裁委成立之日，林業廳、白龍江林管局尚未作出處理答覆，你能受理嗎？仲裁申請六十日時限解釋：「人事爭議發生後，當事人一方已作出處理意見，另一方當事人知悉後，對人事處理意見有異議申請仲裁。從對處理意見知悉時間起算。」我6月9號知悉白龍江林管局的處理答覆，就應當從次日起算。這不僅未超過規定，且提前二十二天。你怎能屈解仲裁規定的時限？

魏無言以對。

過了兩天，我再去質問，魏很客氣地勸我：「您老偌大年紀了，就不用淘這個氣了。就當裁定你勝訴，也無非是個十萬八萬的。划不來，我勸您息訴。」

我去找主管廳長王聯群，他說：洮河林業局是企業，你應當向社會勞動保障廳申請仲裁。

而勞動保障廳說：給你〈答覆〉的是白龍江林管局，它是事業單位，應由人事廳管。

我再去找王聯群，王認為洮河林業局是企業，白龍江也是企業。我請他電話查詢，他才承認白龍江林管局是事業單位。

但他又想推掉，就說：你原是洮河林業局的幹部，現在的工資關係均在該局，應由社會勞動保障廳管。

社會勞動保障廳則說：誰給的書面答覆，誰就是被申請人。

推來推去，王聯群才承認，洮河林業局就是白龍江林管局的下屬部門；無人事任免權和工資審批權。所以，只能由白龍江管理局作處理決定並答覆，被申請人應是白龍江林管局。

我們往復多次就申請仲裁時效問題論證過，他們也不得不承認，我申請仲裁在時效以內。所以，我又遞了申請。該廳人事爭議仲裁處又於2007年3月19日發文：《關於陳星同志再次提出人事爭議仲裁申請的答覆》，其中寫道，

你與白龍江林管局下屬洮河林業局發生人事爭議時間是2004年4月14日，而不是你認定的2006年6月9日。在《甘肅省人事爭議仲裁暫行辦法》2006年1月1日實施後，你未在規定的60日時間內提出仲裁申請，而是在已超過仲裁時效的2006年7月17日向省人事爭議仲裁委員會提出申請。故2006年11月15日送達你本人的《不予受理通知書》是準確的。

我不敢隱瞞官場裡的這些蠻不講理的事蹟，所以一再重複《甘肅省人事爭議仲裁辦案規則》第五章第三十六條，這裡有關於案件受理的規定：「六十日的申請仲裁期限是指：人事爭議發生後，當事人雙方互相之間應該也能夠及時作出處理意見而未作處理時，一方當事人申請仲裁的，從人事爭議發生之日起計算」；這裡說的是第一種情況，事實上往往不可能。例如，我2004年3月8日向省林業廳呈遞申請，我經常追問，結果，直到5月份還藏在劉處長的抽屜裡，我怎能去申請仲裁？何況《人事爭議仲裁辦法》是在一年半之後才公布實施的，那時我還在省信訪局與林業廳之間來回奔波。直到2006年6月9日，白龍江林管局送來應當解決而不解決的〈答覆〉；這就是第二種情況：「人事爭議發生後，當事人一方已作出了處理意見，另一方當事人知悉後，對人事爭議處理意見有異議申請仲裁的，從對處理意見知悉時間起算。」

作為仲裁處長，魏副處長必然熟悉並能夠理解上述規定。他在王聯群廳長面前也承認，我並未違反時效，違反時效的正是他自己。時隔月餘，他又把曾經在狡辯中引用的紅頭文件作為給我的答覆。仲裁委和法院一樣，不僅只是講理的地方，而且是為當事人評理的地方。而今執法者一再輸理，就是不認。這樣的人何以裝模作樣地坐在裁判席上？

我想到「賢臣不用，用臣不賢，則國非其國。」他們一再違規，千辯萬繞地拒我申請；不知是否有幕後交易。

## 二、換湯不換藥

　　綆短不可吸深，器小不可盛大。和一個省級機關仲裁處長打交道，我自知才疏學淺，自不量力。到底是魏不講理，還是我不懂理，這場官司越打越糊塗。我打官司的對立面是白龍江林管局，如今增加了一個對立面——仲裁處；再加上林業廳，這是三個廳級單位。他們合夥對付我，易如三虎撲羊。

　　2007年3月19日，收到省人事廳仲裁處給我答覆，此後，食不甘味，寢不安席。我從甘肅到陝西，跟各級法院系統交手，只見到會玩權術的，沒見過幾個講理的。不過，比起省高院那個怒而拔槍的屈武城，魏的態度就不算過分了。

　　在上訪與申請過程中，又經過12個月的奮鬥，2008年3月11日，省人事爭議仲裁委送來了《案件受理通知書》。在這份通知書的開頭，仲裁委反覆重述了《不予受理通知書》和《人事爭議仲裁》的答覆，答覆都是無與倫比的正確。那麼為何又受理了此案？

> 我委從你提出仲裁申請到做出不予受理決定的答覆，以及之後多次對你的接待、解釋，始終按照《甘肅省人事爭議仲裁辦法》和《甘肅省人事爭議仲裁規則》的要求，嚴格程序，慎重對待，妥善處理，其做法是客觀公正的。但考慮到你年老體邁，身有殘疾，且個人經歷坎坷等特殊情況，經仲裁委研究，對你提出的人事爭議仲裁申請按特例予以受理。

　　這一段肯定己方辦事認真，嚴格慎重。我則由於各種個人原因，作為他們的特例予以受理。無論如何，總算是受理了。一份《開庭通知書》於4月2日送達：

> 茲定於2008年4月12日9：00開庭審理你與白龍江林業管理局人事爭議一案。

地點：蘭州市中心廣場統辦一樓524號。

請準時到庭。

我希望開庭，經過兩年的爭論，我期待對我申請的問題給予明確肯定的裁決。

我和井勇律師、李家倫律師以及被申請方代理人汪洋、張輝均按時到庭。

我也邀請了《蘭州晨報》記者郭玉紅女士，她以旁聽者身份與會。

仲裁廳正面坐的是首席仲裁員魏副處長，兩邊是仲裁員王建設、朱泓霖；左邊是申請人席，右邊是被申請人席。仲裁長對面是書記員掌控的錄音設備，記者郭玉紅也在錄音設備旁就座，但只許聽不許說。

仲裁庭不算大，佈置肅穆莊嚴，全場錄音。

首席仲裁員魏副處長宣佈了仲裁紀律，然後申請人、被申請人發言，雙方陳述、質證和辯論。魏副處長兩邊的仲裁員是他的耳朵，未發一言。

之後，首席仲裁員宣佈：定期裁決。

會後，首席仲裁員魏副處長告誡《蘭州晨報》記者：當日仲裁經過及結果不許報導。記者郭玉紅回報社後，主任立即召見她，意思和魏副處長的話一樣；這是仲裁委電話通知的。

2008年4月16日，我收到《甘肅省人事爭議仲裁委員會裁定書》（＊首頁，介紹參加人員如前，對本人簡歷表述準確，故省略）：

請求仲裁：一、請求按冤假錯案平反慣例恢復申請人政治名譽；二、請求補發1970年1月至1979年2月文化大革命中冤獄九年零兩個月的工資，參照國家賠償法予以賠償。三、請求補發右派改正後1978年10月至1987年12月九年零兩個月的工資。四、按組通字【1986】45號第二項規定應按因冤假錯案影響工資偏低，調升工資級別，並從1987年元月補發。五、由於洮河林業局故意剝奪享受公費醫療權，造成終身殘廢，應按國家賠償法第二十七條（二）予以賠償。六、請求按2004年12月15日蘭州市第二人民醫院開出的住院費用結算單報銷4177.97元住院費。

被申請人的辯稱：一、申請人是洮河林業局離休幹部。被申請人是洮河林業局上級主管單位，將被申請人作為被告主體不適格。二、爭議仲裁時效已過，申請人2004年2月被宣告無罪，與洮河林業局發生爭議應是2006年6月9日。申請人未在六十日內提出申請。三、洮河林業局已按政策對申請人離休後的相關待遇進行了落實，不存在補發工資和補償金的問題。

以上事實經當事人雙方的陳述和提供的有關證據所證實。

本委認為：申請人入獄前的工作單位和宣告無罪後相關待遇的恢復始終在洮河林業局。洮河林業局是獨立的企業法人，申請人與之發生的爭議，不屬於人事爭議仲裁的受案範圍。依據《甘肅省人事爭議仲裁暫行辦法》第九條規定結合本案事實裁決如下：

一、駁回申請人的仲裁申請

二、本案仲裁費一百二十元由申請人承擔。

當事人如對本裁決不服，可自收到仲裁裁決之日起十五日內向人民法院起訴。

我對裁決的質疑如下：

一、白龍江林管局人事處長（即被申請人代理人）汪洋反覆強調，自己是洮河林業局的上級主管，作為被告主體不適格。但是，洮河林業局在當時是白龍江林管局下屬部門，其經費由管理局下撥並核銷；人事安排皆由管理局任免，大小事宜皆由管理局決定；連工人的退職也由管理局批准。若不適格，何來這種隸屬關係？

二、我和洮河林業局發生爭議，這裡認定的時間是宣告無罪之日的2004年2月，然而洮河林業局兩年多以其無權限為名，未給我隻字回覆。直到2006年6月9日，管理局才以書面形式正式給我答覆。一個未成年的孩子惹了禍，由監護人出面處理；同理，監護人與受害人發生了直接關係，也就成為必然被告，具有被申請的主體資格。這一問題在2007年王聯群廳長曾提出，幾經落實才決定受理並開庭。因此裁定書認為：「申請人與之發生的爭議，不屬於人事爭議仲裁

範圍」；這是說不通的。難道需要歷時兩年多的爭論，你們才認識到「不屬於」嗎？既不屬於又何必發出受案通知？又何必興師動眾開庭？

三、被申請人在辯稱中以2004年12月我由退休改為離休為由，認為洮河林業局已按政策落實了相關待遇。但在這裡，把我的其他申請一筆購銷，對故意停止我的公費醫療權，造成終身致殘等結果，隻字不提；並將L書記製造的「塗改發票」案貫以「按政策落實了相關待遇和能夠解決的有關問題」。

總之，我不接受這份《裁定書》，它是仲裁委與被申請人的合謀，其目的是拒絕善後賠付。

## 三、秦香蓮冤案陳世美斷

公道已遠去，不平莫如今。

《裁定書》的結尾說：當事人如對本裁定書不服，可以自收到仲裁裁決之日起十五日內，向人民法院起訴。

過去為尋求公道，我被迫走進法院打官司。而他們明知蘭州地區法院對白龍江林業管理局無管轄權，我去哪裡打？

我開始思考，對林業局的行政管轄權到底在哪裡？

白龍江林業管理局本身公檢法機構齊全，當然，洮河林業局也五臟齊全。省仲裁委多次勸我走法院起訴這條道，其原因就在於，對我來說，只有洮河林業局法院有管轄權；本局職工與本局單位的矛盾糾紛，別的法院不予受理。而在局內起訴，他們有關係網，這是他們設置的「魚簖」。我去洮河林業局法院告該局領導，豈不是「火中取栗」？

有朋友理直氣壯地說：法院獨立辦案，不受任何人的干預。法有法規，他們豈敢違法？問題在於，各單位其實都是一把手專政，這是一黨專政在基層單位的表現。一把手有自己的人脈關係，這就是我面臨的強大對手。

仲裁委、林業局及其屬下人事部門早有默契，我不願意進入洮河林業局法院這條「魚簖」之路。為此，我先詢問管理局法院：我是否可在貴院起訴

管理局？電話回覆：應向洮河林業局法院起訴。白龍江林管局法院也是個怪胎：它掛的牌子並不是白龍江林管局法院，而是「甘肅省隴南市中級人民法院分院」。我向隴南市中院起訴，該院轉交武都區人民法院。武都區法院裁定：本院認為：「原告起訴被告白龍江林業管理局屬白龍江林業法院管轄。不屬我院管轄，故不予受理」。

為什麼百轉千迴而不去洮河林業局法院起訴？該法院院長是林業局領導提名、管理局任命的。我去告局領導豈不是燈蛾撲火自己找死？更重要的是，法院W院長與我積怨已深。

這就是前面我講過的經歷，在岷縣貯木場住房改革時，我代表工人維權，因此得罪了相關責任人，也包括W院長。

事已至此，欲罷不能，欲戰無力。但是我要與仲裁委講個道理。我的理由有三，第一，我的仲裁申請完全符合條件，沒有「超過申請仲裁時效」。第二，仲裁委拖延兩年才決定我的申請「不屬於人事爭議仲裁的受案範圍」，不能服人。第三，對我所申請仲裁的六個具體問題，仲裁委全部迴避；不作為。為什麼？

我把以上三點思考寫成了材料，親自晉謁新上任的人事廳龐廳長。他的態度很平和，他的體型與他高幹的身份相稱，我寄以希望。他看材料，我以畢恭畢敬的心態向他陳述案由。之後，他拿起電話：「你上來一下！」

我認為這次他一定叫來一位能斷案子的清官，我方不虛此行。

門一推，進來一位微胖矮個，恭恭敬敬地站在龐廳長辦公桌前。龐廳長把我寫的材料交給他，然後對我說，你跟張處長去，叫他認真處理一下。這時我才看清，他不是別人，正是主辦此案的仲裁處張處長。

我氣憤地對龐廳長說：你是省委組織部副部長兼人事廳廳長，我以為你必然比包文拯更英明，你竟然能把秦香蓮的冤案交給陳世美去判。

我轉身出了辦公室。

# 四、又一個不講理的「包公」

不久，張處長打電話「請」我去一趟。

這位仲裁處長沒有和我正面交鋒過，就是仲裁開庭他也未曾露面。魏副處長主辦我的案件，反反覆覆都是他在幕後操縱。這次去我實在難捺心中悲憤，但又不可和張大吵大鬧。一進門我便跌倒在地，由於左腿不肯屈膝便半跪，他忙來攙扶：陳老怎麼了？

小民上了公堂，自當匍匐大禮參拜。被告審原告自古有之，奸臣審忠臣並不少見。但在近代被告領了尚方寶劍，接過原告狀子並傳喚到庭，這也是司法、仲裁一大創新。

家倫怕我克制不了自己，在一旁勸阻我。

張把我拖到沙發上，忙忙亂亂地倒茶。

「張陰謀處長，今天你是審訊還是宣判？」

「陳老你記錯了，我叫張XX。」

「沒記錯，你的名字是取八卦中的乾為陽坤為陰，所以你就是善通此道。」

「你取笑了，今天請你來我們商量一下，我們換個方式把這個問題解決了。」

我沒作聲，左腿關節有些痛，我習慣地按摩著。

「你看，這樣行不行？」

「你沒說，我怎麼知道行不行。」

「我們這次邀請各方領導一起座談，大家都心平氣和，以解決問題為目的。」

這種手段，白龍江林管局李永健已玩弄過一次。我把2006年6月9日的「宣判會」說了一遍。

張處長說：「這次絕不會是那樣。我們要求白龍江林管局，林業廳、省老幹局和人事廳的領導參加，至少來一位副廳級領導。你如同意，會議時間訂於8月28日，在人事廳會議室舉行。」已經確定了日期，他才徵求我的意見，葫蘆裡賣的什麼藥，只有打開方知。

那年我已八十三了，這幾年到處奔跑，多是家倫律師不辭辛勞陪我，我也有愧於心。如果張處長和人事廳真有誠意，也就不求全責備，儘快了結也好。

張又說了些對我同情的話：「我也是陝西人。」「這我早知道，你和

張某是同鄉。」他接著說：「我的老父親年已九旬，我每年都要回去陪老父親。你偌大年紀，我把你當作長輩。你的問題一直是魏處長經辦，我關心得不夠，你老多原諒。」此時我不但不生氣，倒自責方才的言行。

同時我也願意相信，四個廳級和一個縣級領導參加座談，總會說點人話。我也期盼這一天的到來。

座談會那天，我和家倫到得遲了一點。一個大會議室，裡面坐得滿滿的。我能認出的人有省委老幹局楊毅局長、寧曉芸處長、白龍江林管局車克鈞副局長、省人事廳孔副廳長、張處長、魏副處長，工資福利處曹某、洮河林業局谷副書記、組織部王部長、林業廳人事處劉副處長和信訪辦G主任，其餘人不認識。我納悶的是，林業廳沒有一位副廳級領導到會？

孔令紀在他的身旁給我留了兩個座位，他禮貌而熱情地招呼我和家倫坐下，並說他和我是鄉黨。我感到，氣氛還不錯。

孔令紀以主持人身份首先說了些座談會的意義和要求，他特別強調：這次座談會是在省委陸書記、人大洛桑主任的重視和龐廳長的指示下召集的。之後由我簡單地說了那幾項必須解決的問題，家倫也作了補充。王治國老調重彈，他念了一遍他們給管理局的那份彙報，依然沒有涉及要解決的任何具體問題。

其他人則沒有發言。

孔令紀宣佈休會，他們都跟著出去了，只有老幹局和幾位八面不挨的人坐著未動。我和家倫都認為，他們一定是下去溝通思想。他們都是黨的中高級幹部，不會都是昏官；我希望合情合理了結此案。

不過，說心裡話，我也十分詫異；在政策法規日漸公開的今天，為這點小事如此大動干戈，浪費高級幹部的寶貴時光，又是何必？四、五個高幹，十多名幹部，又是開庭，又是座談……難道他們不懂這是浪費國家的人力資源？

不大會兒，孔廳長帶領一些主要人物回到會場。孔年紀看來不到五十，很會說些嘻嘻哈哈的話，能打破會場的沉寂。孔支支吾吾地開口了：「唉呀！陳老這事大家反復討論了，不是我們這些單位能解決的。要解決這些問題，只有向法院起訴。」

結果，還是要把我交給W院長、L書記。

這是我始料不及的，我站了起來說：「法院解決，這是你們早已不止一次設下的陷阱。既是如此，又何必興師動眾地開這個會！」張處長的陰謀實現了。我和家倫都離了座，往外走。這時，省委老幹局楊毅局長把我攔住說：「陳老你稍坐，我去和大家再商量商量。」他一揮手，叫孔等到另外一處說話。

少許，他們回來入座。孔又是一番嘻嘻哈哈，給我帶了不少「高帽子」。然後吭吭嘰嘰地說：「經大家討論，都對您老表示同情和敬意。但是各單位都無這項開支，由楊局長建議，給您這幾年的坎坷補助一萬元。同時在座談紀要裡，向您表示歉意。」

李永健在那次宣佈〈答覆〉時就說，要我寫申請補助。這次我以同樣話說：「那時候我躺在床上，一十八次請預支住院押金；你們寧肯讓我爛掉一條腿，也捨不得預支五百元。今天我拿到離休工資，反而給我生活補助。謝天謝地！不要。」但家倫說：「如果是賠償的話，要下再說。」

我認為家倫說得有道理，便答應了。

2008年9月10日，省人事廳送來《省人事廳對陳星同志上訪有關問題協調會會議紀要》。

「與會者對陳星同志的坎坷經歷表示同情，對陳星同志晚年積極參與慈善事業表示讚賞，對陳星同志的頑強生活態度表示敬佩，希望陳星同志以開闊的胸襟，豁達的心態安度晚年。」這是《紀要》的前言。


經協商達成以下處理意見。

一、洮河林業局在今年重陽節的時候，邀請陳星同志回洮河林業局，參加座談會和相關活動，與其他老同志聚一聚，放鬆心情，共敘友情。給陳星同志以回娘家的溫馨感受。

二、洮河林業局要把構建和諧社會，以人為本的理念融入老幹部工作中，在今後的工作中嚴格執行黨的離休幹部管理政策，落實工作措施，做好工作，關心理解老同志，對老同志的生活予以充分的照顧。

三、鑒於陳星同志傷殘特殊情況，由洮河林業局給陳星同志支付一萬

元精神補償。

《座談紀要》的恭維讓我感到慚愧，他們的目的很明顯，要我「以開闊的胸襟，豁達的心情安度晚年」。不要斤斤計較，不要討公道，放棄工資補發和賠償。

他們要求我這個從青年時期坎坷至今的老人、小幹部有寬闊的胸襟，去容納他們高級幹部數十年來用各種手段對我的打擊和侮辱。那麼你們為什麼不能以做人的良心來平反冤假錯案？為什麼竟以十個錯來掩蓋一個錯，重炮轟打一隻微不足道的「小麻雀」？

我不是斤斤計較給組織添麻煩，我是以一個做人的正義為自己討公道，我也是為黨落實它自己制定的政策。

會後我瞭解到，張處長在8月27日即座談會的前一天下午，先已召開了預謀會。由人事處長升為林業廳副廳長的張某參加了，他以領導資格參加共同策劃，還是要我直接向洮河林業局法院起訴，由法院W院長一舉終結此役。張某安排好了，也就不必參加「座談」，避免和我見面。

事已至此，就看《座談紀要》中的第一和第三條他們是如何來落實。我也能和新一任局長見個面。

離重陽老人節只有兩天，我就準備接受邀請，與洮河林業局其他老同志聚一聚，「放鬆心情，共敘友情，給陳星同志以回娘家的溫馨感受」。

懷舊感，是人之常情；我由西安來甘肅，第一個工作單位就是洮河林業局；我對那裡的山山水水有深厚的感情。三畫《千里洮河圖》，也是出於這種懷念。當年，我在甘肅省第二監獄見到一個新來的年輕犯人；他是上海徐家匯人，也是洮河林業局的幹部。我見到他就像見到了老家的親人，同情的熱淚撲簌簌落下。此後，我一直以一個老犯人的便利，盡力給他關照。

重陽節這日，我等著「回娘家」；等到十二點，沒有一點消息。天下著小雨，也很冷。蘭州離卓尼三百多公里，這種事洮河林業局可能忘了。

電話鈴響了：「你能來嗎？到『龍頭山莊』來，共度老人節」。這是洮河林業局蘭州辦事處的電話。

中午12點聚會，12點通知我趕往近十公里的北山。明知我去不了，他們

卻是履行了《紀要》裡的建議。

12月了，一年將盡。我和家倫去向座談會主持人孔副廳長彙報：

「重陽節已過，一萬元的補償金也過了兩個多月，毫無動靜，也是紙上談兵。這麼簡單的兩件事情，能有多大的困難？然而當年領導能說我塗改發票，把應予報銷的四千餘元醫療費扣了四年之久，這一萬元豈能輕易給我？但這是五方領導人共同決定的，白龍江林管局和洮河林業局都自食其言，不去執行。由此可見，我所申請解決的問題，早被他們作為垃圾拋棄了。」

孔廳長似乎很不耐煩，但他再不耐煩，也得等我把話說完。

我說洮河局某書記誣我塗抹住院發票，管理局某局長躺在辦公桌旁的床上，翹起二郎腿，冷若冰霜。我說，某官員把座談會改成「宣判會」；某處長、某主任在電腦上打麻將，玩撲克，卻不接待上訪者；還有某幹部把一件應當裁決的案子推推拖拖，不作為；我說，連《座談紀要》他們也不落實，人事廳有責任糾正。

我發現天漸漸陰了下來，烏雲壓城，暴雨即將來臨。

「你不滿意了就到北京整去嘛，或者到聯合國告去嘛。要不然你給我借個槍我去把他們都槍斃了。」

我不敢相信自己的耳朵，這是共產黨的廳級幹部說的話！

家倫也有些生氣，我問孔副廳長：「去北京整你給路費？去聯合國你給辦護照？槍嘛，你有何必借？你先把我斃了，一切都了了。」

我佩服孔廳長的臉和川劇「變臉」一樣「迅速」。他馬上笑道：「鄉黨我跟你she（說）著fa（耍）的，bao（甭）生氣！bao（甭）生氣！」

我說了最後一句話：「你們把《座談紀要》不當回事，我也不承諾息訴。」

於是我把上述情況一五一十寫了《座談彙報》，按照人事廳將《座談紀要》抄送的單位，我給每個單位寄出一份，包括省人大、省老幹局、省委信訪局、省政府信訪局、林業廳、白龍江林管局、洮河林業局。

我的用意有三：一、試看黨對他的下屬不問責，是不是已成鐵的「紀律」？二、人事廳龐廳長、省委紀委對孔副廳長的高論有何反映？三、我以此告知他們，座談會等於沒開。因此，我保留繼續申訴的權利。

不久，洮河林業局駐蘭辦事機構要我去領那一萬元的補償金。我本不想去領，但是又想到，我不領，正合洮河林業局某局長的心意；我還是去了。

結果，付款同志要我把補償寫成補助；我轉身就回來了。

過了不久，省人大常務副主任洛桑問我《座談紀要》落實情況，我如實告知。他便給原林業廳廳長、現人大副主任馬尚英說了，馬又指使給X局長，因他已升任人大農委主任。

X主任便給我打來電話，叫我去領那一萬元補償款。他教訓我：「你不要摳字眼嘛。」

我質問他：「座談紀要上明明白白寫的是『補償』，取錢時要我寫『補助』。我不領，就責備我摳字眼。你們硬要把『償』字改為『助』字，是誰先摳字眼？」

後來，還是洛桑主任勸我，以「補償金」名義領來這筆款子。

當初我不夠反革命和右派的標準，他們硬是放寬尺寸，送我「反革命」、「右派」兩頂桂冠。如今我應得的補償，符合各項政策法規；他們卻一壓再壓，不斷緊縮。那些製造冤案的人，他們的責任沒有被追究，我等受害人付出了無可估量的血淚代價。而這失去自由和生命的代價，豈是區區一萬元可以補償的？

我不忍心使用這沉重千鈞的一萬元，當即通過《蘭州晨報》聯繫了臨洮、通渭縣兩名貧困女生，資助她們上了大學。

兩位女生很懂事，經常向我報告在校的學習情況。得知她們都拿到了獎學金，我高興得一夜沒睡著。這是我最大的收穫和安慰。

# 五、勉強畫個句號

我給省級各相關單位寄出《座談彙報》，表示了我的態度，不承諾息訪。

我需要仲裁的諸項問題並沒有得到仲裁，一萬元精神賠償費固然算是精神安慰，但我的各項實質性訴求依然需要得到回應。我強調，必須給我補發文革期間十年冤獄的工資，還必須補發文革結束後應予調整至我退休時工資；另需要按照調整後的工資基準幅度計算，補發給我從退休後至今的工

資。而按照道理，反右蒙冤以及此後至文革拘留、羈押再加上服刑；我在看守所羈押、監獄裡服刑超過十七年，此後反覆申訴超過三十年……全都應該給予國家賠償。這不是一萬元精神補償能夠了結的事。

林業廳廳長又換了人，新任廳長是石衛東。我寫封信請「石廳長親啟」。我去面呈他不在，便交給了辦公室一位四十歲上下的女同志。數日後石廳長回廳，我先去辦公室問信是否轉呈？說已轉石廳長。我再去問廳長，說未見。回頭我又問那位女同志，她還是原話。這時一位男同志去把廳長辦公桌上的文件翻了個遍，也未找到。

我問該女士：你是否給錯人了？她當然否認。石廳長便叫我口述，我說罷，他電話叫來一位樊輝副廳長。這人沒有官架子，我在他的辦公室來去多次，樊廳長表示同情又為難：你投訴的幾位領導我都無權管，對某官員更是無權過問，是否想個別的辦法解決了事？

過了幾天，五位幹部光臨寒舍；有白龍江林管局人事處長的兩位副處長、老幹科的付平科長，還有洮河局的勞資科魏紅軍等人。他們拿來一盒酸奶，和我談補發文化革命期間工資的問題。

你屬行政二十級，每月基本工資八十元，每年九百六十元，十年共計九千六百元，他們似笑非笑地等我點頭。

我說，我已九十一了，不是小孩給嘴裡塞個空奶嘴就不哭了。這種計算法不只是對我的欺辱，也戲弄了中央的政策。

來人中領頭的某副處長說：「你不要嫌少嘛，這是局裡研究過的。我要是在省委，你申請多少次也不會受理。」

「這麼說中央有眼不識泰山，沒能發現你這位大才，沒能把你任命為甘肅省委書記，所以你錯誤地受理了我的申請，你才採取這一措施來顯示你的高明。我是否嫌少，請你回去讀一讀省人事廳《陳星同志上訪有關問題協調會議紀要》。那上面給我『精神補償』一萬元，我簽了字。之所以接受『協調』，因為《紀要》中說了些暖心的話。但洮河林業局未按《紀要》去做，才有今天的補發。補發和補償的含義，請處長你做個解釋？」

這位處長藉口上洗手間，丟下他帶來的同事悄悄地走了。

我把上述情況向林業廳的樊廳長彙報，他也有些納悶，但未正面回答，

顯然他還要請示石廳長。

為要求公正，以黨的政策為據上訪，開始的對立面是洮河林業局一家，後來相繼增加了白龍江林管局、甘肅省林業廳、甘肅省仲裁委、甘肅省人事廳……我都九十了，還有多少光陰和精力去講理？

過了好久，我接到柴金霞處長電話：「您的問題實在拖得太久了，上上下下關係也複雜，廳裡才提出由劉局長帶洮河局、管理局相關人員，由我陪同去您家，向您道歉；並由洮河局拿出五萬元——不說補發補償，僅向您老表示慰問；從此畫個句號。您如能理解我們的心意，明天就去您家？」

我答應了。

幾十年的冤情，根從洮河林業局生，今有從未謀面的劉局長前來見面，應當如魯迅詩中所說「相逢一笑泯恩仇」了。當我陪上笑臉，伸出老手，劉局長面無表情，還是柴處長向他示意他才伸出手；我反而慚愧地向柴處長和大家表示歉意。柴處長代表林業廳說了些客氣話，我給劉局長寫了幅曹植的詩：「煮豆燃豆萁，豆在釜中泣，本是同根生，相煎何太急。」當時人多我沒有直接給他，後來讓家倫律師給送去了。他是否能去體會其詩的沉痛，我並不報太多希望。

就這樣，我答應了他們：畫個句號，終了此案。

這是一個似圓非圓似扁非扁的句號，我不是勝利者。我一退再退，退無可退，我也太累了，我投降了。

# 第十八章　隨想

## 一、遺憾與感念

「抱玉乘龍驥，不逢樂與和。」含冤走鋼絲，多遇魑和魅。

這四句不足以概括我數十年來的經歷，但形容人生坎坷，倒也確切。

這幾十年裡，我無論是向法院、行政機關求助，還是申請仲裁，進行申訴；或者進京上訪，申請覆議，大多都是以失敗告終。總結回顧，皆源於不自知。我認為自己佔有事理、法理的優勢，依然沒有認識到「黨是領導一切的」。無論是公檢法、行政機構、信訪辦、仲裁機構，都是黨的兒孫；是黨為了維護自己統治地位而「生養」的。我也曾傾注全部感情，高唱「爹親娘親不如毛主席親，千好萬好不如共產黨好。」但我卻忘記，毛主席早已把中國乃至全世界的人都劃作兩類：「人民」和「階級敵人」。他的依據來自馬克思主義的階級鬥爭理論，人類被劃作無產階級和資產階級。我自己「榮」屬後者，卻對黨抱有幻想。

有幾位大名鼎鼎的右派作家在講演中大呼小叫的：「娘打兒子，打錯了，這是常有的事；如今改正了，還能記恨嗎？應當感恩。」可是，把毫無過錯的兒子打個九死一生；送去做苦力，餓成皮包骨，化作累累白骨，這是什麼娘啊？世界上有這樣的娘嗎？

現在我年屆九秩，回首平生，我沒有為自己洗淨冤屈，贏得全部尊嚴；這是我的遺憾。

我入睡不大做夢，一旦入夢就又進了監獄。第五次出獄時，雖然社會已有了很大變革，我背著鋪蓋捲還是不斷回頭。我朝著那鐵大門自問：這是不是最後一次告別？還有沒有第六次？在夢中，果然我又進來了。巡視環境，高牆電網，端著衝鋒槍的「班長」來回轉悠。這些我都已習慣，擔心的是把

自己排在通鋪的中間，擠得翻不過身；左邊咬牙，右邊打呼嚕，優點是離便桶稍遠點。俗話說在家靠娘，出門靠牆。若能靠牆，最好是有窗戶的那堵牆。那次服毒自殺，就是因為鋪位靠窗才實現的。和管教幹部的關係處理好了，他們總是把我安排在那個理想的地方；我便心安理得地永久住下。

我出獄時，監獄領導對我說：你回原單位，如遇到難處就回來就業，一切從優。管教科胡科長甚至約我至家，給我斟了杯酒說：這幾年我在工作中，無論對你還是對別人，有過分之處你都給我提提。在夢中我常常懷念他們。可是如今的幹部，知民心的又有幾個？

回想過去，在人生途中，我也曾相逢義士，至今我感謝他們。在甘肅省第二監獄，我遇到從積善政委（監獄一把手）。我出獄後，從政委已調甘肅省勞改局任局長。我去看他，他說你還在第二監獄就業，不是個辦法。你去找林業廳，找禹貴民副廳長，他是敢說真話的人。

我難以忘懷的還有林業廳的尚振潭處長；他善解人意，多次為我扶危解困。

那是在1987年，我去林業廳上訪。由於夾著兩條木腿，被擋在門外。我便坐在臺階上，這時下來一位年青幹部用腳踢著我的屁股，「哎」、「哎」地叫我。我便不理，他大聲喝斥，嫌我給他們臉上抹了黑。吵了一陣，下來一位中年幹部，他很客氣地把我扶進電梯，讓我坐在人事處的沙發上，並倒茶遞煙。我才知道他是尚振潭處長，剛才那位是他們的小白同志。

還有一天我去新華書店，過斑馬線時，有兩個人飛快地騎著自行車過來。我閃避不及，被他們撞倒，殘肢痛得動也動不得。由於行人多，那兩位青年只得背著我，去了城關區醫院。他們把我放在長條凳上，說是去掛號，一去不復返。我只好給尚處長打電話，他親自來作了安排，還給我報銷了藥費和住宿費。

若干年後，省美協、省殘聯為我在省老年活動中心辦展覽。主辦方邀洮河局作為主辦單位之一署個名，遭到拒絕。尚振潭此時已調任辦公室主任，他拍板同意以林業廳作為主辦單位之一，並出席了開幕式。

2001年，省政協邀我同去香港參加黃河八省區舉辦的《騰飛吧！黃河》

展覽，要由本人所在單位辦港澳通行證。洮河局拒絕辦理，還是尚主任出面交涉，幫我辦了證件，使我得以成行。

在我深陷危難之時，若無禹貴民廳長拍案而起，便難以獲得退休待遇。若無馬尚英廳長的認真對待，焉能退休改離休？若無宋照肅書記、洛桑書記、李德奎主任等人堅持原則，我怎能獲得「宣告無罪」這四個字？這些幹部多屬回、藏兄弟民族，他們未被「左風」摧毀良知。

說到這裡，我想到一位善良而慈祥的領導，他是我終生難忘的朋友。

洛桑靈智多傑，一聽這個美名就知道，這是一位藏族官員。洛桑是青海人，吉林大學經濟學碩士。他從基層一般幹部一步步幹到州委書記，後到團中央書記處任書記；再從中國藏學研究中心副總幹事職位上調任甘肅省副省長、省委常委政法委書記。也是在這個職位上，他斷明我的冤案，直到此時我還沒見過他。

此案基本結束，也有這些好領導、好幹部的努力。我不能一一登門叩謝，便分別寄上一幅小畫；我將他們的善良和正義銘刻在心裡。

一天，我接到一個陌生的電話：

「您是陳老先生嗎？」

「老先生不敢當，我是陳星。」

「我是洛桑書記秘書趙兵讓，你給書記寄來的大作書記很高興，叫我向您表示感謝！」

我內心羞愧，不知所措；又被「感謝」二字打懵了。這該不是諷刺我吧？我寄出二十多幅畫，只有洛桑書記有此回覆。

2007年9月15日，我在蘭州飛雲閣舉辦個人展覽。主辦方要舉行開幕式並剪綵，我想請洛桑書記剪綵，也和他見個面，又難以啟齒。原農業廳廳長賈寶忠先生說他去請，果然洛桑書記準時來了。他面容慈祥，目光睿智，就像一位活佛。

我留意到，洛桑在看展覽時，被那幅《誰言寸草心 報得三春暉》的畫所吸引，我畫的是雪白的大地，碾盤旁一頭小牛正在吸奶；母牛悠然地嚼著乾草。洛桑細看這幅畫，可謂仁者見仁，智者見智。

事後，我便買點水果之類去見他一面，那時他已調任人大第一副主任。

我受到熱情接待，他並不嫌棄那點普通的果品，還表示謝謝！當我告辭時，他竟給我搭上一條雪白的哈達，又將青海的青稞酒，乳酪和茶一一回贈。我再三謝辭，他便叫秘書攜物送我到車上。他不以恩人自居，而以友人相待，這使我感動至今！

我在陝西涇陽索回款項的案子，也幸虧洛桑書記的關注，若不是他給袁純青省長及時通話，還不知會是怎樣的結局。如今，他已離開甘肅去了北京。我只能暗暗祈禱：好人一生平安！

我不只是要祝福洛桑主任，也要祝福所有曾為我說過一句公道話、寬心話的幹部。我申訴上訪流浪數十年，內心創傷累累，冤屈壓得我腰弓背駝，抬不起頭；感謝你們的關注和安慰。我願你們仕途平安，內心的正義之火不要熄滅！

## 二、暮年回首

2015年是抗日戰爭勝利七十周年，在此紀念日前夕，我畫了一幅迎面奔來的汗血馬，題有四句話：「抗戰八年衛神州，不還河山誓不休，疆場灑血終勝利，卸鞍屈指七十秋。」正要落款時，迎來三位客人，還扛著攝像機。我還沒來得及請他們上座，高主任站到畫前說：我們正是為抗戰勝利七十周年紀念，來採訪「抗戰老兵」的。

高主任是甘肅電視台著名主持人之一，2004年省高院對我徹底平反，她就專題採訪報導過我的冤案。之後在黨的十八大前，由副省長咸輝安排我在省老幹部活動中心舉辦書畫展，她也親臨報導過。當然是老熟人也就免去一切客套，高主任開門見山地說：黨中央習近平總書記對抗日戰爭勝利七十周年紀念活動非常重視，對抗戰老兵更是異常關懷！但健在的抗戰老兵不多了，我知道您是老兵且光榮負傷，請您談談抗日經歷吧。

我沉默了一下，然後說：我是抗日老兵，但我是在國民黨部隊不是在八路軍。

「抗日是中華民族的使命，也是國共兩黨的共同責任！無論您是共產黨的還是國民黨的，抗日老兵都應當受到尊重！」高主任說。

我問：「從何處談起？」

「您就說說參軍動機和戰鬥經歷吧。」

於是我就說了如本書上卷所講到的抗日遠征的故事。

　　暮年回首，我依然要說，我無負於國家民族。若說辜負，惟有負於父母、兄長、愛妻。尤其是虧欠兒女甚多，這令我內疚至今。孩子們自小到大沒有感受到父愛，我沒能盡到為人之父的責任。

　　在那不幸的時代，兩個兒子陷入絕境：升學不准，招工不收，參軍不要。左派先生們給他們送的雅號是「狗崽子」，尤其我們是飄落異鄉，舉目無親，不可能找到一個左派人緣關係。就是改革開放後允許一部份人先富起來，沒有「紅人」的支持，依然難若登天。當然也不能一概而論，一些有膽識有智謀的闖將，還是能成就一番事業。這個路子我走過，但平反不徹底帶來的政治限制和後來身體致殘，以至於一敗塗地。何況兩個孩子無學歷，無財力，無技能，或者也可以說無膽識。因此，他們晚年的依靠只是最低的社保，處境窘迫。我自失去一條腿，對家庭任何人的行為失去發言權；更談不上幫助兩個兒子。無論他們是自我陶醉還是自暴自棄，我都只能說聲好自為之。

　　兒女們一生惟一讓我自豪的是，沒有做過危害國家社會和他人的不良行為。

　　在這個苦難的家中，我最不能原諒自己的是剛愎自用，我不能自寬自恕。

　　小女雪琴高中畢業後，被安排在一個半手工業作坊性質的皮革廠做工。改革開放時，大小廠的頭頭都熱衷於去外地考察；這個皮革廠被他們公費考察成了個空殼，就給工人們分幾雙不合格的鞋，讓他們自己擺攤吃飯。

　　小女雪琴為了生活，高利借貸與人合營中藥材，不料被騙得精光。債主搬掉她家中一切，夫妻離婚，她被掃地出門。領著不滿兩歲的女兒，雪琴投奔娘家，這是天經地義的倫理親情。

　　雪琴領著女兒不敢進家門，她母親囁囁嚅嚅地向我訴了前情。我問：「她這樣做是否取得了他們家裡人的同意？」說是她獨自作主，我不由火冒三丈，堅決不許母女倆進門。

　　雪琴抱著孩子兩眼淚汪汪，一步一回頭，她母親跟在後面痛哭流涕。

初冬季節，黃葉飄零，寒風凜冽。我也有些動情！但一想到我們這個家幾十年都是在苦水中浸泡著，在共產黨領導下，我們怎敢想入非非？我自知命薄，沒買過一張彩票。幾十年牢獄都因「投機倒把」，如今落得殘軀借居。我以為，窮是命；我骨折時也未敢向人借錢住院，女兒你怎能如此大膽？只好自作自受！

雪琴一手拖著孩子，一手夾著幾件破衣，遠去了。

她回到山坡上那個破了產的、沒人住的土廠房，和女兒相依為命。她們缺衣少食，熬過了一個又一個冬天……

牲畜也有舐犢之情，每思及此景，我都心痛難忍；九泉之下也難原諒自己。可是女兒原諒了我，她自我奮鬥，現已衣食無憂。作為個體經營者，她還被選為市人大代表，她是個遵紀守法的個體戶。

惠琴是大女兒，她小學時就輟學，幫助母親分擔家務，照料妹妹。如果不是她，老伴會失去每月四十來元的工資，一家人都要成為餓殍。她沒文化，出嫁後終年忙碌，起早歇晚。出門打工，其勞動強度至今不敢回想，也落得一身殘疾。所幸她一家和睦，老而無憂。

菊卿小時就是我最心愛的女兒，她是我被劃右派服刑出獄後出生的。嬰兒呱呱墜地，每一聲啼哭都刺痛我的心腑。家徒四壁，捉襟見肘，母親乾癟的乳房如何維持她幼小的生命？我怎能讓她在苦難中成長？把她送給殷實之家吧，內心實在捨不得。可是，孩子留在繈褓裡，終是在饑餓中煎熬！健康成長和幸福原本是她的權利，也是我的責任。

有個和我關係較好的朋友，已近中年，無兒無女；家境尚可，不愁衣食，期待抱養。但因沒有養育過新生兒，恐有不測；便想在她半歲以後再來，把她抱走。於是，領養的事暫時擱置下來。

那時沒有鮮奶，也沒見過奶粉。我們各處想辦法找來一筒煉乳，和著雞蛋、麵粉攪成糊糊，一點點地餵她。她不像現在的孩子那樣嬌氣，給啥吃啥。慢慢地，她會笑了，會跳了，會咿咿呀呀地叫了。半年過去，那位朋友來了；但我和老伴早已約好，這個千金難買的小生命要永遠留下，留在我們這個窮家裡；與我們同呼吸，共命運。

菊卿就這樣在苦水中泡大了，她聽話，好學習，工作也有長進。現在她

有一個獨生女，尹思卓。這個孩子愛學習，好音樂。我還記得一件小事，思卓在街上吃了橘子，一路沒有垃圾筒；她一隻小手緊緊攥著橘皮，回到家才鬆手。她也懂事，高考錄取後她選了「食品監督」專業；這個選擇來自她對三鹿奶粉傷害兒童健康的思考。大學一畢業，思卓就考上了公務員。她給我們全家帶來了安慰和鼓舞。

## 三、反省與追思

我半世坎坷，家人兒女也諸多不幸。有朋友勸我，找個風水先生，把父母的墳墓挪個地方。但這墳地是我前岳父唐九叔手持羅經審慎挑選的，先父墳地又與後輩何干？

還有一些「好心人」勸我：劉、彭等國家領導人被整死，你能活到今天，應當滿足；所謂「歷史不能倒流，應當向前看。」對此，我實難苟同。劉、彭等死是為國殤，非共產黨之榮耀；也不是普通人必須苟且偷生的理由。更何況，我死也就白死，如我命運者又何止一人。有幾百萬人被打成「右派分子」，失去家庭、職業和做人的權利。他們二十二年被剝奪的工資沒有得到補償，相當一部分人失去生命，有的人至今未被平反；「改正」也只是給活著的人「改正」二字了事。我等草民，命如螻蟻。那麼多同胞死於無辜，而我僥倖活了下來；我沒有權利沉默。

歷史不能倒退，而有時依然倒退，非人所願。因此，歷史留下的垃圾，人人有責清理，下一代還要繼續打掃。如果我能濯汙揚清，那是為人權爭得的進步。如果大家都努力，那就有更多的社會成員得以享有權利。

鄭板橋的「難得糊塗」，我深有體會。忍無可忍時，我真想和那些不講理者拼命。但又想到這麼多年來，電臺、報刊、諸多媒體記者對我的「義舉善行」以高度評價；他們在黨管的媒體、在體制內工作。若我孤注一擲，會給他們造成不良影響。我也想到，那些冷血官員和极左分子也是受「幽靈」指使，身不由己。

那麼，此生有沒有身不由己而失足的地方？有。

我和一些老革命一樣，青年時代信錯了教。那時根本不懂什麼是馬克思主義，只是不滿執政當局，便瘋狂地熱愛共產黨和偉大領袖毛主席。我辦報斥責國民黨的腐敗，嚮往共產黨的民主自由。南下渡台的車開到家門口，自己躲起來；日夜兼程北上投共。

　　最初參加革命的老幹部那時是真心一片，如今反對黨的獨裁也是一片真心，人稱「兩頭真」。其實黨應把毛開除出黨，洗清黨的汙點。我們過去都錯了，今天應當明白才是。

　　毛澤東當政以來所製造的冤案，可稱世界之最。他迫害知識分子，超過秦始皇萬萬倍。我早就認識到了這一點，但在很長一段時間，我都在想：我們現在還處在沒有毛澤東的毛澤東時代，怎敢高聲鳴冤？

　　1957年反右迄今，又是一個五十七年。「行止無愧天地，褒貶自有春秋」。如今我要說，我愛「右派分子」這頂帽子，它的光環正在擴大。

　　支援甘肅建設的青年幹部來自五湖四海，他們在「反右」運動中被判刑，就地勞改，或送勞動教養。1957年底，送至酒泉夾邊溝勞教農場的有三千一百三十六人。由於勞動強度和饑餓，天天都在死人。中共中央西北局1960年12月在蘭州召開搶救人命的會議，此後，從那裡活著出來的不到五百人；有兩千多人葬身荒野。這不是聳人聽聞，描寫這一慘案的作品有作家楊顯惠的《夾邊溝紀事》、《告別夾邊溝》、趙旭的《風雪夾邊溝》、邢同義的《恍若隔世—回眸夾邊溝》、和鳳鳴的《我的經歷1957》等。在這些書中，作者們以沉痛的筆墨敘述了當時的慘狀。

　　可悲的是，當年遇難的勞教囚徒，被草草掩埋；年深月久，風沙掀起屍骨，至今無人收斂；「白骨露於野，念之斷人腸」。我因此想到有關報道，美國人在幫助中國抗日時，有大量軍人犧牲在中緬駝峰航線，他們找遍喜馬拉雅山，遍尋軍人遺骸，將之運回故土安葬。近年來，韓國也不斷送回中國抗美援朝時犧牲在那裡的志願軍遺骸。而夾邊溝勞教而死的兩千多人的屍骨，幾十年來任憑風沙、烈日侵蝕。真是「白骨丘山在，蒼生竟何罪」！

　　《我的經歷1957》作者和鳳鳴當年是《甘肅日報》社的夫妻右派之一，她和丈夫王景超同被送去勞教。西北局決定「搶救人命」後，夫妻倆只有她

倖存下來。她去找丈夫王景超時，連件遺物也未看到。

　　甘肅省氣象局退休的工程師張遂卿先生當年還不滿十八歲，是1958年9月26日按指標補上的少年右派。他後來去夾邊溝勞教農場遺址考察，看到暴露在荒灘上的難友遺骨，心生悲戚。他和和鳳鳴教授共同倡議修建墓園，豎立「夾邊溝五七罹難者紀念碑」，並與我商榷。我想到，我的好友孫瑞元的遺骨也在夾邊溝，我哪有不支持的道理。但我建議先收殮遺骨掩埋，建成「五七難友遺骨塚」，使他們的兒女後代前來祭奠時，有個寄託哀思的方位。正如宋人王奕的詩中所寫：「白骨青山如得所，何須兒女哭清明」。

　　他們採納了我的建議，但大家都已年邁，只有張遂卿先生和夫人不辭辛勞往返酒泉。他們啃乾饃，住地下室，實地勘察，並與當局聯繫多次。甘肅的五七難友和外地的朋友們得知建碑動議，紛紛捐款相助，略盡綿薄。建碑過程中也遇到一些阻力，暫時無大礙。以後是否還會遇到「左」的干擾，尚未可知。以張遂卿先生的決心和毅力，是要「排除萬難去爭取勝利」的。道雖邇不行不至，事雖小不為不成。寫到這裡，感謝同志金把我從右派升級到「反革命」，判刑十年。若以勞動教養處理，我將和孫瑞元一樣死在夾邊溝，白骨也將永遺荒漠。

　　坐牢也是我一生的「主要任務」，我出獄後申訴上訪，開始了一項遙遙無期的艱巨工程。我雖天天喊冤，但我常常想到比我更冤的那些人。夾邊溝右派是酷刑勞役加饑餓致死的，兩千多人白白餓死；全中國更有幾千萬老百姓被餓死，這是全世界空前絕後、侵犯人權的大案。我曾設想，怎樣能為他們立一座如首犯巨像一樣高的紀念碑？我想以毛筆倒豎造形；上刻「正義之筆照天書」，背面刻「忠魂」二字──這些知識分子對國家人民忠貞不渝，但他們的熱情和理想，全被那個首犯的時代葬送。

## 四、晚景歸途

　　我是從鬼門關往返多次的人，久而久之，閻王爺就忘記了我。糊里糊塗，我混到九十多，惹禍的舌頭還健在，

　　無論如何，我的生命即將走到盡頭。

因了「離休幹部」的待遇，在八十歲之後，我在醫療方面的需要相對有了保障，但蘭州舊城改造添的亂，打破了我晚年的平靜。

上世紀末我將岷縣的房子賣掉，在蘭州買了一套舊房。樓高11層，沒有電梯，漸漸讓我難以上行。住了十多年後，我在2007年售出舊房，在廟灘子買了位於新樓三層的四小間居室。

這棟樓房當時按城市最新規劃而建，地點面臨十字路口，出行容易，購物方便，生活環境讓我滿意。

好景不長，兩年之後，廟灘子一帶就被劃入了政府的改造計畫。據2009年的《蘭州晨報》報導：政府將在2016年之前，把靖遠路改造成蘭州市一流的商業步行街；而且將首先興建安置房，並做精裝修，使拆遷戶不催自遷。對此，我信以為真。

我所在的社區被劃為一期拆遷範圍，街道辦事處工委劉書記也是拆遷辦主任。

按照政策規定，對折遷戶應該是「原地或就近安置」，但拆遷領導人卻要大家遷往邊遠地段。而在那裡，簡易安置房尚未動工。至於臨近社區的優越地段，則給了開發商另建高級商品房，並進行預售。

但當時我以為，「廟灘子整體改造」畢竟是省委書記陸浩親自去香港與利嘉集團簽的協議，這應該是為民辦好事。所以我主動回應，同意「按市價上升百分之二十貨幣補償」的條件來簽署拆遷協議。

當時城關區市場平均房價為六千元，再加百分之二十應為七千二百元一平方，但房產部門卻來壓價估算，給我的房子評估價為每平方為三千四百元。我請求與五號地在建房調換，我去已經租到並裝修了的房屋中過渡。拆遷者卻說：那裡不是安排你們社區的。無奈，只得退還租房，白花了兩萬多元裝修費。

本社區原開發商，尚有未售出的鋪面、住宅和違法建築房；現在面臨拆遷，他們便於街巷內外掛出大幅標語反對拆遷，且發動全體業主橫街而坐，阻斷交通數小時。對此，拆遷辦主任知其財大氣粗有靠山，開始暗箱操作。後來發生的情況如下：

第一，原開發商的補償要求得到滿足，五號地和更優越地段彼此調換。

據說開發商還拿到貨幣補償款開了金店（補償標準未公開）。

第二，原開發商將物業人員和眾人所交房屋維修基金悄悄帶走。

第三，社區住戶繼而被切斷供電、停供暖氣；而社區內外也不再有物業和保潔管理，垃圾越堆越多，居民難以維持正常生活；很多人被迫按最低補償標準簽署拆遷協議。而拒絕強拆的業主要求：折遷方公布對原開發商的補償標準，並追回維修基金。但眾人集體上訪數年，區、市、省信訪部門又以「驢推磨」方式上下轉了數年；大家始終得不到正面回答。抗強拆者繼續投訴於省委多個部門：巡視組、監察局、監察委員會、省紀委……而這些投訴依然是被下轉到城關區，再轉到街道辦，之後便杳無聲息。

與此同時，城關區信訪局強迫上訪人將新、老開發商與拆遷辦領導互利勾結等問題刪去，不許再提。廟灘子整體改造工程原計畫在六年裡完成，如今十年過去，完成的項目還不到百分之五十。

拆遷辦主任為拆散上訪集體，對我和另一位上訪代表予以現房安置，強行要求我們遷出。我雖知其所謀，但實在是年老體殘，無法在斷水、斷暖氣的環境下生活；也難以抵禦越來越高的垃圾包圍圈。不得已，被迫就範。

在簽拆遷協議時，他們對我多方壓制，尤其是所給安置房面積不足。請其更換大套間以便使用輪椅等，逐項要求均被拒絕，這給我埋下了安全隱患。

生平多坎坷，晚景失安居。

自林業廳出面解決了我與洮河林業局三十多年糾紛，我已經告別了艱苦辛酸的上訪之路。不料又遇這場變遷，所體會的仍是利益集團上下聯手，互相保護；貪腐者如有銅牆鐵壁，堅不可摧。我想當個良民，卻是難以如願。

作為「遲到」的離休幹部，我的工資級別還是1961年前的，經濟上也依然拮据。所裝假肢使用年久，沒有及時更換，也經常磨傷殘肢。尤其近年來在房間裡需要長坐輪椅，通過輪椅緩行。但新居空間狹小轉不開，只好復用雙拐。不料有一天，又在窄狹處滑倒，腰腿頓時疼痛不已，難移分寸。

滑倒時我還不知道後果，與我同居照料我的孫子將我送到醫院拍片，這才確認問題大了，屬於股骨頭紐裂骨折。我不由憶及前次骨折治療的艱難和截肢的惡果；最糟糕的是這次損傷的是原本健康的右腿上部。現在近乎失去

雙腿，躺在床上，連翻個身都難乎其難。這也不是一天兩天能夠恢復的，我決定不再住院，強忍著疼痛，我躺在家裡的病床上，靜思歸途：

那次被迫截肢，剛滿花甲，餘年尚可找點事做。今已九十又三，與我國平均人壽相比超過四分之一，還需要活下去嗎？還能活下去嗎？

2008年我給國務院政策研究室和全國人大寫過〈論《安樂死》立法的必要性〉。那時說的是腦死亡者、嚴重癡呆不可逆轉者、絕症、高齡重病疼痛難當而又無藥可止者；我認為應當同意他們在自願的情況下先行一步。安樂死是解除患者痛苦的善行良法，也讓親屬從長年照料的重任中解脫；還能為公共醫療減負。為何中國不能為安樂死立法？我認為這是假人道或是不人道主義。人有生存權，也應有選擇如何死亡的權利。我從相關討論中看到，像巴金、冰心這兩位著名作家在病痛煎熬時都希望安樂死。

既然如此，我的狀況屬於哪一種？我屬於高齡殘疾再度重創的患者，骨折後臥床不起，失去自理能力。治療和康復的過程漫長，這將給兒孫的家庭帶來長期的不安，迫使孩子們日夜操勞，守護盡孝。醫保、社保要繼續為我付出，而我再無可能奉獻家庭和社會……

更何況，一個人毫無復甦希望，反而徒然地承受痛苦直至油乾燈盡，醫護人員和家庭成員的努力也終將是徒勞的。我覺得這是浪費社會資源，也沒有實際意義。

我也想到導致這次事故的原因，在這場強拆中，政府機構沒有主持公道，卻是助紂為虐。這和我幾十年走過的不平道路如出一轍。那時我還能勉力獨行，堅持申訴。如今我連生活都不能自理，還能如何伸張正義？所有的法規都是為保護偉大的黨和黨的領導而制定，黨章就是憲法，領導的金口玉言就是法律。任你有萬條理由，也逾越不了這道紅線。在這條紅線上，有多少知識精英放棄了反抗而選擇了自戕，我又何德何能，能再往前多走幾步？

再三思考，我覺得早點結束生命，尚能保留平常的模樣，供家人親友追思。如果任由痛苦折磨，直至形同骷髏，將給他們留下不堪回首的記憶！

很多年前，我自忖年華虛度，對社會缺乏貢獻，就想過為醫學研究捐獻遺體。我請教過蘭州醫學院等單位，諮詢可行性和相關程序。他們回答使人失望，這個想法就此擱置。

2016年。我發現有機構在倡導捐獻遺體和器官，便電話和蘭州市紅十字會聯繫。該會胡靖同志立即來家解說，我便簽了捐獻遺體的協議。我也因此得到「中國人體器官捐獻志願登記卡」，在這張卡上，印著一顆愛心，下面有八個字：器官捐獻，生命永續。卡上還有一首詩，題為〈生命的禮物〉，讀之令我動容：

> 雖然不知生命之旅何時結束
> 但當那一刻來臨之時
> 可留下鮮花一簇
> 那是身體綻放的玫瑰
> 那是我獻出的珍貴禮物

　　從那時起，我便預備著此刻的到來。

　　2018年8月4日深夜，當孩子們熟睡時，我要迎接幸福之神了。從床頭櫃裡，我摸出早已準備好的五十餘片白色藥片；將之溶於水中，迅速喝了下去。我閉目等候，內心坦然平靜。

　　按照以往經驗，一分鐘以內就會失去知覺。而今天等了一個時辰，大腦依然清醒，心臟也無感覺。我不由得焦慮起來，開始懷疑這藥片的功效。以前每次住院失眠時，護士會神秘兮兮地拿來一片藥，親眼看著我吞服。雖不知藥名，但我相信它的神效。而門診每次也只給我開七片，還一再囑咐每次一片，不要天天用。我藏著安眠藥，多年來一直除舊貯新，保持我的庫存量。我把安樂死的夢想寄託在它的效力上。

　　失望了，完全失望了。兒女們早晨送我去醫院還有點模糊印象，之後的記憶一片含混。幾天後，我仰臥在床上，覺得鼻孔裡有根不細的管子，我便喊道：「這是誰幹的？」

　　只聽見一位護士高聲警告：「別動，再動我把你的手捆起來！」

　　我反問說：「你有捆人的權利嗎？」

　　「有！」

　　「誰給的？」

「馬院長。」

她竟然真把我的兩手綁在病床的欄杆上，自此我成了她們整治的對象。那一刻我忽然感到牙齒打磕，渾身打顫，好像進了冰窟。口渴無人給水，家屬也不許陪侍。朦朧中似乎進了冥國，度過幾日也回憶不起。

直到換了科室，這種狀態才算緩解。而骨折部位也開始疼痛。

這是我第九次與死神照面的經歷。

終於出院回到家了，吃喝拉撒都在床上，兒孫們日夜辛勞。這種不能自理、沒有尊嚴的生活，是我防不勝防的天敵。孩子們總是說，照顧老人是應盡之責、無怨無悔；而我卻感到無休止的內疚。

漫長的冬日裡，我開始在病床上慢慢起身。孫子孫媳給我選擇了多功能的電動病床，床頭可以自動抬高，我得以在床上架著小擱板上鋪開紙筆。我想趕在臨終之前，把自己的經歷全部寫出來，修改好。這個有關冤獄、苦難和追求公正的故事，要留給後世的讀者和史學家，也留給我的孩子們。

蘭州有幾位年輕的網友來看我，他們鼓勵我把故事寫完；並在手機上傳閱我的文稿。我在微信上收到遠方讀者的短信，一位北京女士王荔蕻寫道：「一代右派的經歷，鏤刻著這塊土地上的深重災難。沒有右派分子中的倖存者將自己的經歷一步步寫下來，再過若干年，這一切就像沒有發生過一樣。他們的文字是如此重要，就像樹木的年輪不可掩蓋。」

冬去春來，在孫子、孫媳的悉心照顧下，去年的骨折漸漸痊癒了。我終於能夠下床活動，而且也能下樓曬曬太陽了。夏初，我騎上了我的電動車，在不遠的黃河大橋上轉了一圈。我覺得生命力回來了一點點，內心也升起了新的渴望，我希望生前能看到這本書問世。

但身體的狀況也有反復，有時頭昏腦脹，全身關節都不同程度地痛；在這樣的日子裡，連坐著也只能堅持二十分鐘。總感到頭暈、頭痛和噁心；高血壓、頸椎病和冠心病，都會帶來這些症狀。特別是殘肢的劇痛襲來，簡直是片刻不得安寧；連吃飯也是勉強完成任務。

我請《夾邊溝祭事》的導演艾曉明教授幫我修訂書稿，她讀到我捐獻遺體的願望，代我寫出了下面兩段文字，我願以此結束這部長篇回憶：

我知道在不久的將來，會有一天，紅十字會的工作人員會來到我的床頭，帶走我；兒孫們會遵從我生前的遺願，目送我的離去。已終止呼吸的我，也許角膜會進入到一個年輕的生命，幫助他或她看到生活的五光十色；餘下的遺體則會由醫學院的學生圍觀和解剖，完成他們必要的職業訓練。

　　當這些年輕的孩子們面對我的身體和骨骼時，也許會詫異為什麼這具遺體失去了左下肢；又留有這樣多的骨折創痕。他們能夠想到各種可能，卻未必會想到，這個人生前承受了如此沉重的生活，從戰火中倖存下來，又在和平年代進入比戰爭更傷痛的現實世界。並且，歷經九死一生，再以這種方式奉獻出一顆不再跳動的心，以此祝福活著的人們。

2019年4月5日寫於蘭州

# 後記
# 「可能十萬珍珠字，買盡千秋兒女心」

陳星

《東方紅》裡的「紅太陽」，紅得發紫；刺目凶光，像萬道利刃刺向人間，山河失色。

在那個烈日炎炎的時代，我被排除在人的世界之外，像動物一樣在黑暗中摸索。我看不到公平正義，腦海裡只剩得殘垣斷壁，一團黢黑。

數十年了，我依然在艱難地尋覓，有時也找不著東南西北，不辨溝壑陷阱。儘管政治清明的時代尚未等到，但我更恐懼的是那輪毒太陽的再現。

在寫這部回憶錄時，我常常想到清人龔自珍的詩：

> 不是無端悲怨深，直將閱歷寫成吟。
> 可能十萬珍珠字，買盡千秋兒女心。

我看過一些大名鼎鼎的作家為達官貴宦寫的傳記，那些歌功頌德的東西都能堂而皇之出版。我也異想天開，想自己動筆，寫出我的經歷和民間小人物的悲劇。

在過去數十年的「非常時期」，我被當局戴過「右派」、「反革命」、「三反分子」（反黨，反社會主義，反毛澤東思想）、「國民黨殘渣餘孽」、「勞改釋放犯」等花樣眾多的帽子，而我毫不自慚地給自己帶了頂「愛國者」的帽子。有何依據？這本書就是我的答案。

最初是從1988年開始動筆，當時我還躺在病床上。我不忍讓時光就此流逝，便面向天花板，把個人經歷「移植」在紙上。2004年，我寫完了本書的上卷。完稿後，聯繫了多家出版社，他們都望而卻步。有編輯說，書是好

書，但「不痛的指頭豈敢塞進磨眼」？經過幾番協商，有出版社允以有償贈予「書號」，限數印刷，成品自己「消化」。當時印數有限，以贈為主，個別讀者隨心「布施」。

2004年本書初次以《風雪人生》為名出版，2014年我寫完下卷，並以《問天無語》為題印出。我自購多冊送給朋友，也收到很多讀者的熱情來信。我特別感謝著名經濟學家茅于軾先生、北京大律師張思之先生、湖南研究1957年反右歷史的作家朱正先生、還有甘南禪定寺世襲僧官、原甘南州政協副主席楊丹珠先生等人的親筆回覆和鼓勵。

更詳細的回應與評論來自各地的難友們，他們大多都已在耄耋之年。他們的來信我都珍藏於心，念念不忘。

北京倪良山先生是位學識淵博的作家，素昧生平，他以萬言長文評論拙作，使我受益匪淺。他寫道：「作者對風雪人生路遭遇的大苦大難，都按歷史原貌如實記錄下來，為搶救那個年代的歷史，堵塞極左餘孽文過飾非的欺騙謊言，作出重要貢獻。他也為那個黑暗、野蠻年代留下了有力的證詞。」「極左年代的無產階級專政，大搞逼供信，導致遍地冤獄。當權者視人命如螻蟻，濫殺無辜，陳星先生為讀者揭露了駭人聽聞的冰山一角。」

陳炳南先生遠從大洋彼岸寄來〈風雪人生讀後感〉，他與我有強烈的共鳴：

> 當我第三遍讀完陳星老用血和淚凝鑄出雨雪風霜般經歷的大作《風雪人生》時，我的心在顫抖，在哭泣，在滴血。這不是一般的紀實文學，更不是一本普通的回憶錄，而是一部字字血、聲聲淚的控訴書，控訴那幾十年罪惡、專制、極左橫行、不倫不類的社會制度，控訴那位中國封建專制的真正末代皇帝幾十年來所建樹的「鶯歌燕舞」般殘害百姓的「豐功偉績」。

他也對我書中有關右派改正後的一些議論提出了批評，他的質疑同樣是鏗鏘有力的，我十分感謝：

陳星老悲壯坎坷的《風雪人生》，確實催人淚下，令人唏噓！但是冤有頭，債有主，同志金、汪仲舉之流不過是些小爬蟲，真正的元兇還是那位末代皇帝及其忠實的打手、助手。現在令人焦慮的是：被顛倒了的歷史，何時才能再顛倒過來呢？

也有朋友以舊體詩形式發來讀後感，如李秋明先生：

友人贈卷重昆侖，捧讀無分晨與昏。
風雪滾爬心欲裂，國家損毀氣難吞。
蒼天何事降魔鬼？百姓無端成鼠豚。
寄語陳翁消愁恨，汗青血淚已留痕。

我的好朋友、書畫、詩詞、散文作家劉光裕先生並贈七律與勵語：

**七律**
疆場灑血事如煙，破命支邊汗未乾。
海瑞收監言賈禍，屈原放逐亂忠奸。
書流血淚傳千載，畫染丹青結後緣。
從此遠離艱險路，延年墨翰作神仙。

**勵語**
歷盡劫波顱腦在，還同肝膽一肩擔！
向使昔日身先死，一生真偽誰能知。

感謝故友張遂卿先生的協助，他在電腦上審讀了最初的電子文稿，給我許多寶貴的回饋。本書依然收入他當時所寫的編後記，寄託對張先生的哀思。

我和艾曉明教授也是因著張遂卿先生的介紹而相識，她拍攝紀錄片《夾邊溝祭事》時多次經過蘭州，我接受了她的採訪；我們也有過深入的交流。感謝她將我去年開始重寫的文稿中新增內容整合到了目前這部回憶錄中，並

不惜寸金光陰，對全書近四十萬文字做出悉心校正。

　　她為本書所寫的長篇評論〈賤民痛史〉，也深得我心。

　　最後，衷心感謝秀威出版社編輯鄭伊庭女士和全體同仁，正是他們的努力，使我實現了完整出版這部回憶錄的心願。

2019年5月15日

# 編後記

張遂卿

本書是一位右派老者（筆名罷翁）列傳。書中沒有虛構歷史，句句實話。該書上卷《風雪人生》已被一些大學圖書館、歷史系、文史研究中心收藏。我相信，千萬篇這樣紀實文字，彙集成新時代的《史記》。

我在右派改正後回到蘭州工作，在蘭州地區五七難友懇談會上，認識了陳星老先生。他寫完書稿後，邀我作為編輯，用電腦幫助他整理文稿。在校對書稿的過程中，陳老的苦難經歷令我受到強烈震撼，我為他的堅強意志所感動，也被他的仁慈愛心所鼓舞。

陳老是西安藍田縣人，我的老家也在西安，他書中的地名我都很熟悉。三年人為災難時期，我到藍田縣山溝去買過紅薯，對他書中所敘故事自然倍感親切。我中學畢業後去了成都，在那裡經過大專培訓後，分配到蘭州民航港當電報員。那時，陳老已在甘南洮河林業局伐木放排。他任勞任怨，為林區建設立了大功。青年時代，我們都深信不疑，黨的需要就是我們的志願。

但是，我們愛黨，黨不愛我們；歷史悲劇一再發生，根子在這裡。

1957年陳星先生被劃為右派立即投監，先後被三次判刑達三十五年。而在1958年9月，我剛過十七歲，蘭州民航按照上級給單位下達的劃右派指標，把我圈成右派。此後我失去工作，被送到玉門之外的蘑菇灘農場，監督勞動二十一年。直至1979年，我的所謂右派問題才得以改正。而陳老的政治冤案雖然被平反，但給他留下了「改判五年」的尾巴。

甘肅省在搞政治運動方面歷來積極，而平反落實政策卻極度扭捏。當陳老冤案大白，給予徹底昭雪的前提是「不申請國家賠償」。中央有關平反冤假錯案有多項文件規定，原單位卻拒絕為他落實。上級環環相扣，級級袒護，從不對權力問責。因此，陳老又經過了長達二十餘年的抗爭。在2004年近八十歲時，他才獲得早應得到的離休幹部待遇。

我們在閒談中瞭解到彼此的共同經歷，我也因此知道，在甘肅省，不僅人所共知的夾邊溝是人間地獄，還有數十個右派流放地也是如此。在甘南，右派人士的處境尤其淒慘！陳老的書裡講述了好多受害者的罹難經過，我從中也瞭解了甘南藏胞經歷過怎樣的暗無天日。

上個世紀五十年代的社會環境嚴酷，政治災難慘烈；陳老焚心抗爭，常人難比。他的故事，如歌如泣。尤其在失去工作沒有生計的困境中，因單位拒絕支付五百元住院押金，陳老失去一條腿。司馬遷受辱寫史記，陳老和甘肅蘭州一些難友一樣，他奮筆疾書，留下紀實巨作。此舉為的是尊重事實，以史為鑒，讓悲劇不再重演。

在書中，他記敘了親人的遭遇。老妻跟隨他擔驚受怕，苦苦煎熬幾十年，生活略有改善時不幸早逝。他孤身單影，仍然是那麼坦然豪邁，一刻不閑。在晚年他重拾畫筆，把一幅幅傾心力作，捐獻給甘肅慈善總會抗震救災、扶貧助學。他在青島捐予助學的三幅畫，為希望工程拍得二十萬元。我佩服他的大仁大義，他說要用事實證明，我們右派是愛國愛人民的。

陳老對受苦人深懷同情和仁愛之心，他看到臨洮縣一位聾啞青年，失去雙腿，長年露宿簷下。大年初一清晨，陳老抱著棉被和食物給他拜年。2014年春節，岷縣女兒接他團聚，他舊地重遊，藉機尋訪老友舊鄰；並不顧九十高齡而長途驅車到卓尼縣，探訪已故右派老友陸聚賢孀妻和死於夾邊溝的孫瑞元難友的遺孀馬小雲，對她們表示深切同情和慰問！

在為夾邊溝罹難者修建紀念碑的過程中，我和陳老有了更多的交流。共產黨的十八大繪出中國夢、民族復興藍圖，宣傳民主和諧。我也是在這段時間重返我度過青年時代的蘑菇灘（後來屬於飲馬農場），和當年從全國各地去到農場的兵團建設者相聚。我去玉門的途中要經過酒泉，我因此探訪了這個夾邊溝農場舊址。我看到，在這裡有「右派墳場」，幾十年前因勞教喪生的死者，遺骨暴露在戈壁荒灘；這讓夾邊溝勞教的倖存者和罹難者親人悲憤不已。我將這情景告訴陳老，他也感到震驚。他說：「我們還活著的右派應該收集遺骨後掩埋，建立罹難者遺骨衣冠塚，不能讓後代子孫遺忘這一歷史性的傷痛。」

遙想1957年，共產黨發起整風，號召黨外人士給它洗洗臉。為何出爾反

爾?竟使忠心愛國的知識分子蒙受「反右」的大災大難!以至於後來大躍進發瘋沒人敢諫,餓死幾千萬百姓,當局拒不認帳。夾邊溝勞教農場場長劉振宇不止一次對管教幹部說:

> 「勞動教養」這個詞,是我們毛主席英明才想出來的辦法。憲法上找不著,中國第一,世界沒有。對這些知識分子的反動言論不能法辦,不能判刑,只能給他們一個有「選舉權」的勞動教養;這樣向國內外好說話。勞動教養是沒有期限的,三年五年、十年八年沒有定論。改造不好,到死為止。

夾邊溝的罹難者享受了「勞動教養」這種卑劣的處罰,不必經過任何偵查、檢察、起訴、審判程序,黨委寫個報告就可以剝奪你一切權利。先把你關起來,經歷精神凌遲,肉體折磨,饑餓,扣飯,無聲無息地被屠殺。這些知識分子,懷抱鴻鵠之志,志願建設大西北;卻落得魂斷夾邊溝,壯志埋戈壁,白骨曝荒野。

好在黨的十八大決定加快民主法治建設,強調「以憲治國」、「依法治國」,終於在2013年12月28日,由全國人大常委會通過決定,廢除了延續了半個多世紀的「勞動教養」制度。但願再也不會有「反右」、「勞動教養」這類侵犯公民權利的悲劇。

「反右」使全國多少知識精英被扼殺,今天,為犧牲者建塚立碑,我們責無旁貸。那些沒有活到右派改正的人,即使死後,依然應該恢復其名譽,死者也要享有尊嚴,我們應該永遠懷念他們。可是,在酒泉這個沙塵肆虐的地方,某些幹部仍被左的「幽靈」驅使。我們的建碑倡議,在省委省政府的相關辦公室得到「不阻攔,須低調」的指示,但在酒泉,卻被肅州區委一再刁難。

2014年清明節,我計畫與夾邊溝蒙難者親屬前去掃墓。但酒泉方面,已經事先決定阻攔我們;不允許我們進入右派墳場祭奠。而在此之前,我已經得知並親眼目睹,通向墳場的指路牌被砸,我們平整修建好的道路被挖,我們為夾邊溝墳場添加的導水涵管被破壞。夾邊溝「罹難者遺骨衣冠塚」石碑

已經豎立起來，但存在了不到兩個星期就被砸爛。酒泉方面，竟然動用重型機械，推毀了我們初步建起的遺骨墓園，將我們重新掩埋好了的難友的白骨再次挖掘出來，隨意暴露在外。

親人蒙冤，墓碑被毀，中華五千年倫理道德受辱，共產黨以人為本政策蒙羞！陳老得知這一消息，內心沉痛，但他勸我平靜忍辱：「共產黨裡很多人無真理少人性，國家主席、三軍元帥都被折磨致死，《憲法》又有何用？」是的，我相信將來終有一天，夾邊溝可與奧斯維辛、達豪集中營並肩全球，成為法西斯殘害人類的標誌。

「沉舟側畔千帆過，病樹前頭萬木春」。我們祖國要真正迎來鶯歌燕舞，民富國強，取信於國際社會，就應官不畏言，民不鎖口。因此，寫史記實，是每個親歷者和倖存者的責任。

2014年4月15日寫於蘭州

# 陳星生平與冤案年表

**1925年－1941年**

1歲－16歲

- 1925年夏曆冬月初二，出生於陝西省西安市藍田縣岱峪河西溝的一個農民家庭。祖輩從河北逃荒到關中，靠開荒種地定居下來，成為自耕農。
- 父母務農，家有長兄陳光明。父母收養了兩位殘疾親屬，後來在土改中他們被定為「長工」，因此家庭成分被劃為「地主」。
- 早年在鄰村唐九叔家私塾讀書，後在藍田縣小學就讀，學名陳子明。

**1941年－1946年**

16歲－21歲

- 1941年夏在西安力行中學肄業，因喜愛繪畫，進入由李丁隴夫婦創立的中華藝專。
- 1943年畢業於中華藝專，就讀於西北農學院病蟲害防治專業，意欲以農興家強國。

- 1944年9月，響應國民政府「知識青年從軍」的號召，準備參軍。參軍之前，遵父母之命與唐九叔之女唐小妹成婚。三天後離別，到西安集中。
- 10月，大約雙十節前一天，從西安西郊機場乘軍機從西安到雲南沾益，駐地曲靖溫泉，編入青年軍207師613團第九連集訓。後進入中國遠征軍新六軍十八師政工隊，任少尉隊員。

- 1945年2月春節之後，從昆明到達印度薩地亞汀江機場，在此參加訓練。

- 不久，隨新六軍奉調回國，由印度薩地亞汀江機場，再飛至雲南沾益。在曲靖稍事休整後，從沾益登機，降落在湘西芷江機場。
- 參加湘西會戰的雪峰山戰役，在洗馬潭附近攻佔一無名山頭時受傷；被當地鄉民營救。
- 春節後，妻唐小妹因丈夫久不歸家，一病不起，在1949年端陽節去世，年僅十七歲。
- 傷口初癒後，與部隊失聯，從湘西輾轉漂泊到貴州貴陽落腳。
- 7月，為謀生再度報名參軍，8月中旬，在徵兵處等待期間，得知抗戰勝利消息。在新兵連代理文書，後逃出，漂泊街頭。

### 1946年－1949年8月

**21歲－24歲**

- 1946年9月，因西北農學院院長周伯敏出任國民黨貴州黨部主任委員，受其照應，調任貴陽市黨部宣傳科任主辦幹事，專管戲劇、電影上演前的審查和報刊出版登記。
- 與秋盡一起創辦《時代影劇》週刊，先後出版二十多期。

- 1947年3月，因刊物針砭時弊被捕；後得熟人幫助逃出。
- 7月，在貴陽達德、永初兩中學任教，並與秋盡一起成立業餘話劇團。
- 與漂泊到貴陽的女青年劉瑞蘭結婚。劉瑞蘭，生於1926年，安徽霍邱縣高塘集人，隨安徽難童教養院撤到貴陽，在此地中學畢業，工作；婚後離職。
- 為謀生，進入中央軍輜重兵十五團在汽車連九連任指導員。

- 1948年8月8日，隨軍移駐漢口。到南京找周伯敏，希望離開軍隊。

- 1949年元旦，到長沙，寫退職報告，離開軍隊。在長沙小吳門一帶開了「星星油料行」。
- 8月5日，長沙解放，放棄大部分油料行的財產，攜妻子和兩個兒子踏上返鄉之途。8月8日乘小船經湘江過洞庭湖至漢口，到鄭州乘火車到西安。

## 1949年8月－1955年

**24歲－30歲**

- 1949年8月回到西安，經原小學校長（共產黨的地下黨員）、現西安市公安局長陳子敬安排，到勞動習藝所搞宣教工作。1949年9月進入西北人民革命大學（原延安抗日軍政大學）第五部學習。一年後畢業，回應黨的號召，自願到甘肅參加「土改」工作。

- 1950年冬，根據中共西北局安排，由西安至蘭州；被安排去甘南伐木。經岷縣到達臨潭舊城的洮河林場。

- 1951年，在洮河上游大峪作業所負責木材水運。進行技術改造，努力完成任務；年終受到省農林廳嘉獎，當年被授予先進工作者稱號。
- 1951年底至1952年10月，「三反」、「五反」運動中，因工作用馬受到批判，被誣「貪汙」，受到批鬥和捆綁吊打。

- 1952年，任野狐橋水運站主任，負責野狐峽木材運輸工作。主持技術革新，完成了任務，並保障了

工人安全。為攔截流失木材險遭意外，幸遇工人及時營救。

- 在曹家浪實驗新的木排編筏計畫，激流中落水受傷。年終再次出席省先進工作者表彰大會。這年薪金評定為20級。
- 陝西家鄉土改時，父親目睹土地被分走，又因家裡牛被牽走，心痛成疾去世。

- **1953年**，妻子由西安調到離林場一百華里外的岷縣，在小學任教；安家在岷縣。

- **1955年**，在大峪旗布寺林區負責運輸積壓木材，在冰雪滑道推送臥軌木材時遇險，死裡逃生；完成了雪山集材及運輸任務。

| 1956－1957年 |
| :--- |
| **31歲－32歲** |

- **1956年**春，洮河林場開始肅反運動，被誣衊為「歷史反革命」、「現行反革命」、「潛伏特務」，遭受隔離審查，酷刑折磨和大會批判鬥爭。被鬥一個月，由森林員警關押。岷縣家裡被查抄，寄放在西安友人家的名家字畫被查抄沒收。
- 因為肅反，被軟禁一年，薪金被降一級。

| 1958年－1962年7月 |
| :--- |
| **33歲－37歲** |

- **1957年**6月，縣委審幹辦公室宣佈肅反結論：「本人交代老實，屬一般歷史問題。」
- **10月**，在單位被劃為右派，被林警關押，監督勞動。

- **1958年3月13日**，在卓尼縣全縣處理右派分子大會上，被宣佈逮捕，關押在卓尼縣看守所。
- 不久為給「平叛」犯人騰出羈押場所，被轉到岷縣，在一處民房院落臨時關押數月。

- 11月，從岷縣被帶回卓尼看守所；被指派到古牙川農場。在古牙川寺與難友陸聚賢一起，為大躍進搞「農機改革」。

- 1959年1月，被調到禪定寺，管理犯人病院食品庫。後被調去搞犯人登記，最後在這裡負責給死囚寫標誌牌。

- 3月，入獄一周年時，拿到臨潭縣法院刑事判決書（刑字1031號判決），以「反革命」罪被判十年有期徒刑。

- 7月，大躍進期間卓尼縣被併入臨潭；又被解至臨潭磚瓦廠；在這裡倒磚胚，打雜。

- 10月，被岷縣公安局借去辦展覽。為爭取得到特赦，不久再回到臨潭磚瓦廠。

- 1960年在臨潭磚瓦廠，目擊藏胞龍布丹珠之死。

- 1961年臨潭、卓尼分開，回到卓尼的谷牙川農場勞動。

- 1962年春傳來右派釋放回單位甄別的消息，難友相繼獲釋。因法院疏忽，被超期羈押數月，在農場砍柴，燒木炭。

- 7月20日得到釋放，回洮河林業局要求甄別和安置，被單位拒絕。回到岷縣，與家人團聚。

**1962年7月－1968年12月**

**37歲－43歲**

- 獲釋後，沒有工作，沒有戶口，得不到糧食供應配額。

- 1962年8月20日，回陝西老家探視母親。得知長兄陳光明被戴「地主」帽子批鬥，不堪其辱；又因得知陳星被判十年，絕望自盡。

- 1963年，除夕前準備回陝西與母親團聚，冒險攜帶當歸，以求異地出售。結果在蘭州火車站被沒收當歸，無路費探親，只能返回岷縣。
- 失業乞討被送岷縣收容所，出來後，繼續販當歸。
- 7月，在廣東佛山被拘留，關進佛山公安處看守所。

- 1964年2月，從佛山獲釋，春節前返回岷縣。
- 5月，進入「岷縣手工業聯社工藝美術服務組」；終於在岷縣得到戶籍和糧油供給配額。
- 這期間被逼去農村落戶，為落戶，也曾冒險為生產隊買牛趕牛。

- 1966年文革開始後，到貴陽販茶，歸途中被沒收。
- 1967年，在臨洮畫忠字臺，到山裡為熏藥砍柴。
- 1968年春節期間（正月初八），因何文奎販馬案被抓受牽連；被抄家，送進公安局。在預審股遭到毆打，被關進岷縣看守所。次日被送到甘南州合作看守所。在這裡被關押到1969年初。

- 1969年，案件查明後送到岷縣繼續羈押五日，前後約一年。

- 1969年春節後去臨潭，想借錢安頓家庭，尋找落戶之處。因無證明被查，送進臨潭看守所；羈押約半年，沒收了借來的自行車。

- 陝西咸陽陳馬村（堂兄陳煥新所在村）來幹部，委託買馬代替人拉犁。
- 10月下旬，受李如元委託，以兩千元代買電磨，在岷縣梅川鎮老幼店被市管會攔車搜查。情急時將磨款委託當地農民石鎖全暫時保存，被搜走隨身所帶款三百二十五元。在岷縣市管會臨時禁閉室遭到毒打，關押三天，第四天被釋放。
- 但石鎖全矢口否認代為保管款項，侵吞了兩千元電磨款；為還此款心急如焚。

### 1969年11月－1972年7月

**44歲－47歲**

- 1969年11月下旬，得友人墊資相助，買到七匹馬。決心找車從甘南郎木寺運至咸陽；一為還李如元兩千元電磨款，二為在陝西咸陽北塬陳馬村落戶。
- 歷經艱險，數日兼程，將其中六匹馬運到目的地。被鄰縣涇陽某公社造反派嫉妒舉報，抓進當地稅務所；遭到毒打，搜走隨身懷錶。
- 押送往涇陽縣途中投入涇河自盡，被船夫救出。
- 在涇陽縣收容站被關押了一個多月，離開時再遭毒打。甘南保衛部派三個幹部到涇陽來帶走陳星。
- 在西安火車站被關入近似水牢、惡臭不堪的臨時羈押室。
- 當晚上車到蘭州，關押在蘭州八里窯看守所。

- 1970年除夕（1月26日）起解，初一到達甘南合作鎮，關入合作看守所。
- 1月至3月，正值「一打三反」運動，在酷刑逼供和誘供下，也為了不冤枉其他人，虛構了與

已故人員朱炳斗一起銷售過期布票一事。為爭取寬大處理，違心承認銷售作廢布票約六千尺。

- 1971年秋，「九・一三事件」（林彪事件）發生後，看守所嚴管犯人；不堪忍受而絕食六日，以求速死。適逢幼女探監，念及家人而放棄絕食。
- 在甘南合作看守所被關押約兩年零七個月。

**1972年7月－1975年**

**47歲－50歲**

- 1972年7月，甘南州保衛部召開萬人大會，宣佈「陳犯解放前為蔣匪效勞，解放後攻擊我黨和社會主義制度被判刑，釋放後又一貫大搞投機倒把活動牟取暴利，罪行嚴重，屢教不改，據此將陳犯逮捕判處有期徒刑二十年。」
- 宣判後解往臨夏，在甘肅省第二監獄（臨夏液壓元件廠）服刑。
- 在獄中四次向甘肅省高級人民法院申訴，甘南中院作過兩次批覆，均駁回，並建議「嚴加管教」。

- 1974年，在車間搞技術革新，得到重視。此後白日在技術科上班，工餘仍在犯人大隊生活和參加活動。

- 1975年獄中開展繼續批判林彪的運動，要求犯人交代餘罪，苦悶絕望。
- 重陽節這天，吞服大量安眠藥自殺。被同號難友發現，獄方送院搶救；倖存下來，但搶救中造成肋骨骨折。
- 試圖觸電自殺，也因難友發現而未遂。
- 少言寡語，失憶，出現精神失常症狀。

**1976年－1979年**

**51歲－54歲**

- 1976年，調入技術科，得到負責幹部關心，精神漸漸恢復正常。

- 2月，由於技術革新的成效，由臨夏州人民法院決定減刑一年。

- 10月，粉碎「四人幫」後，每月向省高院和最高人民法院發出申訴。

- 再次收到甘南中院兩次批覆，依然是認為「事實清楚，證據確鑿，量刑得當」；只是把「建議嚴加管教」改為「願你努力改造爭取減刑」。

- 1977年，繼續向最高人民法院申訴。

- 1978年9月，得到最高人民法院通知，已將其申訴轉到甘肅省高級人民法院。

- 1979年2月10日，收到甘肅省高院1月19日第102號判決書，撤銷原卓尼縣1959年第1031號判決（即因1957年劃為右派後判處有期徒刑十年的判決，當時已服刑近五年）；宣告無罪，予以糾正。

- 對1972年甘南軍管會的03號判決（即判處二十年的判決），以改判處理，撤銷原判決，以投機倒把罪判處有期徒刑五年（當時已服刑十年）。

- 3月1日，離開監獄，第一次啟程回家。到家後看到老伴病重，長子流落他鄉，次子為謀生參與藥材買賣，謀取所謂「暴利」四十餘元，被判刑五年，仍在服刑。一個女兒還在農村勞動，不能回城。

- 原工作單位洮河林業局認為，省高院對陳星不是徹底平反，而是改判五年；因此拒絕為其安排工作。

- 向甘南中級法院申訴改判五年之事，被拒絕受理。

- 回到服刑單位臨夏液壓件廠，留廠就業。

**1980年－1982年**

**55歲－57歲**

- 10月，依然是臨時工身份，未能成為轉正工人。出差路經北京，為「改判五年」，到最高人民法院上訪。

- 1982年母親去世，因出差遭遇車禍臥床不起，未能返陝西老家奔喪。
- 同年，根據公安部新規定：凡年滿五十歲和判決書上「宣告無罪」的就業人員，一律不能留廠就業。無奈只能離開臨夏液壓件廠，失業回家。
- 林業廳批示對陳星收回工作，洮河林業局拒絕接受和安置。

**1983年－1985年**

**58歲－60歲**

- 幾經交涉，洮河林業局同意按單位職工退職處理，每月發給三十餘元生活費，享有公費醫療。
- 嘗試各種途徑謀生，均不成功。

- 1984年，到北京上訪，被勸返。
  給《甘肅日報》寄去萬言申訴書〈包公今何在，沉冤幾時明〉，刊登在報社內部刊物《來信摘編》第342期。

- 1985年初秋，勞動中發生意外，造成左小腿粉碎性骨折。家人十八次去單位求借，單位拒絕預支五百元住院押金。延誤治療日久，造成左腿骨折後壞死。絕望痛苦中再次服安眠藥自戕，被家人求醫急救。

**1986年－1989年**

**61歲－64歲**

- 1986年2月24日，傷重截肢，造成終身傷殘。
- 截肢後的住院醫療費用，單位拒絕報銷。經難友接濟支付了住院費。
- 截肢後因長期臥床引發他病，回到岷縣不久，繼續到蘭州省中醫院治療。

- 1987年春節前後求見省委書記，被傳達室拒絕。
- 3月，重新站立起來；堅持到甘肅省高院、甘肅省委上訪。
- 6月，第三次去北京上訪，要求最高人民法院直接調閱案卷重審。因沒有介紹信難以住旅社，錢花完後，以乞討方式逗留，等待最高人民法院答覆。
- 7月23日下午4時，到甘肅省高院上訪，與某法官爭執，法官拔槍威脅。
- 有領導幹部說項，讓洮河林業局辦離休，被拒絕。
- 先後去省林業廳、白龍江林業管理局、洮河林業局上訪。林業廳副廳長禹貴民批示洮河林業局，將陳星作為正式職工安排，報銷醫療費。
- 初冬，第二十一次去卓尼縣洮河林業局上訪，要求將自己作為正式職工而不是退職安置。

- 1988年元旦、春節都在洮河林業局堅守，等待領導決定。
- 3月13日，單位終於同意，給陳星辦理退休。要求按照政策辦離休（因1949年中華人民共和國建國前參加革命），單位拒絕，理由是「改判五年」，並非無罪。
- 7月，收到《民主與法制》編者答覆。
- 8月，《民主與法制》（1988年第八期）以〈苦難人兒終於出頭〉為題，刊出陳星寫的數千言公開信，並加了編者按。
- 在治療疾病過程中，開始寫作本書上卷。

**1990年－1995年**

**65歲－70歲**

- 1990年，在岷縣貯木場改造住宅，建成自己的畫室；重拾畫筆，追習國畫。

- 1992年，在臨洮幹休所購房，遷居到臨洮；擔任了臨洮「老年書畫學會」顧問和名譽理事長。
- 開始為山水長卷《千里洮河圖》外出寫生。

- 1993年12月，由聚文社在蘭州工人文化宮主辦陳星畫展，後將展出的一百幅作品全部捐給了甘肅省的「希望工程」

- 1995年5月，從定西出發，為希望工程「行萬里路，簽萬人名，募萬元錢」。到鄭州因體力不支返回，先到西安，然後到敦煌，贈出作品一百四十多幅。
- 7月返回定西，將所有捐款10,949.60元交由定西希望工程辦公室核收。

**1996年－2001年**

**71歲－76歲**

- 1996年，老伴劉瑞蘭因病去世，享年70歲。
- 去河南駐馬店謁見早年在中華藝專求學時的恩師李丁隴，參加「李丁隴書畫研究院」慶典。

- 1997年1月14日，臨洮縣委宣傳部等十個單位聯合主辦陳星《千里洮河圖》展。
- 同年，遷居蘭州。

- 1998年8月15日，為支持抗洪救災，由甘肅省慈善總會義賣陳星書畫作品，募款三萬餘元，義賣作品五千七百五十元，全數捐出。
- 1999年清明，回陝西藍田老家掃墓，將個人積蓄的醫療準備金一萬元捐給故鄉失學兒童。
- 在青島青島897愛心助學活動中，以三幅畫售出二十萬人民幣，全數捐出。

- 2001年，經過多年申訴上訪，甘肅省高院決定對陳星申訴立案再審。
- 同年5月16日，甘肅省慈善總會在省畫院舉行陳星為慈善事業獻愛心捐畫儀式，這次捐出已裱裝國畫作品一百二十幅。

- 2002年2月7日，除夕夜，省委書記宋照肅派秘書前來賀年，感謝所贈《千里洮河圖》長卷畫冊。
- 3月，給宋書記寫信，對甘肅省首席大法官執法能力提出質疑。
- 寫萬言長文〈擊鼓五十年，何處問蒼天〉，友人上傳到網上。
- 6月4日，接受法國國際廣播電臺記者的電話採訪。
- 6月5日，收到甘刑監字第02號《駁回申請再審通知書》。陳星不服，繼續申訴。
- 11月，與政法委督導處幹部面談冤案和近年來上訪經過。

- 2004年1月，陳星回憶錄《風雪人生》由當代中國出版社收入「世紀潮叢書」出版。
- 2月9日，省高院決定宣佈無罪，要求當事人放棄申請國家賠償。
- 2月22日，拿到《甘肅省高級人民法院刑事判決書》（2004）甘刑再終字第8號，撤銷本院（78）刑監字第102號判決書，對申訴人陳星宣告無罪。
- 3月8日，向甘肅省林業廳申請，請求林業廳責成洮河林業局：一、恢復政治名譽；二、由退休改離休；三、落實政策補發工資等。
- 4月，向甘南中級人民法院要求：歸還當年判決書上所寫的「沒收馬款七千一百一十元和舊懷錶一只」。
- 6月，離休申請轉到白龍江管理局，再下轉到洮河林業局。洮河局組織部調查三個多月，證實符合離休條件。
- 7月23日甘南中院覆函：本院不是退還責任單位。望你到當年沒收其款物的單位或其主管部門申請退還。否則望你息訴。

- 7月底，到林業廳信訪辦瞭解洮河林業局對冤案善後問題的態度。
- 12月15日，經過九個月公文旅行，得到批准：從2004年12月1日起享受離休待遇。

**2005年－2007年**

**80歲－82歲**

- 2005年2月，將四千元住院發票寄單位報銷，被認為發票上有塗改，不能報銷。
- 7月25日，經過一年交涉，再從甘南中院得到答覆，表示文革中沒收款項與物品需到陝西省涇陽縣沒收款物的部門及相關單位申請退還。
- 向陝西涇陽縣政府申請退還沒收財物。
- 寫信給陝西省委書記李建國、省長陳德銘；該信被領導批給咸陽市政府有關部門，再由此轉到涇陽縣黨政，最後由涇陽縣委轉給了縣工商局。

- 2006年3月8日，接涇陽工商局給縣信訪局局長答覆，認為陳星「實施了一些違反當時政策法律的販賣行為」。
- 3月30日，親自到涇陽縣工商局要求發還款項；先後還曾托老家原支書、友人、律師共計十二次前往，催促工商局答覆。
- 6月初，到青島參加藝術家筆會；9日在蘭州白龍江林管局參加有關申訴的座談會。
- 因洮河林業局未解決文革中冤案補發工資等善後問題，向省林業廳申請複議。
- 7月17日，向省人事爭議仲裁委員會提交《仲裁申請》。申請仲裁的主要問題有三個：
  一、要求按照平反政策補發工資和調整工資級別。
  二、要求對迫害致殘給予賠償。
  三、要求報銷四千元的住院醫藥費。
- 三個月後，仲裁處負責人表示案件已受理。

- 10月23日涇陽縣工商局再次給縣信訪局回覆，表示查無沒收馬款之事，建議通過司法程序解決。
- 11月8日，涇陽縣工商局給陳星答覆：1、沒收此款有國務院打擊「投機倒賣耕畜」的依據。2、沒收係行政機關的行政行為，非司法機關的司法行為。故對陳星宣告無罪是司法問題，與退還沒收款物無關。
- 11月20日，收到甘肅省人事爭議仲裁委員會不予受理通知書。
- 12月12日，向陝西省咸陽市中院呈遞了有關索還馬款與懷錶的行政訴狀。

- 2007年3月19日，針對陳星有關人事爭議仲裁申請，甘肅省人事廳廳人事爭議仲裁處發文答覆，認為不予受理是準確的。陳星繼續堅持上訪。
- 6月15日，律師李家倫去涇陽法院，核實咸陽中院下轉的告涇陽縣工商局的訴狀是否收到。
- 涇陽法院終於立案，定於8月9日開庭。陳星勝訴，判決涇陽縣工商局返還陳星馬款，並從陳星宣告無罪之日即2004年2月15日起至執行完畢之日止的按中國人民銀行同期貸款利率計算利息；返還舊懷錶一只。
- 涇陽縣工商局向咸陽市中級人民法院提出上訴。有鑒於此，陳星亦提出上訴。
- 9月15日，「陳星畫展」在蘭州飛雲閣揭幕。
- 11月6日，咸陽中院開庭二審，十天後駁回陳星起訴。

**2008年**

**83歲**

- 1月，向陝西省高級人民法院提出申訴。
- 3月11日，甘肅省人事爭議仲裁委送來了《案件受理通知書》。
- 4月12日，甘肅省人事爭議仲裁委開庭審理陳星與白龍江林業管理局人事爭議一案，四天後做出裁定：

一、駁回申請人的仲裁申請。

二、本案仲裁費一百二十元由申請人承擔。

- 不服裁定，直接面見人事廳長，繼續申訴。

- 4月16日，要求退還財物，向陝西省咸陽中院提出申訴。先後五次寫信給陝西省省委書記趙樂際。

- 收到咸陽中院《駁回再審申請通知書》。

- 向陝西省高院《申請再審》，多次電話查詢無下落；托律師親自送去申請書。

- 向陝西省省委、省人大寫信。得茅于軾教授協助，轉信給省委書記趙樂際。

- 7月15日，收到茅于軾先生轉來中共陝西省委辦公廳辦信處寫給他的《關於陳星同志來信反映問題調查瞭解的回覆》，信中建議「繼續依法通過司法程序或行政複議途徑提出申訴或複議。」

- 8月28日，甘肅省人事廳人事爭議仲裁處召集多個相關單位座談，經省委老幹部局局長斡旋，達成處理意見，包括支付一萬元精神補償。

- 拖了兩個月，補償款不到位。陳星表示將繼續申訴，拒絕以「補助」名義領取款項。

- 後來，以「補償金」名義領來這一萬元；通過《蘭州晨報》聯繫了臨洮、通渭縣兩名貧困女生，資助她們上了大學。

**2009年**

**84歲**

- 8月27日，再度給陝西省省委書記趙樂際寫信，告知準備去西安求見。

- 8月30日，與律師李家倫一起離開蘭州，決定不解決涇陽退還財物問題，將以死抗爭。

- 因甘肅省一位領導給陝西省省長袁純清電話，在領導關注下，陝西省信訪局出面約咸陽市信訪局、咸陽工商局和涇陽縣政府、工商局幹部到場座談；決定由涇陽縣工

商行政管理局補償信訪人陳星馬款及舊懷錶價款、精神損失費等共計三萬二千元。

- 此款如期到帳，了結此案。

**2010年－2016年**
**85歲－91歲**

- 給省級各相關單位寄出《座談彙報》，不承諾息訪；堅持要求本單位，按照中央文件精神，給予文革期間冤案人員補發工資，並落實相關善後待遇。
- 至2015年9月，白龍江林業管理局和洮河林業局相關負責人，在省林業廳負責老幹部事務的處長陪同下，以五萬元作為慰問金，請陳星諒解。
- 因高齡再難奔波申訴，接受了五萬元慰問金；息訴罷訪，終了此案。

**2016年－2019年**
**92歲－95歲**

- 2016年，與蘭州市紅十字會簽署了死後捐獻遺體的協議。
  蘭州靖遠路一帶舊城改造，陳星原在廟灘子的住處被劃入一期拆遷範圍。陳星住房被低價估算，物業管理部門撤走，抗強拆住戶被切斷供電，停供暖氣。
  被迫遷入新建安置房，但補償的安置房面積小於原住房。

- 2018年8月，在狹窄臥室裡摔倒，原本健康的右腿股骨頭紐裂骨折。
  8月4日，再度服下大量安眠藥；因孫兒及時發現送醫而獲救。
  臥床數月，重寫回憶錄《九死一生》。

- 2019年5月完成本書全稿。

艾曉明　整理
2019年8月

血歷史166　PC0891

**新銳文創**
INDEPENDENT & UNIQUE

九死一生
——下卷‧風雪夜歸

| | |
|---|---|
| 作　　者 | 陳　星 |
| 責任編輯 | 鄭伊庭 |
| 圖文排版 | 周妤靜 |
| 封面設計 | 蔡瑋筠 |

| | |
|---|---|
| 出版策劃 | 新銳文創 |
| 發 行 人 | 宋政坤 |
| 法律顧問 | 毛國樑　律師 |
| 製作發行 | 秀威資訊科技股份有限公司 |
| | 114 台北市內湖區瑞光路76巷65號1樓 |
| | 電話：+886-2-2796-3638　傳真：+886-2-2796-1377 |
| | 服務信箱：service@showwe.com.tw |
| | http://www.showwe.com.tw |
| 郵政劃撥 | 19563868　戶名：秀威資訊科技股份有限公司 |
| 展售門市 | 國家書店【松江門市】 |
| | 104 台北市中山區松江路209號1樓 |
| | 電話：+886-2-2518-0207　傳真：+886-2-2518-0778 |
| 網路訂購 | 秀威網路書店：https://store.showwe.tw |
| | 國家網路書店：https://www.govbooks.com.tw |

| | |
|---|---|
| 出版日期 | 2019年11月　BOD一版 |
| 定　　價 | 上卷490元，下卷390元 |
| | 兩卷合售880元 |

國家圖書館出版品預行編目

九死一生. 下卷, 風雪夜歸 / 陳星著. -- 一版. --
　臺北市：新銳文創, 2019.11
　　面；　公分
　BOD版
　ISBN 978-957-8924-76-5(平裝)

　1.陳星 2.回憶錄

782.887　　　　　　　　　　108017178

# 讀 者 回 函 卡

感謝您購買本書，為提升服務品質，請填妥以下資料，將讀者回函卡直接寄回或傳真本公司，收到您的寶貴意見後，我們會收藏記錄及檢討，謝謝！
如您需要了解本公司最新出版書目、購書優惠或企劃活動，歡迎您上網查詢或下載相關資料：http:// www.showwe.com.tw

您購買的書名：_____

出生日期：_____年_____月_____日

學歷：□高中 (含) 以下　　□大專　　□研究所 (含) 以上

職業：□製造業　□金融業　□資訊業　□軍警　□傳播業　□自由業
　　　□服務業　□公務員　□教職　　□學生　□家管　□其它_____

購書地點：□網路書店　□實體書店　□書展　□郵購　□贈閱　□其他

您從何得知本書的消息？

　　□網路書店　□實體書店　□網路搜尋　□電子報　□書訊　□雜誌

　　□傳播媒體　□親友推薦　□網站推薦　□部落格　□其他_____

您對本書的評價：(請填代號　1.非常滿意　2.滿意　3.尚可　4.再改進)

　　封面設計____　版面編排____　內容____　文／譯筆____　價格____

讀完書後您覺得：

□很有收穫　□有收穫　□收穫不多　□沒收穫

對我們的建議：_____

_____

_____

_____

11466
台北市內湖區瑞光路 76 巷 65 號 1 樓
**秀威資訊科技股份有限公司**　　　收
BOD 數位出版事業部

................................................................

（請沿線對折寄回，謝謝！）

姓　　名：＿＿＿＿＿＿＿＿＿　年齡：＿＿＿＿　性別：□女　□男

郵遞區號：□□□□□

地　　址：＿＿＿＿＿＿＿＿＿＿＿＿＿＿＿＿＿＿＿＿

聯絡電話：(日) ＿＿＿＿＿＿＿＿＿＿ (夜) ＿＿＿＿＿＿＿＿＿

E-mail：＿＿＿＿＿＿＿＿＿＿＿＿＿＿＿＿＿＿＿＿